AS ENTREVISTAS
DA *PARIS REVIEW*

As entrevistas da *Paris Review*, vol. 1

W. H. Auden
Paul Auster
Jorge Luis Borges
Truman Capote
Louis-Ferdinand Céline
William Faulkner
Ernest Hemingway
Primo Levi
Doris Lessing
Javier Marías
Ian McEwan
Amós Oz
Manuel Puig
Billy Wilder

As entrevistas da *Paris Review*

Vol. 2

Tradução
George Schlesinger

COMPANHIA DAS LETRAS

Copyright © 2006 by The Paris Review

Todos os direitos reservados.

Grafia atualizada segundo o Acordo Ortográfico da Língua Portuguesa de 1990, que entrou em vigor no Brasil em 2009.

Título original
The Paris Review Interviews

Capa
Flávia Castanheira

Preparação
Laura Finisguerra

Revisão
Jane Pessoa
Márcia Moura

Dados Internacionais de Catalogação na Publicação (CIP)
(Câmara Brasileira do Livro, SP, Brasil)

As entrevistas da Paris Review, vol. 2 / tradução George Schlesinger. — 1ª ed. — São Paulo : Companhia das Letras, 2012.

Título original : The Paris Review Interviews.
ISBN 978-85-359-1814-4

1. Escritores — Entrevistas 2. Paris Review (Revista).

12.04116   CDD-808.88

Índices para catálogo sistemático:
1. Entrevistas : Escritores : Literatura 808.88
2. Escritores : Entrevistas : Literatura 808.88

[2012]
Todos os direitos desta edição reservados à
EDITORA SCHWARCZ S. A.
Rua Bandeira Paulista, 702, cj. 32
04532-002 — São Paulo — SP
Telefone (11) 3707-3500
Fax (11) 3707-3501
www.companhiadasletras.com.br
www.blogdacompanhia.com.br

Sumário

Arthur Miller (1966) 7
Vladimir Nabokov (1967) 50
John Cheever (1976) 72
Elizabeth Bishop (1981) 102
Tennessee Williams (1981) 134
Joseph Brodsky (1979) 181
Julio Cortázar (1984) 233
Milan Kundera (1983) 255
Marguerite Yourcenar (1988) 274
Martin Amis (1998) 299
Hunter S. Thompson (2000) 330
Louis Begley (2002) 365
Salman Rushdie (2005) 402

Créditos das entrevistas 451

Arthur Miller

A casa de fazenda branca de Arthur Miller fica localizada no alto da montanha-russa formada pelos morros que dividem Roxbury e Woodbury, no condado de Litchfield, em Connecticut. O autor, criado no Brooklyn e no Harlem, é agora um homem do campo. Sua casa é cercada por árvores que ele próprio cultivou — cornisos nativos, as exóticas katsuras, acácias-do-japão, tulipas e alfarrobeiras. A maioria estava florescendo ao chegarmos à casa para a nossa entrevista na primavera de 1966. O único som era uma batida rítmica ecoando do outro lado do morro. Caminhamos até a origem do ruído, um celeiro pomposamente vermelho, e ali encontramos o dramaturgo, com o martelo na mão, de pé na penumbra em meio a madeira serrada, ferramentas e bombas hidráulicas. Ele nos deu as boas-vindas, um homem alto, esguio, bem-apessoado, o rosto marcado pelo tempo e por um súbito sorriso, um fazendeiro intelectual de óculos e sapatos para o trabalho pesado. Ele nos convidou a julgar sua proeza: estava transformando o celeiro numa casa de hóspedes (divisórias aqui, armários de cedro ali, chuveiros acolá...). A carpintaria, ele disse, era seu hobby mais antigo — o acompanhava desde os cinco anos.

Voltamos andando, passamos pela profusão de cores em volta, pela vegetação cerrada, e entramos na casa pela varanda, que era guardada por um desconfiado bassê chamado Hugo. Enquanto entrávamos, o sr. Miller explicou que a casa estava silenciosa porque sua esposa, uma fotógrafa chamada Inge Morath, tinha viajado de carro até Vermont para fazer um retrato de Bernard Malamud, e que sua filha de três anos, Rebecca, estava tirando um cochilo. A sala de estar, separada por um vidro da varanda, era eclética e charmosa: paredes brancas enfeitadas com um esboço de Steinberg, uma pintura do vizinho Alexander Calder, cartazes das primeiras peças de Miller, fotografias da sra. Morath. Havia tapetes modernos e sofás coloridos; uma antiga cadeira de balanço; uma enorme cadeira preta Eames; uma mesinha de vidro sustendo um vistoso móbile; pequenas estatuetas de camponeses — suvenires de uma viagem recente à Rússia —, candelabros mexicanos raros e estranhos animais de cerâmica sobre uma mesa espanhola entalhada muito antiga, levada de seu apartamento em Paris; e plantas, plantas por todo lado.

O estúdio do autor era o oposto disso. Subimos uma rampinha verde para chegar a uma estrutura de um único aposento com pequenas janelas com gelosias. A luz estava acesa — ele não conseguia trabalhar com a luz do dia, confidenciou. A sala abrigava uma simples prancha que servia de escrivaninha, feita pelo próprio dramaturgo, sua cadeira, um amarfanhado sofá-cama cinza, uma cadeira trançada da década de 30 e uma estante com meia dúzia de livros sem capa. Isso é tudo, com exceção de uma foto instantânea de Inge e Rebecca, grudada à parede com tachinhas. O sr. Miller ajustou um microfone que estava pendurado torto no braço de uma luminária de mesa. Então, de forma bastante casual, pegou um rifle que jazia sobre o sofá-cama e deu um tiro por entre as gelosias abertas, na direção de uma marmota que, apavorada mas sã e salva, fugiu às carreiras pela encosta distante. Ficamos embasbacadas, e ele sorriu com nossa falta de compostura. Disse que seu estúdio era também um excelente posto de tocaia.

A entrevista começou. Seu tom e expressão eram sérios, interessados. Frequentemente aflorava um sorriso secreto, quando se recordava de algum fato antigo. Ele é um contador de histórias, um homem que tem uma memória prodigiosa, um homem simples com a capacidade de se maravilhar, atento às pessoas e às ideias. Ficamos totalmente à vontade enquanto o escutávamos responder às perguntas.

— *Olga Carlisle e Rose Styron, 1966*

ENTREVISTADORA
O poeta russo Voznesensky disse quando esteve aqui que a paisagem nesta parte do país lhe recordava sua Sigulda* — que era um "bom microclima" para escrever. O senhor concorda?

ARTHUR MILLER
Bem, eu gosto daqui. Não é uma paisagem tão vasta que faz com que a gente se perca nela, e não é um local tão suburbano que a gente se sinta como se estivesse na cidade. As distâncias — internas e externas — estão exatamente corretas, acho. Aqui sempre há um *primeiro plano*, não importa em que direção se olhe.

ENTREVISTADORA
Depois de ler seus contos, especialmente "A profecia" e "Não preciso mais de você", que não só têm o poder dramático das suas peças, mas também a descrição de lugar, o *primeiro plano*, a in-

---

* Uma cidade de veraneio na Letônia.

timidade de pensamento, difícil de se conseguir numa peça, eu pergunto: o palco é muito mais atraente para o senhor?

MILLER
Só muito raramente consigo sentir num conto que estou no controle, como sinto quando escrevo para o palco. Então estou no local de melhor visão — é impossível uma sustentação maior. Tudo é inevitável, até a última vírgula. Num conto, ou em qualquer tipo de prosa, não consigo fugir da sensação de certa arbitrariedade. Os erros passam — e as pessoas consentem mais nesses erros — mais do que acontecem no palco. Pode ser ilusão minha. Mas há outra questão: toda a história do meu próprio papel na minha cabeça. Para mim, o melhor é escrever uma boa peça, e quando estou escrevendo um conto é como se dissesse a mim mesmo: "Bem, só estou fazendo isto porque no momento não estou escrevendo uma peça". Há certa culpa relacionada a isso. Naturalmente, gosto de escrever um conto, é uma forma que tem rigor. Acho que reservo para as peças as coisas que exigem um tipo de esforço torturante. O que sai com mais facilidade vai para o conto.

ENTREVISTADORA
O senhor nos contaria um pouco sobre o começo de sua carreira de escritor?

MILLER
A primeira peça que escrevi foi em Michigan, em 1935. Foi escrita nas férias de primavera, em seis dias. Eu era tão jovem que me atrevia a essas coisas, começar e terminar em uma semana. Tinha visto umas duas peças na vida, então não sabia quanto devia durar um ato, mas do outro lado do corredor havia um sujeito que fazia os figurinos para as peças da universidade. Ele disse: "Bem, mal chega a quarenta minutos". Eu havia escrito uma

quantidade enorme de material e não tinha muita ideia. Para mim, era tudo uma grande brincadeira que não devia ser levada a sério demais... Era isso que eu me dizia. Acabei descobrindo que os atos eram mais longos que isso, mas a noção de tempo eu já tinha desde o começo, e a peça tinha uma forma desde o início.

Ser dramaturgo sempre foi a ideia. Sempre senti que o teatro era a forma mais emocionante e mais exigente que alguém poderia dominar. Quando comecei a escrever, era inevitável assumir que estava numa corrente central que começou com Ésquilo e foi passando por vinte e cinco séculos de dramaturgia. Há tão poucas obras-primas no teatro, em contraposição às outras artes, que se pode muito bem abarcar todas aos dezenove anos. Hoje, não creio que os dramaturgos se importem com a história. Acho que sentem que ela não tem importância.

ENTREVISTADORA

São só os dramaturgos jovens que sentem isso?

MILLER

Acho que os dramaturgos jovens com quem tive oportunidade de conversar são ignorantes do passado ou sentem que as velhas formas são quadradas demais, coesas demais. Posso estar enganado, mas não me parece que o arco trágico do drama tenha tido algum efeito sobre eles.

ENTREVISTADORA

Que dramaturgo o senhor mais admirava quando jovem?

MILLER

Bem, primeiro os gregos, por sua magnífica forma, a simetria. Metade das vezes eu nem conseguia repetir a história porque os personagens da mitologia eram completamente desconhecidos para mim. Na época eu não tinha nenhuma referência para saber realmente o que estava envolvido nessas peças, mas a arquitetura era clara. É como olhar para um prédio do passado cujo uso se desconhece, mas que ainda assim tem uma modernidade. Ele tem densidade. Essa forma nunca me abandonou; suponho que simplesmente fui arrastado para dentro dela.

ENTREVISTADORA
O senhor tinha uma atração particular pela tragédia, então?

MILLER
A mim parecia a única forma possível. O resto eram tentativas de chegar lá, ou fugas. Mas a tragédia era o pilar básico.

ENTREVISTADORA
Quando *A morte de um caixeiro-viajante* estreou, o senhor disse em uma entrevista ao *New York Times* que o sentimento trágico é evocado em nós quando estamos na presença de um personagem pronto para dispor de sua vida, se necessário, para assegurar uma coisa — seu senso de dignidade pessoal. O senhor considera suas peças tragédias modernas?

MILLER
Mudei de opinião quanto a isso diversas vezes. Acho que fazer uma comparação direta ou aritmética entre qualquer obra contemporânea e as tragédias gregas é impossível, por causa das questões de religião e poder, que eram um ponto pacífico e um tema a priori em qualquer tragédia clássica. Como uma cerimônia religiosa, onde finalmente se chegava ao objetivo pelo sacrifício. É como a comunidade sacrificando um homem que ao mesmo tempo adora e odeia para alcançar suas leis básicas e fundamentais e, portanto, justificar sua existência e sentir-se segura.

ENTREVISTADORA

Em *Depois da queda*, apesar de Maggie ser "sacrificada", o personagem central, Quentin, sobrevive. O senhor o vê como trágico ou potencialmente trágico, em algum grau?

MILLER

Não posso responder a isso porque não consigo, francamente, separar na minha cabeça tragédia de morte. Para algumas pessoas, sei que não existe razão de juntar as duas coisas. Não consigo romper isso — por um motivo, que é: não há nada como a morte. Morrer não é bem assim, vocês sabem. Não há substituto para o impacto sobre a mente do espetáculo da morte. E não há possibilidade, parece-me, de falar de tragédia sem morte. Porque, se a eliminação total da pessoa a que assistimos durante duas ou três horas não ocorrer, se ela simplesmente se safa, não importa quão arruinada, não importa quanto sofra...

ENTREVISTADORA

Quais foram aquelas duas peças que o senhor viu antes de começar a escrever?

MILLER

Quando tinha uns doze anos, acho que foi por aí, minha mãe me levou ao teatro uma tarde. Nós morávamos no Harlem e lá havia dois ou três teatros que tinham sessões seguidas, e muitas mulheres entravam para assistir tudo ou uma parte dos espetáculos vespertinos. Só lembro que havia gente no comando de um navio, o palco balançava — eles realmente balançavam o palco — e havia um canibal no navio que tinha uma bomba-relógio. E todos estavam à procura do canibal. Era emocionante. A outra foi uma peça moralista sobre drogas. Evidentemente, na época havia muita agitação em Nova York em relação aos chineses e às drogas. Eles sequestravam lindas moças loiras de olhos azuis que, segundo as pessoas pensavam, tinham perdido sua postura moral; eram vadias que bebiam gim e viviam saindo com rapazes. E inevitavelmente acabavam em algum porão no bairro chinês, perdidas em virtude de ópio ou erva. Essas foram as duas obras-primas a que assisti. É claro que tinha lido outras peças na época em que comecei a escrever. Shakespeare e Ibsen, um pouquinho, não muito. Nunca relacionei a dramaturgia com o nosso teatro, nem no começo.

ENTREVISTADORA

Sua primeira peça teve alguma influência em *Todos eram meus filhos* ou *A morte de um caixeiro-viajante?*

MILLER

Teve. Era uma peça sobre um pai que tinha um negócio próprio em 1935, um negócio com problemas, e um filho dividido entre os interesses desse pai e o senso de justiça. Mas acabou virando uma história quase cômica. Naquela época da minha vida eu era meio alienado. Não era Clifford Odets. Ele já mergulhou de cabeça.

ENTREVISTADORA

Muitas das suas peças têm essa relação pai-filho como tema dominante. O senhor foi muito próximo de seu pai?

MILLER

Fui. E ainda sou, mas creio que, na verdade, minhas peças não refletem diretamente minha relação com ele. É uma coisa muito primitiva nas minhas peças. Quer dizer, o pai era realmente uma figura que incorporava tanto o poder como uma espécie de lei moral que ou ele próprio tinha quebrado ou tinha caído vítima dela. Ele aparece como uma imensa sombra... Eu não esperava isso do meu pai literalmente, mas parece que de sua posição eu esperava. O motivo de ser capaz de escrever sobre essa relação, acho agora, é porque ela tinha uma qualidade mítica para mim. Se alguma vez eu tivesse sequer pensado que estava escrevendo sobre meu pai, suponho que jamais teria conseguido. Ele é, literalmente, um sujeito muito mais realista que Willy Loman, e muito mais realizado como indivíduo. E ele seria o último homem no mundo capaz de cometer suicídio. Willy é baseado num homem que conheci muito pouco, um vendedor. Foi só anos depois que me dei conta de ter visto aquele homem apenas umas quatro horas no total em vinte anos. Ele deu uma dessas impressões que são primordiais, é evidente. Quando pensava nele, era simplesmente um homem calado: nunca disse mais de duzentas palavras para mim. Eu era criança. Mais tarde, tive outro contato desse tipo, com um homem cuja fantasia estava sempre sobrepujando sua figura real. Sempre tive consciência desse tipo de agonia, de alguém que tem dentro de si um desejo impulsionador, implacável, que nunca vai embora, que nunca pode ser bloqueado. E esse desejo vai sendo ruminado, às vezes deixa o homem feliz, às vezes o transforma num suicida, mas nunca o abandona. Qualquer herói que comecemos a considerar trágico é obcecado, seja Lear, Hamlet ou as mulheres das tragédias gregas.

ENTREVISTADORA

Na sua opinião, os dramaturgos mais jovens criam heróis?

MILLER

Vou lhe dizer, posso estar trabalhando num diferente comprimento de onda, mas não acho que eles ainda estejam olhando para o personagem, para a documentação de fatos sobre as pessoas. Toda a experiência é encarada atualmente de um ponto de vista esquemático. Esses dramaturgos não deixam o personagem fugir um único momento do esquema preconcebido de um mundo assustador. É muito parecido com as velhas peças de greves. Na época, o esquema era: alguém começava a história com uma ideologia burguesa e se envolvia numa área de experiência que tivesse alguma relação com o movimento operário — uma greve de fato ou, num sentido mais amplo, o colapso do capitalismo — e acabava a peça com um posicionamento novo diante desse colapso. Começava sem estar esclarecido e terminava com algum tipo de esclarecimento. E você podia prever isso nos primeiros cinco minutos. Muito poucas dessas peças poderiam ser montadas hoje, porque seriam absurdas. Descobri no decorrer dos anos que uma coisa semelhante aconteceu com o teatro do absurdo. Previsível.

ENTREVISTADORA

Em outras palavras, a noção de tragédia sobre a qual o senhor falava antes está ausente dessa visão de mundo preconcebida.

MILLER

Com certeza. Esperava-se que o herói trágico entrasse no esquema das coisas por seu sacrifício. É algo religioso, sempre pensei. Ele lançava uma luz forte sobre o esquema oculto da existência, fosse quebrando uma de suas leis mais profundas, como Édipo quebra um tabu — e portanto prova a existência do tabu —, ou provando um mundo moral em troca de sua própria vida. E essa é a vitória. Precisamos dele, como vanguarda da raça. Precisamos do crime dele. Esse crime é civilizador. Bem, *agora* a visão é de que o universo é inconsolável. Nada se prova com um crime, exceto que algumas pessoas são mais livres para praticar crimes do que outras, e geralmente são mais honestas que as outras. Não há nenhuma reafirmação final da comunidade. Não há o tipo de comunicação que uma criança exige. O melhor que se pode dizer é que é inteligente.

ENTREVISTADORA

Então tem consciência de...

MILLER

Tem consciência, mas não admite para si nenhum universo moral. Outra coisa que falta é o posicionamento do autor em relação ao poder. Sempre assumi que por baixo de qualquer história está a questão de quem deve concentrar o poder. Vejam, *A morte de um caixeiro-viajante* tem dois pontos de vista. Eles mostram o que aconteceria se todos adotássemos a postura de Willy em relação ao mundo e se adotássemos a de Biff. E levando tudo a sério, quase como um fato político. O que estou realmente debatendo é de que maneira o mundo deve ser regido. Estou falando de psicologia e também do espírito. Por exemplo, uma peça que geralmente não é ligada a esse tipo de questão é *Gata em teto de zinco quente*, de Tennessee Williams. A mim, ocorreu de forma incisiva que o que está em jogo ali é o grande poder do pai. Ele é dono, literalmente, de um império de terras e fazendas. E quer imortalizar esse poder, quer transmiti-lo adiante, porque está morrendo. O filho valoriza a justiça e as relações humanas muito mais que o pai. O pai é mais rude, mais filisteu; é mais grosseiro. E quando falamos de emoções, podemos dizer que o filho as tem e o pai não. Quando vi a peça, pensei: "Isso vai ser simplesmente maravilhoso, porque a pessoa com sensibilidade será presenteada com o poder, e então o que fará?". Mas nunca chega a esse ponto. A questão se desvia para as neuroses pessoais. Chega a um beco sem saída. Se estivéssemos falando de tragédia, os gregos teriam feito algo incrível com essa ideia. Teriam dado todo o poder ao filho e feito com que encarasse os torturantes conflitos de um homem sensível tendo que governar. E então se lançaria luz sobre o que é a tragédia do poder.

ENTREVISTADORA

Que é aonde o senhor queria chegar com *Incidente em Vichy*.

MILLER

Era exatamente isso que eu estava procurando. Mas sinto que hoje o palco está virando as costas para qualquer consideração sobre poder, que é o que reside no coração da tragédia. Uso a peça de Williams como exemplo porque ele é tão bom que seus problemas são sintomáticos do nosso tempo — em última análise *Gata* trata da hipocrisia das relações humanas. Foi uma personalização muito correta, mas passa ao largo do assunto que, para mim, a peça parece levantar, ou seja, a hipocrisia nas relações sociais. Ainda acredito que quando uma peça questiona, chega a ameaçar, nosso arranjo social, é aí que ela realmente nos sacode de maneira profunda e perigosa, e é aí que é preciso ser excelente; não basta ser bom.

ENTREVISTADORA

O senhor acha que as pessoas racionalizam tanto hoje e têm tantos eufemismos para a morte que não conseguem encarar a tragédia?

MILLER

Eu fico pensando se não existe certa — estou falando agora de todos os tipos de pessoas — moleza, poderíamos dizer, uma genuína incapacidade de enfrentar decisões duras e os resultados assustadores de um erro, em outras palavras. Digo isso porque, quando *A morte de um caixeiro-viajante* foi reencenada recentemente, senti em parte da reação que a peça era ameaçadora demais. Nos anos 40, quando estreou, provavelmente muitas pessoas sentiram a mesma coisa. Talvez eu não tenha ouvido essa gente tanto quanto ouvi outros — talvez tenha a ver com a minha própria reação. É preciso uma dose de confiança para assistir a uma tragédia. Se você está prestes a morrer, não vai assistir a uma peça dessas. Sempre pensei que os americanos tinham um medo primordial, quase inato, de cair, de serem marginalizados — isso aparece com a carta de motorista, se não antes.

ENTREVISTADORA

E quanto aos europeus?

MILLER

Bem, a peça voltou a ser encenada em Paris em setembro passado. Tinha estreado na cidade dez anos antes, sem grande efeito. Não era uma produção muito boa, parece. Mas agora eles descobriram a peça. E eu senti que a reação deles foi bem americana. Talvez venha de um... sentimento de culpa pela riqueza. Seria interessante se os russos algum dia viessem a sentir isso!

ENTREVISTADORA

A morte de um caixeiro-viajante foi montada na Rússia, não?

MILLER

Ah, muitas vezes.

ENTREVISTADORA

Quando o senhor esteve recentemente na Rússia formou alguma opinião sobre o público de teatro lá?

MILLER

Antes de tudo, eles têm uma ingenuidade maravilhosa, não morrem de tédio. Eles não entram no teatro para fugir da chuva, por assim dizer, porque não têm nada melhor para fazer. Ir ao teatro tem grande importância para eles. Eles vão ver algo que transforme suas vidas. Noventa por cento do tempo, é claro, não há nada ali, mas eles estão abertos para uma experiência grandiosa. Não é assim que nós vamos ao teatro.

ENTREVISTADORA

E quanto às peças em si?

MILLER

Acho que eles fazem coisas no palco que são estimulantes e ágeis, e têm atores maravilhosos, mas o drama em si não contém ousadia. As peças são basicamente uma espécie de naturalismo; não chegam nem a ser realismo. Eles se opõem violentamente ao teatro do absurdo porque o enxergam como uma fragmentação da comunidade em indivíduos perversos que não têm mais qualquer compromisso mútuo, e eu consigo ver sentido nesse medo. É claro que essas coisas devem ser feitas só se puderem ser criticadas. O expressionismo alemão me comovia em muitos aspectos quando estava no colégio, todavia, ele também continha algo de perverso para mim. Era o fim do homem, não havia mais gente nele; isso era especialmente verdade nos grandes alemães: é um fim do mundo amargo, onde o homem é a voz de sua classe e pronto. Brecht tem muito disso, mas ele é um poeta grande demais para ficar escravizado. Ao mesmo tempo, aprendi muito com isso. Usei elementos daí em *A morte de um caixeiro-viajante*. Por exemplo, propositalmente não dei nenhum caráter a Ben, porque para Willy ele *não tem* caráter — o que é, psicologicamente, expressionista, porque muitas memórias ressurgem com uma simples etiqueta nelas: alguém representa uma ameaça para você, ou uma promessa.

ENTREVISTADORA

Falando de diferentes culturas, qual é o seu sentimento em relação ao Théâtre National Populaire?

MILLER

Achei uma peça que vi, *L'illusion comique*, de Corneille, uma das coisas mais emocionantes a que já assisti. Vimos uma coisa de que nunca pensei que pudesse gostar — meu francês não é tão bom assim. Mas eu tinha acabado de me curar de uma doença, estávamos prestes a ir embora do país e eu queria ver o que estavam fazendo ali. Foi simplesmente soberbo. É uma das obras menores de Corneille, sobre um mágico que ajuda um pai a encontrar seu filho. Que magnífica mistura de sátira, comédia e caracterizações! E a interpretação dos atores era simplesmente do outro mundo. É claro que uma das melhores coisas era o público. A grande maioria tinha menos de trinta anos, me pareceu. Eles pagam muito pouco para entrar; e eu chutaria que deve haver entre dois mil e quinhentos a três mil lugares no teatro. E a vitalidade do público é de tirar o fôlego. É óbvio que a habilidade dos atores de falar aquela linguagem de forma tão bela já é em si um prazer. Falar baixinho naquele vasto palco e fazer os outros *sentirem* sua voz pairando sobre a casa...

ENTREVISTADORA

Por que o senhor acha que não fomos capazes de fazer o mesmo aqui? Por que o Repertory Theater do Lincoln Center, de Robert Whitehead, fracassou?

MILLER

Bem, esse é um fenômeno digno de um estudo sociológico. Quando entrei, cerca de dois terços de *Depois da queda* estavam escritos. Whitehead me procurou e disse: "Soube que você está escrevendo uma peça. Podemos usá-la para começar a companhia do Repertory Theater do Lincoln Center?". Por alguma razão eu disse que sim. Esperava ter prejuízo financeiro. Podia ter esperança de ganhar talvez vinte por cento do que normalmente ganho com uma peça, mas presumi que as pessoas diriam: "Bem, é uma atitude tola, mas não idiota". O que acabou se desenrolando, antes da estreia de qualquer peça, foi uma hostilidade que me deixou absolutamente perplexo. Não creio que fosse dirigida a alguém em particular. Para atores que querem desenvolver sua arte, não há lugar melhor do que uma companhia permanente de repertório, onde você representa diferentes papéis e tem oportunidades que não teve a vida inteira na Broadway. Mas os atores pareciam ofendidos pela coisa toda. Não consegui entender! Eu podia compreender a animosidade dos produtores comerciais que, afinal, se sentiam ameaçados pelo projeto. Mas profissionais de todo o tipo receberam a ideia como uma espécie de insulto. A única conclusão a que posso chegar é que o ator a partir de então teria que se sair bem ou calar a boca. Antes ele podia andar pela Broadway, onde as condições eram terríveis, e dizer: "Sou um grande ator, mas não sou reconhecido", enquanto, bem lá no fundo, ele imaginava: "Um dia desses vou conseguir um papel principal em Hollywood e vou ser rico". Isso não seria possível num teatro de repertório, onde seria necessário assinar um contrato de vários anos. Então, ele teria que renunciar a essa ideia de sucesso rápido. Os atores não queriam enfrentar uma oportunidade que os ameaçasse dessa maneira. Isso me faz refletir se existe uma alienação tão profunda entre os artistas que qualquer tentativa organizada de criar algo que não se baseie no comércio e que não tenha patrocínio automaticamente coloque as pessoas contra ela. Acho que essa é uma faceta interessante. Também conversei com um grupo de jovens dramaturgos. Agora, se fosse eu, estaria batendo à porta deles, exigindo que lessem minha peça, como fiz sem êxito quando o Group Theatre estava por aí. Na época todo dramaturgo ficava batendo à porta deles, furiosos, exigindo que o teatro de arte fizesse o que *eles* achavam que devia ser feito. Podíamos fazer isso porque ele pertencia a todos nós. Pensávamos no Group Theatre como um empreendimento público. Bem, isso não era verdade aqui, de maneira alguma. Todo mundo achava que o teatro do Lincoln Center era propriedade dos diretores, de Miller, Whitehead, Kazan e mais uma ou duas pessoas. É claro que o que também provocou o fracasso foi, conforme sugeriu Laurence Olivier, que qualquer coisa demora anos para ser feita. Mas Olivier também chamou a atenção para o fato de que obteve incentivo desde o começo para seu teatro de repertório na Inglaterra. Havia gente que criticava, que dizia que era ridículo, mas a comunidade artística era basicamente a favor.

ENTREVISTADORA

E quanto aos próprios atores? Lee Strasberg os influenciou?

MILLER

Acho que Strasberg é um sintoma. Ele é uma grande força, e uma força — na minha opinião particular, é claro — que não é boa para o teatro. Ele faz dos atores pessoas secretas e torna o atuar uma coisa secreta, quando é a arte mais comunicativa conhecida pelo homem; quer dizer, é isso que *se espera* que o ator faça. Mas eu não colocaria nele a culpa pelo fracasso do Repertory Theater, porque as pessoas lá dentro não eram do Actors Studio; então, ele não é responsável por isso. Mas o método está no ar: o ator está se defendendo do público vulgar, filisteu. Havia uma moça em uma de minhas peças que eu não conseguia ouvir, e a acústica no pequeno teatro que estávamos usando era simplesmente magnífica. Eu disse a ela: "Não consigo ouvir você", e continuei dizendo "Eu não consigo ouvir você". Finalmente ela ficou furiosa e me disse que estava representando a verdade e que não iria se prostituir para a plateia. E esse foi o final da história! Lembrou-me do comentário de Walter Hampden — porque tivemos um problema similar em *As bruxas de Salém* com alguns atores —, ele disse que eles tocavam violoncelo com o mais perfeito manuseio do arco e um dedilhar magnífico, mas não havia cordas no instrumento.

O problema é que o ator agora reflete sobre seu próprio destino por meio do personagem, e a ideia de comunicar o significado da peça é a última coisa que lhe ocorre. No Actors Studio, apesar de negarem, é dito ao autor que o texto é a moldura para suas emoções. Já vi atores mudando a ordem das falas em minhas obras dizendo que elas são somente, digamos, o libreto para a música — que o ator é a principal força a que o público está assistindo e que o dramaturgo serve a ele. Dizem aos alunos que a análise do texto, seu ritmo, a textura verbal, não têm importância nenhuma. Eles dizem que esse é o método, mas é claramente uma perversão dele, se você voltar ao início. Mas sempre houve uma tendência nesse sentido. O próprio Tchékhov disse que Stanislávski havia pervertido *A gaivota*.

ENTREVISTADORA

E quanto ao uso do método no cinema?

MILLER

Bem, no cinema, curiosamente, o método funciona melhor. Porque a câmera consegue chegar até as narinas do ator e sugar dele um gesto comunicativo — um olhar, uma prega do sorriso, e assim por diante — que não tem registro no palco. O palco é, afinal, um meio verbal. Você precisa fazer gestos largos para que sejam vistos. Em outras palavras, você precisa ser "não natural". Você tem que dizer: "Estou aqui para alcançar aquele público, minha função é essa". Num filme, você não faz isso. Na verdade, uma atuação dessas é ruim no cinema, é exagerada. O cinema é ótimo para uma atuação recolhida.

ENTREVISTADORA
O senhor acha que o cinema ajudou a levar essa atuação recolhida ao teatro?

MILLER
Bem, é uma perversão da peça de Tchékhov e da técnica de Stanislávski. O que Tchékhov fazia era eliminar o histrionismo nos atores incorporando-o ao texto: ele escrevia sobre a vida interior. E a direção de Stanislávski também era interior: pela primeira vez ele tentava motivar cada movimento a partir de dentro em vez de imitar uma ação. É assim que toda atuação deveria ser. Quando se elimina o elemento vital do ator na comunidade e simplesmente se representa uma figura psiquiátrica no palco, com pensamentos profundos dos quais ninguém fica sabendo, isso é perversão.

ENTREVISTADORA
Como o sucesso da peça *Marat/Sade* de Peter Weiss se encaixa nisso?

MILLER
Bem, eu enfatizaria a produção e a direção. Peter Brook vem tentando há anos, especialmente por meio de produções shakespearianas, fazer uma ponte entre a atuação psicológica e o teatro, entre a personalidade privada e sua demonstração pública. *Marat/Sade* é mais oratória do que peça. Os personagens são basicamente relações temáticas em vez de entidades humanas, de modo que a ação é exemplificada e não caracterizada.

ENTREVISTADORA

O senhor acha que a popularidade do cinema teve alguma influência na dramaturgia em si?

MILLER

Sim. Sua forma foi modificada pelo cinema. Acho que certas técnicas, tais como saltar de um lugar a outro, embora seja tão velho quanto Shakespeare, não vieram a nós por meio de Shakespeare, e sim por meio do cinema, um modo telegráfico, de estrutura onírica, de ver a vida.

ENTREVISTADORA

Qual é a importância do roteirista no cinema?

MILLER

Bem, você teria dificuldade de se lembrar do diálogo de alguns dos grandes filmes a que assistiu. É por isso que o cinema é tão internacional. Você não precisa ouvir o estilo do diálogo num filme italiano ou francês. Você assiste ao filme, então o veículo não é o ouvido ou a palavra, é o olho. O diretor da peça está preso às palavras. Ele pode interpretá-las de modo um pouco diferente, mas tem seus limites: só se pode fazer a inflexão de uma sentença de duas ou três formas distintas, mas pode-se fazer a inflexão de uma imagem na tela de infinitas maneiras. Pode-se fazer um personagem praticamente sair do quadro; pode-se fazer a tomada de um jeito que não se veja seu rosto. Duas pessoas podem estar conversando sem se ver a pessoa que fala, de modo que a ênfase é na reação ao que se diz e não na fala em si.

ENTREVISTADORA

E o que o senhor acha da televisão como um meio para a arte dramática?

MILLER

Não creio que haja qualquer coisa que chegue perto do teatro. A simples presença de uma pessoa ao vivo é sempre mais forte que sua imagem. Mas não há motivo para a TV não ser um meio incrível. O problema é que o público de seus programas está sempre separado. Tenho a sensação de que pessoas em grupo, em massa, assistindo a alguma coisa, reagem de um modo diferente, e talvez mais profundo, do que quando estão sozinhas em suas salas. Todavia, não é um obstáculo que não possa ser ultrapassado com o tipo certo de material. A verdade é que é difícil conseguir bons filmes, é difícil conseguir bons romances, é difícil conseguir boa poesia — é *impossível* conseguir uma boa televisão porque, além das dificuldades inerentes, há toda a questão de ser um meio controlado por grandes empresas. A TV levou dezessete anos para montar *A morte de um caixeiro-viajante*. A peça já passou na TV pelo menos uma vez em todo país do mundo, mas ela critica o mundo dos negócios e seu conteúdo é pessimista.

ENTREVISTADORA

Muito tempo atrás o senhor costumava escrever roteiros de rádio. Aprendeu muita coisa em termos de técnica com essa experiência?

MILLER

Aprendi. Numa peça radiofônica tínhamos vinte e oito minutos e meio para contar uma história inteira e precisávamos nos concentrar nas palavras, porque não se via nada. Na verdade, era representar num quarto escuro. Então, numa boa peça de rádio, a economia de palavras era tudo. Levava a gente a perceber cada vez mais o que era o poder de uma boa frase, e a frase certa podia economizar uma página que, de outra forma, seria desperdiçada. Sempre lamentei que o rádio não tenha durado o tempo suficiente para que os movimentos poéticos contemporâneos tirassem proveito dele, pois é um meio natural para os poetas. É pura voz, puras palavras. Palavras e silêncio. Um meio maravilhoso. Muitas vezes pensei, mesmo recentemente, que gostaria de escrever outra peça para rádio e simplesmente dar a alguém para montá-la na WBAI. Os ingleses ainda fazem peças radiofônicas, e muito boas.

ENTREVISTADORA

O senhor também costumava escrever dramas em verso, não é?

MILLER

Ah, sim, mergulhei nisso até o pescoço.

ENTREVISTADORA

E voltaria a fazê-los?

MILLER

Poderia. Frequentemente escrevo falas em verso e depois desmancho. Grande parte de *A morte de um caixeiro-viajante* foi escrita em verso, e *As bruxas de Salém* foi toda escrita em verso, mas acabei desfazendo-os. Fiquei com medo de que os atores tivessem alguma implicância em relação a um material que pudesse destruir sua vitalidade. Não queria ninguém ali de pé fazendo discursos. Veja, nós não temos tradição de verso, e, assim que um ator americano vê algo impresso em verso, imediatamente se põe em postura de discurso — ou balbucia. Aí não se ouve nada.

ENTREVISTADORA

Atualmente, de qual das suas peças o senhor se sente mais próximo?

MILLER

Não sei se me sinto mais próximo de alguma. Suponho que sob alguns aspectos de *As bruxas de Salém*. Acho que há muito de mim nessa peça. Há muitos níveis nela que só eu conheço, ninguém mais.

ENTREVISTADORA

Mais ainda do que *Depois da queda*?

MILLER

Sim, porque embora *Depois da queda* seja mais psicológica, é menos desenvolvida como artifício. Veja, em *As bruxas de Salém* eu estava completamente livre do período sobre o qual escrevia — mais de três séculos atrás. Era uma dicção diferente, uma época diferente. Tive muito prazer em escrevê-la, mais do que praticamente em qualquer outra. Descobri como os escritores se sentiam no passado quando lidavam constantemente com material histórico. Um dramaturgo falando sobre história podia terminar uma peça na segunda-feira, começar outra na quarta e seguir adiante sem problema. Pois a *história* já está pronta para ele. Inventar uma história é o que leva mais tempo. Leva um ano. Mas o dramaturgo histórico não precisa inventar nada exceto a linguagem e suas caracterizações. E, é claro, há o terrível problema de condensar a história, rearranjar os fatos e acrescentar personagens que nunca existiram ou que morreram com um século de diferença — mas basicamente a história está lá. Você ganha um ano.

ENTREVISTADORA

Também deve ser tentador usar uma figura histórica que viveu numa época de fé.

MILLER

É, sim. Com toda a psicologia e a psiquiatria modernas, e com o nível de alfabetização mais alto da história, temos menos perspectiva de nós mesmos do que de praticamente qualquer outra época que conheço. Nunca tive tanta consciência de ideias-relâmpago tomando conta das pessoas — modismos, por exemplo — e arrastando-as como se fosse o último dia sobre a face da Terra. Às vezes é possível apontar uma semana ou um mês em que as coisas mudaram abruptamente. É como roupas femininas num número da revista *Vogue*. Existe um desejo tão grande de fazer parte de uma enorme minoria que gosta de criar novas minorias. E, todavia, as pessoas têm um medo desesperado de ficarem sós.

ENTREVISTADORA

Isto foi afetado pela nossa compreensão da psicologia?

MILLER

Simplesmente ajudou as pessoas a racionalizar sua situação em vez de sair dela ou rompê-la. Em outras palavras — você já ouviu isso centenas de vezes —: "Bom, eu sou assim, e uma pessoa como eu faz exatamente o que eu faço".

ENTREVISTADORA

O senhor acredita que a busca do sucesso pessoal domina hoje a vida americana mais do que antes?

MILLER

Acho que ela é muita mais poderosa hoje do que na época em que escrevi *A morte de um caixeiro-viajante*. Acho que está mais perto da loucura do que naquela época. Agora não existe perspectiva nenhuma.

ENTREVISTADORA

O senhor diria que a moça em *Depois da queda* é um símbolo dessa obsessão?

MILLER

Sim, ela é consumida pelo que faz, e em vez de ser um meio de libertação, é uma prisão. Uma prisão que a define e da qual ela não consegue escapar. Em outras palavras, o sucesso, em vez de dar liberdade de escolha, torna-se um meio de vida. Não estive em nenhum outro país onde as pessoas, quando você entra numa sala e se senta com elas, perguntem com tanta frequência: "O que você faz?". E, sendo americano, mais de uma vez quase fiz a pergunta, e aí percebi que é bom para a minha alma não saber. Por algum tempo! Simplesmente deixar a noite correr e ver o que penso da pessoa sem saber o que ela faz e quanto ela tem de sucesso ou de fracasso. Vivemos *ranqueando* as pessoas a cada minuto do dia.

ENTREVISTADORA

O senhor pretende escrever novamente sobre o sucesso americano?

MILLER

Talvez. Mas, veja, como uma coisa em si, o sucesso se autossatiriza, se autoelucida, de certa forma. Por isso é tão difícil escrever sobre ele. Porque as mesmas pessoas que estão sendo tragadas pelo seu ethos assentem em concordância quando você diz: "Você está sendo tragado por essa coisa". Portanto, é extremamente difícil sacudi-las e encontrar outra perspectiva viável para elas.

ENTREVISTADORA

No seu conto "A profecia", o protagonista diz que esta é a hora da supremacia das relações pessoais, que não há objetivos maiores nas nossas vidas. Esta também é a sua visão?

MILLER

Bem, esse conto foi escrito no contexto dos anos 50, mas acho que ainda houve uma politização incrível das pessoas nestes últimos quatro ou cinco anos. Não no sentido antigo, mas num sentido de que não é mais errado ou idiota interessar-se pelo rumo da sociedade, por injustiça, por problemas raciais e todo o resto. Agora tudo isso volta a ser material estético. Nos anos 50 estava fora de moda mencioná-lo. Significava que você não era artista de verdade. Esse preconceito parece ter sumido. Os negros o romperam, graças a Deus! Mas foi uma era de relações pessoais — e agora está sendo sintetizada de uma forma boa. Quer dizer, quanto mais você se aproxima de qualquer tipo de ação política entre os jovens, mais eles exigem que a ação tenha certa fidelidade à natureza humana e que a pomposidade, as poses e os papéis não dispam o movimento de sua veracidade. Do que eles mais desconfiam, sabe, é dos gestos, simplesmente fazer gestos, que sejam fúteis, de interesse próprio ou apenas imponentes. A intensa concentração de relações pessoais dos anos 50 parece agora ser acompanhada por uma consciência política, o que é incrível.

ENTREVISTADORA

O senhor sente que a política é, de alguma forma, invasão da sua privacidade?

MILLER

Não, eu sempre tirei muita inspiração da política, de um ou outro tipo de luta nacional. A gente vive no mundo mesmo que só vote de vez em quando. Isso determina a extensão da sua personalidade. Eu vivi a era McCarthy, quando a gente via personalidades mudando e se transformando diante dos nossos olhos, como resultado óbvio, direto, da situação política. Se aquilo tivesse continuado, teríamos uma nova personalidade americana — o que em parte temos. Já faz dez anos que McCarthy morreu, e só agora os poderosos senadores se atrevem a sugerir que talvez fosse sábio aprender um pouco de chinês, falar um pouco dessa língua. Quer dizer, dez anos depois só os caras considerados valentes e corajosos ousam fazer essas sugestões. Uma cortina de medo tão grande foi estendida sobre nós que efetivamente deturpou a mente americana. É parte da paranoia da qual ainda não escapamos. Meu bom Deus, as pessoas ainda dão a vida por isso. Veja o que estamos fazendo no Pacífico.

ENTREVISTADORA

E, mesmo assim, grande parte do teatro dos últimos anos não teve nada a ver com a vida pública.

MILLER

Sim, chegamos a perder a técnica de abordar o mundo que Homero tinha, que Ésquilo tinha, que Eurípedes tinha. E Shakespeare. É impressionante que as pessoas que adoram o drama grego não consigam ver que essas grandes obras tratam de um homem confrontando sua sociedade, as ilusões de sua sociedade, os dogmas de sua sociedade. São documentos sociais, não conversinhas privadas mesquinhas. Nós simplesmente fomos educados a pensar que é tudo "uma história", um mito que vale por si.

ENTREVISTADORA

O senhor acha que haverá agora um retorno ao drama social?

MILLER

Acho que isso é necessário para a sobrevivência do teatro. Veja Molière. Ele não é nada senão um dramaturgo social. Um crítico social. Mergulhado até o pescoço naquilo que acontece ao seu redor.

ENTREVISTADORA

A forma rigorosa utilizada por Molière pode voltar a aparecer?

MILLER

Não acho que se possa repetir as formas velhas como tais, porque elas expressam com extrema densidade um momento no tempo. Por exemplo, eu não poderia mais escrever uma peça como *A morte de um caixeiro-viajante*. Na verdade, não poderia escrever nenhuma das minhas peças agora. Cada uma é diferente, às vezes com um intervalo de dois anos, porque cada momento clamava por um vocabulário e uma organização do material diferentes. No entanto, quando se fala de uma forma rigorosa, eu acredito nela para o teatro. Senão, você acaba com esquetes, e não peças. Estamos numa era de esquetes que, na minha opinião, vai passar a qualquer instante. A plateia tem sido treinada para evitar o clímax organizado porque é piegas, ou porque viola o caos que todos nós reverenciamos. Mas creio que isso vai desaparecer com a primeira peça de um novo tipo que volte fazer o chão tremer e chacoalhe as pessoas em seus assentos com um clímax organizado com profundidade e intensidade. E isso só pode vir de uma forma rigorosa, com um clímax de duas horas de desenvolvimento. Não se pode conseguir simplesmente erguendo a voz e soltando um berro de repente — porque está chegando a hora de pegar o trem para o subúrbio.

ENTREVISTADORA

O senhor tem alguma teoria de como foi a sua evolução? Em termos de forma e temas?

MILLER

Eu sigo caminhando. Tanto para a frente como para trás. Espero que mais para a frente do que para trás. Isso quer dizer, portanto, que antes de escrever minha primeira peça *de sucesso* eu escrevi, sei lá, umas catorze ou quinze peças inteiras e talvez umas trinta peças para rádio. A maioria delas era não realista. Eram peças metafóricas ou simbólicas; algumas em verso e, em um caso — quando escrevi sobre Montezuma —, criei uma grande tragédia histórica, parte em verso, bastante elisabetana na forma. Então comecei a ser realmente conhecido em virtude da única peça que tentei fazer numa forma completamente realista, no estilo de Ibsen, que foi *Todos eram meus filhos*. A sina do escritor! As outras, como *A morte de um caixeiro-viajante*, que são compostas de expressionismo e realismo, ou mesmo *Um panorama visto da ponte*, que é de uma espécie de realismo — embora muito fragmentado —, são mais típicas do trabalho que tenho feito. *Depois da queda* está bem no meio. É como a maior parte do meu trabalho, mais do que qualquer outra — mas aquilo que *aflorou* foi mais realista do que nas outras. Na verdade, é um tipo de trabalho impressionista. Tentei criar uma totalidade jogando um monte de pedacinhos para o espectador.

ENTREVISTADORA

Que montagem de *Depois da queda* fez mais justiça à peça?

MILLER

Vi uma produção que achei maravilhosa. Foi a que Zeffirelli montou na Itália. Ele entendeu que se tratava de uma peça que refletia o mundo conforme um homem o via. Durante a montagem, o tema era a crescente consciência desse homem, e, à medida que se aproximava a agonia, a plateia devia ter sua consciência do que estava se passando ampliada. As outras montagens que vi foram todas *realistas* no pior sentido. Quer dizer, as cenas eram simplesmente representadas sem qualquer tentativa de permitir ao personagem central desenvolver sua consciência ampliada. Na página dez ele tem reações diferentes das que tinha na página um, mas é preciso um ator com certa massa cinzenta para ver essa evolução. Não basta senti-la. E, como diretor, Zeffirelli teve um ponto de vista absolutamente orgânico em relação a isso. A peça é sobre uma pessoa lutando desesperadamente para conseguir um ponto de vista.

ENTREVISTADORA

O senhor sente na montagem de Nova York que a moça alegadamente baseada em Marilyn Monroe estava fora de proporção, totalmente separada de Quentin?

MILLER

Sim, apesar de eu mesmo ter falhado em prever isso. Na montagem italiana, isso nunca aconteceu, sempre esteve em proporção. Suponho também que, quando Zeffirelli montou a peça, o choque publicitário já havia sido absorvido, de modo que se podia observar a evolução de Quentin sem se distrair.

ENTREVISTADORA

O que o senhor acha que aconteceu em Nova York?

MILLER

Algo que nunca pensei que pudesse acontecer. A peça não foi julgada como peça. Bem ou mal, com base no que eu lia, nunca sabia do que se tratava, apenas do que achavam que devia se tratar.

ENTREVISTADORA

Porque todos reagiam como se fosse simplesmente um segmento da sua vida pessoal?

MILLER

Sim.

ENTREVISTADORA

O senhor pensa que a crítica americana contemporânea tende a encarar o teatro em termos de literatura em vez de teatro?

MILLER

Sim, durante anos a crítica teatral foi exercida basicamente por repórteres que, de forma geral, não tinham referências em teorias estéticas do teatro, exceto de maneira rudimentar. Afastados num canto, em algum lugar, os intelectuais, sem qualquer relação com a crítica jornalística, encaravam a arte dramática do ponto de vista chamado acadêmico — com seus rígidos padrões da tragédia, e assim por diante. O que os repórteres tinham com frequência era um amor simples, primitivo, por um bom espetáculo. E, no mínimo, podia-se dizer se aquele nível de mentalidade tinha um interesse genuíno ou não. Havia certa ingenuidade na reportagem. Eles podiam destruir peças que se desenrolavam num nível de sensibilidade além do deles. Mas, de maneira geral, a gente tinha um retorno do que estava apresentando. Eles sabiam rir, chorar, ao menos um tipo de reação autêntica, bater os pés — eles adoravam o teatro. Desde então, os repórteres-críticos foram em grande parte substituídos por críticos acadêmicos. Sinceramente, dois terços do tempo eu não sei o que eles acham da peça. Eles parecem sentir que o teatro é uma intromissão na literatura. O teatro como teatro — como local onde as pessoas podem ser arrastadas para uma experiência nova — parece antagonizá-los. Não creio que realmente possamos abrir mão do *prazer*: o prazer de ser totalmente distraído a serviço de uma estética. Esse parece ser o impulso geral, mas cedo ou tarde o teatro sobrepuja todo mundo. Vem alguém que simplesmente adora escrever ou atuar e consegue arrastar a plateia, e os críticos junto.

ENTREVISTADORA

O senhor acredita que esses críticos influenciam os dramaturgos?

MILLER

Tudo influencia os dramaturgos. Um dramaturgo que não seja influenciado não tem serventia nenhuma. Ele é o azul de tornassol da arte. E tem que ser, porque se não estiver trabalhando na mesma frequência que a plateia, ninguém sabe de que porcaria ele está falando. O dramaturgo é um tipo de jornalista psíquico, mesmo um muito bom. Consequentemente, para ele a atmosfera é mais importante do que em qualquer outra arte.

ENTREVISTADORA

O que o senhor pensa da declaração de certos críticos de que o sucesso de uma peça realmente contemporânea, como *Marat/ Sade*, torna Tennessee Williams e seu gênero obsoletos?

MILLER

Ridículo. Da mesma maneira que o notável sucesso de Tennessee Williams não tornou obsoleto o que veio antes dele. Existem algumas leis biológicas no teatro que não podem ser violadas. Ele não deve ser transformado num jogo de xadrez. Não se pode ter um teatro baseado em qualquer outra coisa que não numa grande audiência, se queremos que tenha êxito. Quanto maior, melhor. É a lei do teatro. Na Grécia Antiga, catorze mil pessoas sentavam-se ao mesmo tempo para assistir a uma peça. Catorze mil pessoas! E ninguém venha me dizer que eram todos leitores da *New York Review of Books*! Até Shakespeare foi massacrado na sua época por gente da universidade. E acho que pelos mesmos motivos — ele buscava as partes da formação humana que respondem ao melodrama, à comédia, à violência, aos palavrões e ao sangue. Muito sangue e assassinato — sem uma boa motivação.

ENTREVISTADORA
O que o senhor acha de Eugene O'Neill como dramaturgo?

MILLER
O'Neill não significava muito para mim quando eu estava começando. Na década de 30, e na maior parte da década de 40, parecia que ele estava acabado. Não era mais uma força. *The iceman cometh* e *Longa viagem noite adentro*, tão populares alguns anos antes, não fizeram um sucesso tão grande quando escritas. O que é outro exemplo do jornalismo psíquico do palco. Muita coisa depende de quando a peça é montada. É por isso que a dramaturgia é uma profissão tão fatal de se assumir. Você pode ter tudo, mas, se não sabe identificar o momento certo, nada acontece. Uma coisa que sempre respeitei em O'Neill foi a insistência na sua visão. Isto é, mesmo quando ele modificava o material a ponto de distorcê-lo e realmente arruinava seu trabalho, havia uma imagem por trás de tudo isso, a imagem de um indivíduo possuído que, para o bem ou para o mal, era ele mesmo.

Não acho que haja alguma coisa naquilo tudo para um jovem aprender tecnicamente. Deve ter sido por isso que não me interessei. Ele tinha uma virtude que não era técnica, é o que chamo de "batida". Ele repete uma coisa até o ponto — e até passar o ponto — em que você diz: "Eu sei, ouvi isso de noventa e três maneiras diferentes", e de repente você é surpreendido por algo que achava que tinha entendido, mas ele insistiu tanto nessa batida que você adquire uma nova percepção. Ele não se importa de ficar repetindo. É parte de sua insensibilidade. Ele é um escritor bastante insensível. Não tem sutileza nenhuma: ele é o Dreiser do palco. Escreve com lápis pesado. Sua virtude é insistir no clímax, e não no clímax que você gostaria que estivesse lá. Seu defeito é que muitas de suas peças são tão distorcidas que ninguém mais sabe em que nível captá-las. Seus personagens não são simbólicos, suas falas certamente não são versos, a prosa não é realista — é a Terra do Nunca de um escritor semi-Strindberg. Mas nos pontos em que é maravilhoso, é soberbo. Sua última peça é realmente uma obra-prima.

Para dar um exemplo da noção de momento adequado: *The iceman cometh* estreou, por coincidência, no mesmo ano que *Todos eram meus filhos*. É um fenômeno sociológico interessante. Foi em 1947, logo depois da guerra. Ainda havia no ar certa esperança em relação à organização do mundo. Não havia depressão nos Estados Unidos. O macarthismo ainda não tinha começado. Havia uma espécie de... quase se pode falar numa atmosfera de boa vontade, se é que se pode usar o termo no século xx. Então vem uma peça que apresenta um mundo *realmente* cheio de desastres. É descrito um *cul-de-sac*, um beco sem saída. Naquela época aquilo não corroborava o que as pessoas haviam vivenciado. Corroborava o que elas *viriam* a vivenciar; bem pouco tempo depois, aquilo ficou atual. Todos entramos no beco em que ele havia se metido antes!

Mas na época da estreia, ninguém foi ver *Iceman*. Mesmo depois de ter sido cortada, durava quatro ou cinco horas. A montagem era simplesmente horrível. Mas ninguém prestou atenção ao fato de a montagem ser horrível. Ninguém percebeu o que era a peça. Ela foi simplesmente descrita como obra de um velho doente de quem todo mundo dizia: "Não é maravilhoso que ainda consiga escrever?". Quando fui ver essa montagem, não muito depois da estreia, devia haver umas trinta pessoas na plateia. Acho que no fim restava uma dúzia. Era óbvio que se tratava de uma grande obra de arte que estava sendo mutilada no palco. Para mim era óbvio. E também para certo número de diretores que a assistiram. Nem todos. Nem todo diretor é capaz de distinguir entre a montagem e a peça. Nem eu consigo distinguir o tempo todo, embora *Iceman* tenha sido uma em que consegui. Mas, quanto à crítica, acho que não há mais ninguém vivo hoje, com a possível exceção de Harold Clurman, quem, eu acredito, saberia a diferença entre peça e montagem. Harold é capaz — nem sempre, mas muitas vezes — porque dirigiu bastante teatro.

ENTREVISTADORA

Essa questão do momento certo poderia ter afetado a reação a *Depois da queda?*

MILLER

Veja, *Depois da queda* teria sido totalmente diferente se, de alguma maneira, o herói fosse assassinado ou se matasse. Isso, sim, agradaria. Na época eu sabia disso. Como disse antes, não há nada como a morte. Porém, eu não fiz isso. A ironia para mim foi que ouvi gritos de indignação de várias pessoas que tinham explorado Marilyn Monroe sem compaixão na época em que estava viva, de tal forma que estariam sujeitas às leis de aliciamento, zombado dela brutalmente ou se recusado a levar qualquer pretensão dela a sério. Então, era impossível acreditar na sinceridade delas.

ENTREVISTADORA

Estavam expiando sua culpa criticando o senhor.

MILLER

É isso mesmo. É exatamente isso.

ENTREVISTADORA

E não queriam que Quentin se comprometesse.

MILLER

Acho que foi Günter Grass que recentemente disse que a arte não é comprometedora e a vida é cheia de comprometimentos. Juntar as duas coisas é quase impossível, e era isso que eu estava tentando fazer. Estava tentando deixar o mais parecido possível com a vida real, e tão torturante quanto — de modo que o alívio que buscamos não estivesse lá. Eu neguei o alívio à plateia. E é claro que esses realistas rígidos traíram seu romantismo básico com essa reação.

ENTREVISTADORA

O senhor acha que se tivesse feito aquilo em poesia teria amenizado a ameaça?

MILLER

Sim, suponho que sim. Mas eu não queria removê-la. Isso teria seduzido as pessoas de uma maneira que eu não queria. Veja, eu sei como fazê-las vir comigo — é o primeiro instinto de um escritor que tem algum sucesso no teatro. Quero dizer, quando você já está mais ou menos na sua terceira peça você sabe que botões apertar; se quiser um sucesso fácil não há problema em fazer isso uma vez que tenha a história. As pessoas são bastante primitivas — elas realmente querem que as coisas acabem bem. Afinal, por um século e meio *Rei Lear* foi encenado na Inglaterra com um final feliz. Eu escrevi uma peça radiofônica sobre o garoto que escreveu essa versão — William Ireland — e que falsificou as peças de Shakespeare e editou *Rei Lear* de modo a ficar de acordo com a concepção de vida da classe média. Todos pensaram, com exceção de Malone, que foi o primeiro bom crítico, que esse era o verdadeiro Shakespeare. Ele era um exímio falsificador. Adulterou várias outras peças, mas essa ele realmente reescreveu. Tinha dezessete anos. E eles montaram a peça — foi um sucesso enorme — e Boswell achou que foi a melhor coisa que já tinha visto, assim como todos os outros. Mas Malone, com base em impropriedades textuais — além do fato de sentir que era uma amenização do texto original —, provou que não podia ter sido Shakespeare. Era disso que eu estava falando antes: o papel de azul de tornassol do dramaturgo. Ireland sentiu corretamente o que aquela gente queria de *Rei Lear* e lhes deu. Ele a transformou numa peça sentimental, tirando todas as referências nocivas.

ENTREVISTADORA
E a peça terminava com uma feliz reunião em família?

MILLER
Sim, uma espécie de melodrama judaico. Uma peça familiar.

ENTREVISTADORA
Voltando a *Depois da queda*, será que o estilo de apresentação da peça em Nova York afetou sua recepção?

MILLER
Bem, você acertou na mosca. Veja, o que aconteceu na Itália com Zeffirelli foi... Posso descrever de forma bem simples: havia um palco formado de molduras de aço. Era como se a gente estivesse olhando o fundo do fole de uma câmera — molduras de aço oblongas concêntricas recuando até um centro. As paredes laterais entre essas molduras eram fechadas, exatamente como o fole de uma câmera, mas os atores podiam entrar por aberturas nas laterais. Eles podiam aparecer e desaparecer no palco em qualquer profundidade. Além disso, elevadores pneumáticos erguiam os

atores em silêncio e com discrição, de modo que eles podiam aparecer por dez segundos aí desaparecer. Erguia-se uma mesa ou uma parte da mobília para os atores usarem. De maneira que a imagem dos acontecimentos se passando dentro da cabeça de um homem estava lá desde o primeiro segundo, permanecendo ao longo da peça inteira. Em Nova York, a dificuldade se deveu em parte ao palco, que era aberto, arredondado. Um palco desses tem qualidades para certos tipos de peças, mas é rígido — não há nenhum lugar para se esconder. Se um ator precisa *aparecer* no meio do palco, ele entra cinco metros à direita ou à esquerda. A natureza trabalhosa dessas entradas e saídas é insuperável. O que deveria "aparecer" não aparece, mas arrasta-se pelo palco em direção a você.

ENTREVISTADORA

Essa montagem italiana tinha um campo de concentração no fundo? Lembro-me de um texto de Jonathan Miller reclamando do uso do campo de concentração em Nova York.

MILLER

Ah, sim. Veja, na Itália a moldura de aço *se tornava* o campo de concentração, de modo que a peça inteira efetivamente acontecia dentro da *ambientação* desse cercado. O aço virava uma cadeia, uma prisão, um campo, um ambiente mecanicamente constrito. Era possível iluminar essas traves de forma a dar a impressão de proibição — uma grande ideia cênica.

ENTREVISTADORA

Mas por que o senhor optou por usar um campo de concentração?

MILLER

Bem, sempre senti que campos de concentração, embora sejam um fenômeno de estados totalitários, são também a conclusão lógica da vida contemporânea. Se você se queixa de pessoas sendo mortas na rua, da ausência de comunicação ou responsabilidade social, do aumento da violência cotidiana a que as pessoas se acostumaram e da desumanização dos sentimentos, então a última consequência de um nível social organizado é o campo de concentração. Os campos não aconteceram na África, onde as pessoas não tinham contato com o desenvolvimento básico da civilização ocidental. Aconteceram no coração da Europa, num país que, por exemplo, era menos antissemita que outros países, como a França. O caso Dreyfus não ocorreu na Alemanha. Nessa peça a questão é: o que existe de indestrutível entre as pessoas? O campo de concentração é a expressão final da separação humana e sua última consequência. É o abandono organizado... um dos primeiros temas de *Depois da queda*.

Mesmo em *A morte de um caixeiro-viajante*, o que deixa Willy maluco é tentar estabelecer uma ligação; no caso dele, com o mundo do poder. Ele está tentando dizer que se você se comportar de certo jeito acabará numa posição invejável. Aí está a sua ligação. Então a vida deixa de ser perigosa, percebe? Você está livre do abandono.

ENTREVISTADORA

Foi essa a gênese de *As bruxas de Salém*?

MILLER

Eu pensei nela pela primeira vez quando estava em Michigan. Na época, li um bocado sobre os julgamentos das bruxas de Salém. Então, quando chegou a era McCarthy, lembrei-me dessas histórias e passei a contá-las para as pessoas. Eu não imaginava que a coisa chegaria tão longe quanto chegou. Eu costumava dizer que McCarthy estava dizendo certas coisas que tinham sido ditas pelos caçadores das bruxas de Salém. Então comecei a pesquisar sobre aquele tempo, não com a ideia de escrever uma peça, mas para refrescar minha cabeça, porque a coisa estava ficando assustadora. Por exemplo, ele erguia a mão segurando cartões e dizia: "Tenho na minha mão os nomes desse e daquele". Bem, essa era uma tática-padrão dos promotores do século XVII ao confrontar uma testemunha relutante ou confusa, ou uma audiência numa igreja que não estivesse particularmente convencida de que aquele indivíduo específico podia ser culpado. Ele dizia: "Tenho nas mãos uma lista", ou "Temos os nomes de todas as pessoas que são culpadas. Mas ainda não chegou a hora de anunciá-los". Ele não tinha absolutamente nada — simplesmente queria fixar na mente da cidade a ideia de que via tudo, de que todo mundo era transparente para ele. Era um jeito de infligir culpa em todos, e muita gente respondia genuinamente com base na culpa; alguns contavam alguma fantasia, ou algo que tinham feito ou pensado que era ruim. Na minha peça, por exemplo, há um velho que relata que, quando sua esposa lê certos livros, *ele* não consegue rezar. Ele imagina que os promotores saibam a razão, que podem enxergar através do que para ele era um vidro opaco. É claro que tudo termina em desastre, porque processam sua esposa. Muitas vezes testemunhos completamente ingênuos resultaram no enforcamento de alguém. E tudo porque originalmente eles diziam: "Nós realmente sabemos o que está acontecendo".

ENTREVISTADORA

Foi a peça *As bruxas de Salém* em si, na sua opinião, ou talvez o texto publicado pela *Nation*, "A modest proposal", que fez o Comitê de Investigação de Atividades Antiamericanas concentrar a atenção no senhor?

MILLER

Bem, eu tinha feito um monte de declarações e assinado inúmeras petições. Tinha me envolvido em organizações, usando meu nome durante quinze anos antes disso. Mas não creio que eles teriam vindo me perturbar se eu não tivesse me casado com Marilyn. Se já estivessem interessados, teriam me chamado antes. E, na verdade, fui informado por uma fonte confiável de que o então presidente do comitê, Francis Walter, disse que se Marilyn tirasse uma foto com ele, apertando sua mão, ele cancelaria tudo. Simples assim. Marilyn faria com que aparecessem imediatamente na primeira página. Eles tinham figurado na primeira página durante anos, mas o assunto estava começando a perder força. Acabaram na última página, ou nas páginas internas, e com isso voltariam às manchetes. Esses homens marcavam audiências para atender um jornal. Em outras palavras, se descobrissem, digamos, que os astronautas iam para o espaço, não marcavam audiência naquela semana. Esperavam até que eles voltassem e as coisas se acalmassem.

ENTREVISTADORA

O que aconteceu na audiência do comitê?

MILLER

Bem, eu fui indiciado por desacato já que tinha me recusado a dar ou confirmar o nome de um escritor que eu teria visto numa reunião de escritores comunistas da qual havia participado uns oito ou dez anos antes. Minha defesa legal não se baseou em nenhuma das emendas constitucionais, mas na alegação de que o Congresso não podia arrastar as pessoas e questioná-las sobre qualquer coisa que estivesse na cabeça do congressista. Eles tinham de mostrar que a testemunha era passível de ter informação relevante para uma legislação em pauta. O comitê tinha montado um show de interesses na legislação de passaportes. Haviam me negado um passaporte uns dois anos antes. Portanto, eu me encaixava no perfil. Um ano depois, fui preso após um julgamento de uma semana. Então, cerca de um ano depois disso, a Corte de Apelações jogou tudo fora. Pouco tempo depois, revelou-se que o principal conselheiro do comitê, que fora meu interrogador, estava na folha de pagamento de uma fundação racista, e ele se recolheu na vida privada. Foi tudo um assustador desperdício de tempo, dinheiro e raiva, mas eu sofri muito pouco, de fato, comparado com outros que foram expulsos de suas profissões e nunca mais conseguiram voltar, ou que conseguiram retornar depois de oito ou dez anos na lista negra. Eu não estava nem na TV nem no cinema, de modo que pude continuar trabalhando.

ENTREVISTADORA

Suas opiniões políticas mudaram desde então?

MILLER

É claro que ainda não estou pronto para advogar uma economia planificada rigidamente organizada. Acho que ela tem suas virtudes, mas sinto um pavor moral diante de gente com poder demais. Já não confio nas pessoas tanto assim. Costumava pensar que com a ideia certa elas poderiam fazer as coisas mudarem. Agora, é uma luta diária para impedir que coisas pavorosas aconteçam. Nos anos 30, era inconcebível para mim que um governo socialista pudesse ser antissemita. Simplesmente não podia acontecer, porque todo o protesto inicial tinha sido contra o antissemitismo, contra o racismo, contra esse tipo de desumanidade. Era isso que me atraía. Aquilo era atribuído a Hitler, ao capitalismo cego. Agora sou muito mais pragmático em relação a essas coisas, e quero saber contra quem sou, quem estou apoiando e como é essa pessoa.

ENTREVISTADORA

O senhor sente que a tradição judaica na qual foi educado chegou a influenciá-lo?

MILLER

Nunca achei, mas agora acredito que, mesmo não tendo assumido nenhuma ideologia, absorvi um ponto de vista: de que há tragédia no mundo, mas que o mundo tem que continuar — uma coisa é condição para a outra. Os judeus não podem se concentrar demais no trágico porque isso pode oprimi-los. Em consequência, na maioria dos escritos judaicos há a advertência: "Não insista demais na direção do abismo, porque você corre o risco de cair". Creio que é parte dessa psicologia e é parte de mim também. Eu tenho, por assim dizer, um investimento psíquico na continuidade da vida. Jamais poderia escrever uma obra totalmente niilista.

ENTREVISTADORA

O senhor se importaria de dizer alguma coisa sobre em que está trabalhando agora?

MILLER

É melhor não. Eu tenho cinco coisas começadas — contos, um roteiro etc. Estou reunindo meus contos. Mas digo a mim mesmo: "O que estou fazendo? Devia estar escrevendo uma peça". Tenho um calendário na minha cabeça. Veja, a temporada de teatro começa em setembro, e eu sempre escrevi peças no verão. Quase sempre — escrevi *Um panorama visto da ponte* no inverno. Então, francamente, não sei dizer. Tenho alguns começos interessantes, mas não consigo ver o fim de nenhum deles. Geralmente é assim: planejo uma coisa durante semanas ou meses, e de repente começo a escrever um diálogo que começa relacionado com algo que planejei e se desvia para algo que nem cheguei a pensar. Estou aguardando a centelha, suponho. Em algum lugar dentro de si há uma peça, e você espera até que ela passe diante dos seus olhos. Já estou mais adiante, mas agora prefiro parar por aqui.

Vladimir Nabokov

Vladimir Nabokov vive com sua esposa Véra no Montreux Palace Hotel em Montreux, na Suíça, uma cidade turística à beira do lago de Genebra que era a predileta dos aristocratas russos do século XIX. Eles habitam uma série de quartos interconectados que, tal como suas casas e apartamentos nos Estados Unidos, parecem provisórios, locais de exílio. Um dos quartos é utilizado nas visitas de seu filho Dimitri, e outro é uma *chambre de debarras*, onde há vários itens depositados — as edições turca e japonesa de *Lolita*, outros livros, equipamento esportivo, uma bandeira americana.

Nabokov se levanta cedo e trabalha. Ele escreve cartões que são gradualmente copiados, expandidos e rearranjados até se tornarem seus romances. Durante o verão em Montreux ele gosta de tomar sol e nadar numa piscina num parque perto do hotel. Sua aparência aos 78 anos é pesada, lenta e poderosa. Ele é capaz de ficar contente e aborrecido com a mesma facilidade, mas prefere o contentamento. Sua esposa, uma inequívoca e dedicada colaboradora, encarrega-se de tomar conta dele, escrevendo suas cartas, cuidando dos negócios e ocasionalmente interrompendo-o quando acha que ele está dizendo algo errado. É uma mulher excepcionalmente bem-apessoada, bem cuidada e de olhar sóbrio. Os Nabokov ainda viajam com frequência para caçar borboletas, embora as distâncias percorridas sejam limitadas pelo fato de detestarem voar.

O entrevistador tinha enviado de antemão um bom número de perguntas. Ao chegar ao Montreux Palace encontrou um envelope à sua espera — as perguntas haviam sido reviradas e transformadas numa entrevista. Algumas perguntas e respostas foram acrescentadas posteriormente, antes de a entrevista aparecer na edição Verão/Outono de 1967 da *Paris Review*. De acordo com os desejos de Nabokov, todas as respostas são dadas da maneira como as escreveu. Ele alega que precisa escrever suas respostas por causa da sua pouca familiaridade com o inglês. Essa é uma forma de provocação constante que oscila entre a seriedade e a comédia. Ele fala com um dramático sotaque de Cambridge, com ligeiras e ocasionais nuances de pronúncia russa. O inglês falado não é, na verdade, nenhum obstáculo para ele. Citações incorretas, porém, são uma ameaça. Não há dúvida de que Nabokov sente como uma perda trágica a conspiração histórica que o privou de sua Rússia natal e o obrigou, na metade da vida, a fazer seu trabalho numa língua que não é aquela de seus primeiros sonhos. No entanto, suas desculpas frequentes pela compreensão do inglês pertencem sem dúvida ao contexto de suas piadas especialmente lamurientas: ele quis dizer isso, não quis dizer isso, lamenta sua perda, fica ofendido se alguém critica seu estilo, finge ser apenas um pobre estrangeiro solitário, é tão americano "quanto abril no Arizona".

Nabokov está atualmente trabalhando num longo romance que explora os mistérios e as ambiguidades do tempo. Quando fala desse livro, sua voz e seu olhar são os de um jovem poeta deliciado e embriagado, ávido por fazer seu trabalho.

— *Herbert Gold, 1967*

ENTREVISTADOR

Bom dia. Vou fazer algumas perguntas esquisitas.

VLADIMIR NABOKOV

Bom dia. Estou pronto.

ENTREVISTADOR

A sua percepção da imoralidade da relação entre Humbert Humbert e Lolita é muito forte. Em Hollywood e Nova York, porém, os relacionamentos entre homens de quarenta anos e moças um pouco mais velhas do que Lolita são frequentes. Essa união não é um insulto, mas parece até receber certa aprovação.

NABOKOV

Não, não é a *minha* percepção da imoralidade da relação entre Humbert Humbert e Lolita que é forte; é a percepção de Humbert. É *ele* que se importa, não eu. Eu não dou a mínima para a moral pública, nos Estados Unidos ou em qualquer outro lugar. E, de toda forma, casos de quarentões casando-se com adolescentes ou garotas na casa dos vinte não têm qualquer propósito em *Lolita*. Humbert gostava de "menininhas", e não simplesmente de "jovens". Ninfetas são crianças, não jovens atrizes ou mulheres voluptuosas. Lolita tinha doze anos, não dezoito, quando Humbert a conheceu. Você deve lembrar que na época em que ela tem catorze anos ele se refere a ela como sua "amante envelhecendo".

ENTREVISTADOR

Um crítico [Pryce-Jones] disse que os sentimentos do senhor "são diferentes dos de qualquer outra pessoa". Isso faz sentido para o senhor? Ou significa que conhece seus sentimentos melhor do que os outros conhecem os deles? Ou que descobriu a si mesmo em outros níveis? Ou simplesmente que sua história é especial?

NABOKOV

Não me recordo desse artigo, mas, se um crítico faz uma afirmação dessas, deve seguramente significar que ele explorou os sentimentos de literalmente milhões de pessoas, em pelo menos três países, antes de chegar a essa conclusão. Se é assim, eu de fato sou uma ave rara. Se, por outro lado, ele simplesmente se limitou a interrogar os membros da sua família ou do clube, sua afirmação não pode ser discutida seriamente.

ENTREVISTADOR

Outro crítico escreveu que seus "mundos são estáticos". Eles podem ficar tensos de obsessão, mas não se desmancham como os mundos da realidade cotidiana. O senhor concorda? Há uma característica estática na sua visão das coisas?

NABOKOV

"Realidade" de quem? "Cotidiana" onde? Deixe-me sugerir que o próprio termo "realidade cotidiana" é estático, uma vez que pressupõe uma situação permanentemente observável, essencialmente objetiva, e universalmente conhecida. Desconfio que você inventou esse especialista em "realidade cotidiana". Nada disso existe.

ENTREVISTADOR

Ele existe [*cita o nome*]. Um terceiro crítico disse que o senhor "diminui" seus personagens "a ponto de eles se tornarem nulidades numa farsa cósmica". Eu discordo. Humbert, ainda que

cômico, conserva uma característica perseverante e comovente
— a do artista mimado.

NABOKOV

Eu colocaria isso de forma diferente: Humbert Humbert é
um desgraçado vaidoso e cruel que consegue parecer "comovente". Esse epíteto, em seu sentido verdadeiro, piegas, só pode ser
aplicado à minha pobre garotinha. Além disso, como é que posso
"diminuir" ao nível de nulidades personagens que eu mesmo inventei? Pode-se "diminuir" um biografado, mas não uma imagem.

ENTREVISTADOR

E. M. Forster fala que seus personagens principais às vezes
assumem o comando e ditam o curso de seus romances. Isso alguma vez foi um problema para o senhor, ou o senhor permanece
sempre no controle?

NABOKOV

O meu conhecimento das obras do senhor Forster limita-se
a um único romance, do qual não gosto. De qualquer maneira,
não foi ele o pai desse batido capricho de que os personagens
saem do controle. Isso é tão velho quanto escrever, embora obviamente a gente acabe sendo solidário ao pessoal *dele* quando
tentam fugir daquela viagem à Índia ou a qualquer outro lugar
que ele os conduza. Meus personagens são escravos nas galés.

ENTREVISTADOR

Clarence Brown, de Princeton, apontou extraordinárias semelhanças no seu trabalho. Ele se refere ao senhor como "extremamente repetitivo" e diz que, de maneiras impetuosamente distintas, o senhor está sempre dizendo a mesma coisa em essência.
Ele diz que a fatalidade é "a musa de Nabokov". O senhor tem

consciência de "repetir-se" ou, em outras palavras, busca uma unidade consciente para seus livros?

NABOKOV
Não creio ter visto o ensaio de Clarence Brown, mas pode ser que haja algo aí. Escritores derivativos parecem versáteis porque imitam muitos outros, do passado e do presente. A originalidade artística tem apenas seu próprio eu para copiar.

ENTREVISTADOR
O senhor acha que a crítica literária tem algum objetivo determinado? Seja em geral ou especificamente, a respeito de seus livros? Ela tem algum propósito instrutivo?

NABOKOV
O propósito da crítica é dizer algo sobre um livro que o crítico leu ou não. A crítica pode ser instrutiva no sentido de que dá aos leitores, inclusive ao autor do livro, alguma informação sobre a inteligência do crítico ou sobre sua honestidade, ou ambas as coisas.

ENTREVISTADOR
E a função do editor? Algum já lhe deu conselhos literários?

NABOKOV
Por "editor" suponho que você se refira a revisor. Entre esses conheci algumas criaturas límpidas, de tato e delicadeza ilimitados capazes de discutir comigo um ponto e vírgula como se fosse uma questão de honra — o que, de fato, uma questão artística muitas vezes é. Mas também deparei com alguns grosseirões pomposos de nariz empinado que tentavam "dar sugestões", as quais eu recusava com um escandaloso "manter!".

ENTREVISTADOR

O senhor é um lepidopterologista aproximando-se furtivamente de suas vítimas? Se é, sua risada não as assusta?

NABOKOV

Ao contrário, ela as embala até um estado de segurança entorpecida que um inseto vivencia quando mimetiza uma folha seca. Embora eu não seja um leitor ávido de resenhas que tratam do meu trabalho, eu me lembro de um ensaio de uma jovem senhora que tentou encontrar símbolos entomológicos na minha ficção. O ensaio poderia ter sido interessante se ela conhecesse alguma coisa de lepidópteros. Mas infelizmente a mulher revelou completa ignorância, e a confusão de palavras que empregou provou ser apenas dissonante e absurda.

ENTREVISTADOR

Como o senhor definiria sua alienação em relação aos russos brancos refugiados?

NABOKOV

Bem, historicamente sou um "russo branco", como todos os russos que abandonaram a Rússia, como a minha família fez, nos primeiros anos da tirania bolchevique devido à sua oposição a ela, e permaneceram russos brancos no sentido amplo. Mas esses refugiados se dividiram em tantas frações sociais e facções políticas quanto havia em toda a nação antes do golpe bolchevista. Eu não me misturo com russos brancos ultrarreacionários nem com os assim chamados "bolchevizans", ou seja, os "rosados". Por outro lado, tenho amigos entre os intelectuais monarquistas-constitucionais e entre os intelectuais social-revolucionários. Meu pai era um liberal à antiga, e eu não me importo de também ser rotulado assim.

ENTREVISTADOR

Como o senhor definiria sua alienação em relação à Rússia atual?

NABOKOV

Como uma profunda desconfiança do falso degelo anunciado agora. Como uma constante consciência de iniquidades irredimíveis. Como uma completa indiferença a tudo que move um *sovietski* patriótico hoje. Como uma satisfação aguda de ter discernido já em 1918 a *meshchantsvo*, a pretensão burguesa mesquinha, a essência provinciana, do leninismo.

ENTREVISTADOR

Como o senhor encara agora os poetas Blok e Mandelshtam e outros que escreviam antes de sua partida da Rússia?

NABOKOV

Eu os li na minha infância, mais de meio século atrás. Desde aquela época gosto muito dos versos de Blok. Suas peças longas são fracas, e a famosa *Os doze* é assustadora, expressa de modo desajeitado num falso tom "primitivo", com um Jesus Cristo de cartolina rosa aparecendo no final. Quanto a Mandelshtam, eu também sabia seu trabalho de cor, mas ele me proporcionava um prazer menos ardente. Hoje em dia, através do prisma de um destino trágico, a poesia dele parece maior do que de fato é. Incidentalmente, eu noto que os professores de literatura ainda enquadram esses dois poetas em escolas diferentes. Mas existe apenas uma escola: a do talento.

ENTREVISTADOR

Sei que sua obra tem sido lida e atacada na União Soviética. Como o senhor se sentiria em relação a uma edição soviética de seus livros?

NABOKOV

Ah, eles são bem-vindos à minha obra. Na verdade, a editora Victor está lançando *Convite para uma decapitação* numa reimpressão do original russo de 1938, e um editor de Nova York [Phaedra] está imprimindo minha tradução russa de *Lolita*. Tenho certeza de que o governo soviético ficará feliz em admitir oficialmente um romance que parece conter uma profecia do regime de Hitler e que condena amargamente o sistema americano de motéis.

ENTREVISTADOR

O senhor já teve algum contato com cidadãos soviéticos? De que tipo?

NABOKOV

Eu não tenho praticamente nenhum contato com eles, embora uma vez tenha concordado, no começo da década de 30 ou no final dos anos 20, em conhecer — por pura curiosidade — um agente da Rússia bolchevista que estava se empenhando em conseguir levar escritores e artistas emigrados de volta à redoma. Ele tinha um nome duplo, Lebedev qualquer coisa, e havia escrito uma noveleta chamada *Chocolate*, e eu achei que poderia me divertir um pouco com ele. Perguntei-lhe se teria permissão de escrever livremente e se poderia sair da Rússia se eu não gostasse de lá. Ele disse que eu estaria tão ocupado gostando da Rússia que não teria tempo de sonhar em voltar para o exterior. Eu teria perfeita liberdade, ele disse, de escolher qualquer um dos temas que a União Soviética generosamente permite ao escritor utilizar, como fazendas, fábricas, florestas — ah, muitos assuntos fascinantes. Eu disse que fazendas me entediavam, e meu infeliz sedutor logo desistiu. Ele teve mais sorte com o compositor Prokofiev.

ENTREVISTADOR

O senhor se considera americano?

NABOKOV

Sim, eu me considero. Sou tão americano quanto abril no Arizona. A flora, a fauna, o ar dos estados do oeste são os meus elos com a Rússia asiática e ártica. É claro que eu devo demais à língua e às paisagens russas para me sentir envolvido com, digamos, a literatura regional americana, danças indígenas ou torta de abóbora num plano espiritual; mas sinto, sim, um banho de orgulho morno e despreocupado quando mostro meu passaporte americano verde nas fronteiras europeias. A crítica grosseira aos assuntos americanos me ofende e me aflige. Em política doméstica sou intensamente antissegregacionista. Em política externa, estou cem por cento ao lado do governo. Quando fico em dúvida, sempre sigo o método simples de escolher a linha de conduta mais antipática possível aos vermelhos e Russells.

ENTREVISTADOR

O senhor se considera parte de alguma comunidade?

NABOKOV

Na verdade, não. Posso agrupar mentalmente uma boa quantidade de indivíduos de quem gosto, mas formariam um grupo muito disparatado e discordante caso se reunissem na vida real, numa ilha de verdade. De outro modo, eu diria que me sinto bastante à vontade na companhia de intelectuais americanos que leram meus livros.

ENTREVISTADOR

Qual é sua opinião do mundo acadêmico como ambiente

para o escritor? O senhor poderia falar especificamente sobre as vantagens ou as desvantagens de lecionar na Cornell?

NABOKOV

Uma biblioteca universitária de primeira qualidade cercada de um campus confortável é um belo ambiente para um escritor. Existe, é claro, o problema de educar os jovens. Eu me lembro de como uma vez, não na Cornell, entre dois períodos letivos, um estudante levou um rádio para a sala de leitura. Ele teve a pachorra de afirmar que: um, estava tocando música "clássica"; dois, estava ligado "baixinho"; e três, "não havia muitos leitores na sala no verão". Ali estava eu, uma multidão de um homem só.

ENTREVISTADOR

Como o senhor descreveria sua relação com a comunidade literária contemporânea? Com Edmund Wilson, Mary McCarthy, seus editores de revistas e de livros?

NABOKOV

A única vez que colaborei com um escritor foi quando traduzi com Edmund Wilson o *Mozart e Salieri*, de Púchkin, para o *New Republic* há vinte e cinco anos. É uma lembrança um tanto paradoxal em vista de ele ter bancado o bobo no ano passado quando teve a audácia de questionar minha compreensão de *Eugene Onegin*. Mary McCarthy, por outro lado, recentemente foi muito gentil comigo no mesmo *New Republic*, embora eu ache que ela acrescentou um bocado de sua própria madeira ao fogo pálido do pudim de ameixas de Kinbote. Prefiro não mencionar aqui minha relação com Girodias, mas respondi na *Evergreen* a seu desprezível artigo na antologia da Olympia. Por outro lado, estou em excelentes termos com todos os meus editores. A minha amizade calorosa com Katharine White e Bill Maxwell da *New Yorker* é algo que o mais arrogante dos autores não pode evocar sem grande gratidão e prazer.

ENTREVISTADOR

O senhor poderia dizer algo sobre seus hábitos de trabalho? O senhor escreve seguindo um esquema planejado previamente? Pula de um capítulo a outro ou vai do começo até o fim?

NABOKOV

O padrão da coisa precede a coisa. Eu preencho os espaços vazios das palavras cruzadas onde quiser. Anoto pequenos trechos em cartões numerados até o romance ficar pronto. Meu horário é flexível, mas sou bastante exigente em relação a meus instrumentos: cartões Bristol com pauta e lápis bem apontados, não duros demais, com borracha na parte de cima.

ENTREVISTADOR

Existe algum retrato em particular do mundo que o senhor deseje desenvolver? O passado é uma constante para o senhor, mesmo num romance do "futuro", como *Bend Sinister*. O senhor é um "nostalgista"? Em que época preferiria viver?

NABOKOV

Nos dias futuros de aviões silenciosos e aerocicletas graciosas, de um céu prateado sem nuvens, de um sistema universal de rodovias subterrâneas acolchoadas para onde serão relegados todos os caminhões, como morlocks. Quanto ao passado, eu não me importaria de recuperar dos vários cantos do espaço-tempo certos confortos perdidos, como calças folgadas e banheiras compridas e fundas.

ENTREVISTADOR

O senhor sabe que não precisa responder a *todas* as minhas perguntas kinboteanas.

NABOKOV

Não adiantaria nada ficar pulando as espertinhas. Vamos continuar.

ENTREVISTADOR

Além de escrever romances, o que o senhor mais gosta, ou gostaria, de fazer?

NABOKOV

Ah, caçar borboletas e estudá-las, é claro. Os prazeres e as gratificações da inspiração literária não são nada comparados ao enlevo de descobrir um novo órgão ao microscópio, ou uma espécie não catalogada nas encostas do Irã ou do Peru. Não é improvável que se não tivesse havido uma revolução na Rússia eu teria me dedicado inteiramente à lepidopterologia e jamais teria escrito romances.

ENTREVISTADOR

O que é característico do *poshlust* na escrita contemporânea? O senhor fica tentado a pecar nesse sentido? Alguma vez já sucumbiu à tentação?

NABOKOV

O *poshlust*, ou numa transliteração melhor *poshlost*, tem muitas nuances e, se você acha que pode perguntar a alguém se é tentado por isso, evidentemente não o descrevi com clareza no meu livrinho sobre Gógol. Lixo piegas, clichês vulgares, provincianismo em todas as suas fases, imitações de imitações, profundidades espúrias, pseudoliteratura grosseira, imbecil e desonesta — esses são exemplos óbvios. Agora, se quisermos identificar *poshlost* na literatura contemporânea, devemos procurar no simbolismo freudiano, em mitologias devoradas por traças, em análise social, mensagens humanísticas, alegorias políticas, preocupação excessiva com classe ou raça e nas generalidades jornalísticas que todos conhecemos. *Poshlost* se revela em conceitos como "os Estados Unidos não são melhores que a Rússia" ou "todos compartilhamos da culpa da Alemanha". As flores de *poshlost* desabrocham em frases e termos como "o momento da verdade", "carisma", "existencial" — usado a sério —, "diálogo" — aplicado a conversações políticas entre nações — e "vocabulário" — quando aplicado a uma pintura medíocre. Listar num só fôlego Auschwitz, Hiroshima e Vietnã é *poshlost* sedicioso. Pertencer a um clube muito seleto — que tem *um* nome judeu, o do tesoureiro — é *poshlost* refinado. Resenhas vulgares são frequentemente *poshlost*, mas isso também aparece em certos ensaios metidos a besta. O *poshlost* chama o senhor Vazio de grande poeta e o senhor Blefe, de grande romancista. Um dos locais de criação favoritos do *poshlost* sempre foi a exposição de arte; ali, é produzido por pretensos escultores trabalhando com ferramentas de demolição, construindo manivelas cretinas de aço inoxidável, aparelhos de som, aves fedorentas de poliestireno, objetos encontrados em latrinas, balas de canhão e almôndegas enlatadas. Ali nós admiramos o padrão dos papéis de parede *gabinetti* dos assim chamados artistas abstratos, o surrealismo freudiano, manchas do teste de Rorschach — tudo tão brega quanto as *Matinée de septembre* e *Florentine flower girl* de meio século atrás. A lista é longa e, obviamente, todo mundo tem sua *bête noire*, sua ovelha negra, na série. A minha é aquele anúncio de companhia aérea: o aperitivo servido por uma obsequiosa comissária a um jovem casal — ela observando em êxtase o canapé de pepino, ele admirando e desejando a comissária. E, naturalmente, *Morte em Veneza*. Veja a amplitude.

ENTREVISTADOR

Existem escritores contemporâneos que o senhor acompanhe com grande prazer?

NABOKOV

Há diversos, mas não vou citá-los pelo nome. O prazer anônimo não machuca ninguém.

ENTREVISTADOR

E existem alguns que o senhor acompanhe com grande dor?

NABOKOV

Não. Muitos autores aceitos simplesmente não existem para mim. Seus nomes estão gravados em túmulos vazios, seus livros são simulacros, eles são completas nulidades no que diz respeito ao meu gosto de ler. Brecht, Faulkner, Camus, muitos outros, não significam absolutamente nada para mim, e eu preciso combater uma suspeita de conspiração contra meu cérebro quando vejo tranquilamente aceito como "grande literatura" por parte de críticos e colegas algo como as cópulas de Lady Chatterley ou o pretensioso absurdo do senhor Pound, aquela total enganação. Noto que em algumas casas ele substituiu o dr. Schweitzer.

ENTREVISTADOR

Como admirador de Borges e Joyce, o senhor parece compartilhar o prazer deles em provocar o leitor com truques, charadas e trocadilhos. Qual o senhor acha que deve ser a relação entre leitor e autor?

NABOKOV

Não me recordo de nenhum trocadilho em Borges, mas só o li em traduções. De qualquer modo, seus pequenos e delicados contos e minotauros em miniatura não têm nada em comum com as grandes máquinas de Joyce. Tampouco encontro muitas charadas em *Ulysses*, um romance extremamente lúcido. Por outro lado, detesto *Punningans Wake** no qual um crescimento canceroso do tecido das palavras dificilmente redime a assustadora jovialidade do folclore e a alegoria fácil, fácil demais.

ENTREVISTADOR

O que o senhor aprendeu com Joyce?

NABOKOV

Nada.

ENTREVISTADOR

Ora...

NABOKOV

James Joyce não me influenciou de absolutamente nenhuma maneira. Meu primeiro e breve contato com *Ulysses* foi em torno de 1920 na Universidade de Cambridge, quando um amigo, Peter Mrozovski, que havia trazido um exemplar de Paris, arriscou-se a ler para mim, aguentando minhas alfinetadas, uma ou duas passagens picantes do monólogo de Molly, que, *entre nous soit dit*, é o capítulo mais fraco do livro. Só quinze anos depois, quando eu já estava bem formado como escritor e relutava em aprender ou desaprender qualquer coisa, li *Ulysses* e gostei imensamente. Sou indiferente a *Finnegans Wake* da mesma forma que sou indiferen-

---

* "Pun" significa trocadilho ou jogo de palavras. (N. T.)

te a toda literatura regional escrita em dialeto — mesmo sendo o dialeto de um gênio.

ENTREVISTADOR

O senhor não está fazendo um livro sobre James Joyce?

NABOKOV

Mas não apenas sobre ele. O que tenciono fazer é publicar alguns ensaios de vinte páginas sobre várias obras — *Ulysses*, *Madame Bovary*, *A metamorfose* de Kafka, *Dom Quixote* e outros —, tudo baseado nas minhas palestras em Cornell e Harvard. Eu me lembro com prazer de desmanchar o *Dom Quixote*, um livro velho, cruel e grosseiro, diante de seiscentos estudantes no Memorial Hall, para grande horror e constrangimento de alguns dos meus colegas mais conservadores.

ENTREVISTADOR

E outras influências? Púchkin?

NABOKOV

De certa forma — não mais que, digamos, Tolstói ou Turguêniev foram influenciados pelo orgulho e pela pureza da arte de Púchkin.

ENTREVISTADOR

Gógol?

NABOKOV

Tive o cuidado de *não* aprender nada com ele. Como professor, é dúbio e perigoso. No seu pior, como no material ucraniano, é um escritor inexpressivo; no seu melhor, é incomparável e inimitável.

ENTREVISTADOR

Mais alguém?

NABOKOV

H. G. Wells, um grande artista, foi meu escritor favorito quando eu era menino. *The passionate friends, Ann Veronica, A máquina do tempo, The country of the blind,* todas essas histórias são muito melhores do que Bennett, Conrad ou qualquer um dos contemporâneos de Wells era capaz de produzir. Suas cogitações sociológicas podem ser ignoradas com segurança, é óbvio, mas seus romances e fantasias são soberbos. Uma noite houve um terrível momento na hora do jantar, na nossa casa em São Petersburgo, quando Zinaïda Vengerov, sua tradutora, informou a Wells com um movimento de cabeça: "Sabe, seu livro de que mais gosto é *O mundo perdido*". "Ela está se referindo à guerra que os marcianos perderam", disse meu pai rapidamente.

ENTREVISTADOR

O senhor aprendeu com seus alunos na Cornell? Ou foi uma experiência puramente financeira? Ser professor lhe ensinou alguma coisa valiosa?

NABOKOV

Meu método de ensino pressupõe um contato genuíno com meus alunos. Na melhor das hipóteses, eles regurgitavam pedaços do meu cérebro durante os exames. Toda aula que dei foi cuidadosamente, amorosamente, escrita à mão, depois datilografada, e eu a lia tranquilamente em voz alta na classe, às vezes parando para reformular uma sentença, às vezes repetindo um parágrafo — um recurso mnemônico que raramente provocava qualquer mudança no ritmo dos punhos que anotavam. Eu adorava os poucos peritos em taquigrafia no meu público, na esperança de que comunicassem a informação armazenada aos seus colegas menos afortunados. Tentei em vão substituir minha presença na sala por fitas gravadas a serem tocadas na rádio da faculdade. Por outro lado, adorava os meneios de apreço neste ou naquele canto caloroso do auditório, num ou noutro ponto da palestra. Minha maior recompensa vem daqueles ex-alunos que, dez ou quinze anos depois, me escrevem para dizer que agora compreendem o que eu queria deles quando lhes ensinava a visualizar o penteado mal traduzido de Emma Bovary, a disposição dos quartos na casa de Samsa ou os dois homossexuais em *Anna Kariênina*. Não sei se aprendi algo com o ensino, mas sei que acumulei uma inestimável quantidade de informações interessantes analisando uma dúzia de romances para meus alunos. Meu salário, como você sabe, não era exatamente principesco.

ENTREVISTADOR

Há alguma coisa que o senhor gostaria de dizer sobre a colaboração de sua esposa?

NABOKOV

Ela foi conselheira e juíza da produção de minha primeira ficção no início da década de 20. Eu lia para ela todos os meus contos e romances pelo menos duas vezes, e ela os relia ao datilografar e corrigir as provas e verificar traduções em diversos idiomas. Um dia, em 1950, em Ithaca, Nova York, ela foi a responsável por me impedir e exigir que eu parasse para pensar melhor quando, cercado de dúvidas e dificuldades técnicas, eu levava os primeiros capítulos de *Lolita* ao incinerador do jardim.

ENTREVISTADOR

Qual é sua relação com as traduções de seus livros?

NABOKOV

No caso de línguas que minha esposa e eu conhecemos ou sabemos ler — inglês, russo, francês e até certo ponto alemão e italiano — verificamos estritamente cada sentença. No caso das versões japonesa ou turca, procuro não imaginar os desastres que provavelmente assolam cada página.

ENTREVISTADOR

Quais são seus planos de trabalho?

NABOKOV

Estou escrevendo um novo romance, mas não posso falar dele. Outro projeto que tenho alimentado por algum tempo é a publicação do roteiro completo de *Lolita* que fiz para Kubrick. Embora haja na versão dele coisas emprestadas o suficiente para justificar minha posição legal como autor do roteiro, o filme é apenas uma visão fugaz, parca e embaçada do maravilhoso filme que imaginei e elaborei cena por cena durante os seis meses que trabalhei numa vila em Los Angeles. Não desejo insinuar que o filme seja medíocre; é realmente muito bom, mas não é o que escrevi. Com sua lente desvirtuada, o cinema costuma distorcer e embrutecer o romance, conferindo um matiz de *poshlost*. Kubrick, acho, evitou essa falha na sua versão, mas nunca vou entender por que não seguiu minhas orientações e meus sonhos. É uma pena; mas ao menos poderei fazer as pessoas lerem meu roteiro de *Lolita* em sua forma original.

ENTREVISTADOR

Se o senhor tivesse de escolher um e somente um livro pelo qual gostaria de ser lembrado, qual seria?

NABOKOV

Aquele que estou escrevendo, ou melhor, sonhando escrever.

Na verdade, serei lembrado por *Lolita* e por minha tradução de *Eugene Onegin*.

ENTREVISTADOR

O senhor sente que tem alguma falha secreta ou visível como escritor?

NABOKOV

A ausência de um vocabulário natural. Uma coisa estranha a confessar, mas é verdade. Dos dois instrumentos que possuo, um — minha língua materna — não posso mais usar, e não somente porque careço de um público russo, mas também porque a empolgação da aventura verbal no russo tem se esvaído gradualmente depois que me voltei para o inglês em 1940. Meu inglês, esse segundo instrumento que sempre tive, é uma coisa rígida e artificial, que pode servir para descrever um pôr do sol ou um inseto, mas que não consegue ocultar a pobreza de sintaxe e a escassez de dicção doméstica quando necessito do caminho mais curto entre o depósito e a loja. Um velho Rolls-Royce nem sempre é melhor que um simples jipe.

ENTREVISTADOR

O que o senhor pensa do costume atual de ranquear escritores?

NABOKOV

Sim, notei que sob esse aspecto nossos resenhistas profissionais são verdadeiros fazedores de livros. Quem está dentro, quem está fora, onde estão as neves do ano passado. Tudo muito interessante. Lamento um pouco por ser deixado de fora. Ninguém consegue decidir se sou um escritor americano de meia-idade ou um velho escritor russo — ou um maluco internacional sem idade.

ENTREVISTADOR

Qual é o seu maior arrependimento na carreira?

NABOKOV

Não ter vindo para os Estado Unidos mais cedo. Gostaria de ter vivido em Nova York nos anos 30. Se meus romances russos tivessem sido traduzidos naquela época, poderiam ser um choque para os entusiastas pró-soviéticos e dariam uma lição a eles.

ENTREVISTADOR

Há alguma desvantagem significativa na sua fama atual?

NABOKOV

Lolita é famoso, eu não. Sou um romancista obscuro, duplamente obscuro, com um nome impronunciável.

John Cheever

Meu primeiro encontro com John Cheever ocorreu na primavera de 1969, logo após seu romance *Acerto de contas* ter sido publicado. Normalmente, Cheever sai do país quando um novo livro é lançado, mas dessa vez não o fez, e como resultado muitos entrevistadores da Costa Leste dirigiram-se a Ossining, Nova York, onde o soberbo contador de histórias lhes oferecia os prazeres de um dia no campo — e muito pouca conversa sobre seu livro ou sobre a arte de escrever.

Cheever tem a reputação de ser um entrevistado difícil. Ele não presta atenção a resenhas, jamais relê seus livros ou contos uma vez publicados e costuma ser vago sobre detalhes deles. Não gosta de falar de seu trabalho (especialmente para "uma dessas máquinas") porque prefere não olhar para onde esteve, e sim para onde está indo.

Para a entrevista, Cheever vestiu uma camisa azul desbotada e calça cáqui. Tudo nele era fácil e casual, como se já fôssemos velhos amigos. Os Cheever moram numa casa construída em 1799, de modo que um passeio por suas edificações e terras se fez obrigatório. Logo estávamos sentados num estúdio ensolarado no segundo andar onde discutimos o fato de ele não gostar de cortinas nas janelas, a construção de uma rodovia perto de Ossining que ele estava tentando embargar, uma viagem pela Itália, um conto que ele estava começando a elaborar sobre um homem que perdeu as chaves do carro num show de striptease, Hollywood, jardineiros e cozinheiros, recepções e coquetéis, Greenwich Village nos anos 30, recepção televisiva e diversos outros escritores de nome John (especialmente John Updike, que é seu amigo).

Embora Cheever falasse abertamente sobre si mesmo, mudava de assunto quando a conversa se voltava para seu trabalho. *Você não está cheia desse papo? Quer um drinque? Talvez o almoço esteja pronto, vou dar uma descida para verificar. Que tal um passeio pelo bosque e um mergulho depois? Você não prefere pegar o carro e ir até a cidade para conhecer meu escritório? Você joga gamão? Você vê muita televisão?*

No decorrer de várias visitas, o que mais fizemos foi comer, beber, caminhar, nadar, jogar gamão e assistir TV. Cheever não me convidou para cortar madeira com sua motosserra, uma atividade em que, dizem os boatos, ele é viciado. No dia da última gravação, passamos a tarde assistindo aos New York Mets ganharem a World Series sobre os Baltimore Orioles. No final do jogo, os torcedores no Shea Stadium arrancaram tufos de grama para levar de lembrança. "Não é incrível?", ele disse repetidas vezes, referindo-se tanto aos Mets quanto aos torcedores.

Em seguida passeamos pelo bosque e, quando demos meia-volta para retornar à casa, Cheever disse: "Vá na frente e arrume suas coisas. Volto daqui a alguns minutos para levar você à estação". Em seguida, livrou-se das roupas e deu um ruidoso mergulho num laguinho, sem dúvida tentando se lavar de mais uma entrevista.

— *Annette Grant, 1976*

ENTREVISTADORA

Eu estava lendo as confissões de um romancista sobre escrever romances: "Se você quer ser verdadeiro com a realidade, comece mentindo sobre ela". O que o senhor acha disso?

JOHN CHEEVER

Besteira. Por um motivo: as palavras "verdade" e "realidade" não têm sentido a menos que sejam fixadas num quadro de referência compreensível. Não existem verdades inflexíveis. Quanto a mentir, me parece que a falsidade é um elemento crítico na ficção. Parte da emoção de ouvir uma história é a chance de ser ludibriado ou surpreendido. Nabokov é mestre nisso. Contar mentiras é uma espécie de truque ilusionista que revela nossos sentimentos mais profundos sobre a vida.

ENTREVISTADORA

Pode dar um exemplo de mentira invertida que conte um bocado sobre a vida?

CHEEVER

Posso. Os votos do sagrado matrimônio.

ENTREVISTADORA

E quanto à verossimilhança e à realidade?

CHEEVER

Verossimilhança é, a meu ver, uma técnica que se explora para assegurar ao leitor o caráter verdadeiro daquilo que lhe está sendo contado. Se ele acreditar que está parado em cima de um tapete, então você pode puxar o tapete dele. É claro que a verossimilhança também é uma mentira. O que eu sempre quis dela foi a probabilidade, que é a maneira como vivo. Esta mesa parece real, a cesta de frutas pertenceu à minha avó, mas uma louca poderia entrar por essa porta a qualquer momento.

ENTREVISTADORA

Como o senhor se sente separando-se de seus livros ao terminá-los?

CHEEVER

Geralmente tenho uma sensação de fadiga orgânica depois de acabar um livro. Quando meu primeiro romance, *A crônica dos Wapshot*, ficou pronto, eu fiquei muito feliz com isso. Partimos para a Europa e ficamos lá, então eu não vi as resenhas e não soube da desaprovação de Maxwell Geismar por quase dez anos. Com *O escândalo dos Wapshot* foi bem diferente. Nunca gostei muito do livro, e quando ficou pronto eu não estava bem. Eu quis queimá-lo. Acordava à noite e ouvia a voz de Hemingway — nunca ouvi a voz real de Hemingway, mas era claramente a voz dele — dizendo: "Isso é uma pequena agonia. A grande agonia vem mais tarde". Eu me levantava e me sentava na borda da banheira e fumava uma cigarro atrás do outro até as três ou quatro da manhã. Uma vez jurei para os poderes obscuros do lado de fora da janela que nunca, *nunca mais*, tentaria ser melhor do que Irving Wallace.

Depois que acabei *Bullet Park*, não foi tão ruim assim, porque eu tinha feito precisamente o que queria: um elenco de três personagens, um estilo de prosa simples e ressonante e uma cena em que um homem salva o amado filho da morte pelo fogo. O original foi recebido com entusiasmo em todo lugar, mas quando Benjamim DeMott o criticou no *Times*, todo mundo pegou suas bolinhas de gude e correu para casa. Eu arruinei minha perna num acidente de esqui e fiquei tão quebrado que fazia trabalhos para meu filho mais novo. Foi uma simples questão de má sorte jornalística e superestimação dos meus poderes. No entanto, quando você termina um livro, qualquer que seja a recepção dele, há um deslocamento da imaginação. Eu não diria perturbação, mas terminar um romance, pressupondo que seja algo que você queira fazer e que leva muito a sério, invariavelmente constitui um choque psicológico.

ENTREVISTADORA

Quanto tempo leva para o choque psicológico passar? Existe algum tratamento?

CHEEVER

Não sei muito o que você quer dizer com tratamento. Para diminuir o choque eu jogo dados, tomo um porre, vou para o Egito, corto a grama, trepo. Mergulho numa piscina gelada.

ENTREVISTADORA

Os personagens assumem identidades próprias? Eles chegam a ficar tão impossíveis de manipular que é preciso tirá-los da obra?

CHEEVER

A lenda de que os personagens fogem de seus autores — tomando drogas, fazendo operações de mudança de sexo, virando presidentes — implica que o autor é um bobo sem nenhum conhecimento ou domínio de seu ofício. Isso é absurdo. É claro que qualquer exercício de imaginação apreciável mobiliza uma riqueza de memória tão complexa que goza verdadeiramente a expansividade — as surpreendentes reviravoltas, a reação à luz e à escuridão — de qualquer ser vivo. Mas a ideia de autores correndo impotentes de um lado para o outro atrás de suas invenções cretinas é discutível.

ENTREVISTADORA

O romancista também precisa fazer o papel de crítico?

CHEEVER

Não tenho nenhum vocabulário crítico e me falta agudeza crítica. Esta é, acho, uma das razões de eu sempre ser evasivo com entrevistadores. Minha apreensão crítica da literatura está em grande parte num nível prático. Uso o que gosto, e isso pode ser qualquer coisa. Cavalcanti, Dante, Frost, qualquer um. Minha biblioteca é terrivelmente desarrumada e desorganizada; eu arranco o que quero das publicações. Não creio que um escritor tenha qualquer responsabilidade de encarar a literatura como um processo contínuo. Acredito que muito pouco dela seja imortal. Conheci livros na minha vida que funcionam muito bem na hora, depois perdem a utilidade, talvez por um breve tempo.

ENTREVISTADORA

Como o senhor "usa" esses livros? E o que faz com que eles percam sua "utilidade"?

CHEEVER

Minha sensação de "usar" um livro é a excitação de me descobrir na ponta receptora do nosso meio de comunicação mais íntimo e agudo. Essa empolgação às vezes é passageira.

ENTREVISTADORA

Considerando uma ausência de vocabulário crítico, como então, sem uma longa educação formal, o senhor explica sua considerável cultura?

CHEEVER

Não sou um erudito. Não lamento essa falta de disciplina, mas admiro a erudição nos meus colegas. É claro que não careço de informação. Isso pode ser devido ao fato de que fui criado nos confins da Nova Inglaterra cultural. Todo mundo na família pintava, escrevia, cantava e, principalmente, lia, o que era um meio de comunicação bastante comum e aceito na Nova Inglaterra na virada da década. Minha mãe alegava ter lido *Middlemarch* treze vezes; ouso dizer que não leu. Levaria a vida toda.

ENTREVISTADORA
Não há alguém em *A crônica dos Wapshot* que leu?

CHEEVER
Sim, Honora... ou não me lembro bem quem é... alega ter lido treze vezes. Minha mãe costumava deixar *Middlemarch* fora, no jardim, e o livro ficava encharcado com a chuva. A maior parte disso está no romance. É verdade.

ENTREVISTADORA
Nesse livro, a gente tem a sensação de estar escutando atrás da porta na casa da sua família.

CHEEVER
A crônica não foi publicado — e isso foi proposital — até minha mãe morrer. Uma tia que não aparece no livro disse: "Eu jamais falaria com ele de novo se não soubesse que tem dupla personalidade".

ENTREVISTADORA
Os amigos e parentes costumam achar que aparecem nos livros?

CHEEVER
Somente — e eu acho que todo mundo sente isso — num sentido desabonador. Se você coloca alguém com aparelho de

audição, eles já acham que você os descreveu... Embora possa ser um personagem de outro país num papel totalmente distinto. Se você coloca alguém doente, sem graça ou com alguma imperfeição, então eles imediatamente associam. Mas se você os coloca como pessoas lindas, nunca fazem essa associação. As pessoas sempre estão prontas a acusar em vez de se celebrar, especialmente gente que lê ficção. E não sei qual é a relação. Já me aconteceu de uma mulher cruzar um grande salão e dizer: "Por que você escreveu essa história a meu respeito?". E eu tento descobrir qual foi a história que escrevi. Bem, dez contos atrás aparentemente mencionei alguém de olhos vermelhos. Ela notou que naquele dia estava com os olhos injetados e assumiu que eu a crucifiquei.

ENTREVISTADORA

Eles se sentem indignados, acham que você não tem o direito de usar a vida deles?

CHEEVER

Seria mais bacana se eles pensassem no aspecto criativo de escrever. Não gosto de ver gente que se sente caluniada quando não foi essa a intenção de ninguém. É claro que alguns autores jovens querem ser polêmicos. E alguns autores velhos também. A polêmica é, obviamente, uma vasta fonte de energia. Mas essa não é a energia pura da ficção, é a simples vontade de polemizar de uma criança. O tipo de coisa que a gente vê no primeiro ano da faculdade. A polêmica não é uma das minhas fontes de energia.

ENTREVISTADORA

O senhor acha que o narcisismo é uma qualidade necessária para a ficção?

CHEEVER

É uma pergunta interessante. Por narcisismo entendemos, é claro, um amor doentio por si mesmo, uma moça amargurada, a ira de Nêmesis e o resto da eternidade como uma planta com membros. Quem quer isso? Nós nos amamos de tempos em tempos; não mais, acho, que a maioria dos homens.

ENTREVISTADORA

E a megalomania?

CHEEVER

Acho que escritores estão inclinados a ser intensamente egocêntricos. Bons escritores são muitas vezes excelentes numa centena de outras coisas, porém escrever promete uma latitude maior para o ego. Meu querido amigo Yevtushenko tem um ego capaz de rachar cristal a uma distância de sete metros. Mas eu conheço um banqueiro de investimentos inescrupuloso que é capaz de se sair melhor.

ENTREVISTADORA

O senhor acha que a tela da sua imaginação, a forma como projeta os personagens, é de algum modo influenciada pelo cinema?

CHEEVER

Escritores da minha geração e aqueles que foram criados com filmes tornaram-se sofisticados em relação a essas linguagens amplamente distintas e sabem o que é melhor para a câmera e o que é melhor para o escritor. Aprende-se a pular a cena de multidões, a assombrosa porta, a ironia banal de um zoom nos pés tortos da beldade. A diferença entre esses ofícios, acho, é claramente entendida, e o resultado é que não há filme bom proveniente de um bom romance. Eu adoraria escrever um roteiro original se encontrasse um diretor que se identificasse comigo. Anos atrás, René Clair ia filmar algumas de minhas histórias, mas assim que o escritório central ficou sabendo, retiraram todo o dinheiro.

ENTREVISTADORA

O que o senhor acha de trabalhar em Hollywood?

CHEEVER

O sul da Califórnia sempre cheira a uma noite de verão... o que para mim significa que já não se pode andar de barco, jogar, mas não é bem assim. Simplesmente não corresponde à minha experiência. Dou muita atenção às árvores... árvores nativas, e quando você trabalha num lugar onde as árvores são transplantadas e não têm história, acho isso muito desconcertante.

Fui para Hollywood ganhar dinheiro. É muito simples. As pessoas são gentis e a comida é boa, mas nunca fui feliz ali, talvez porque só tenha ido até lá para pegar os cheques. Tenho o mais profundo respeito por mais ou menos uma dúzia de diretores cujas atividades estão centradas lá e que, apesar dos angustiantes problemas de se conseguir um financiamento, continuam a produzir filmes brilhantes e originais. Mas minha sensação principal em relação a Hollywood é de suicídio. Se eu conseguia sair da cama e entrar no chuveiro, tudo bem. Já que nunca pagava as contas, pegava o telefone e pedia o café da manhã mais elaborado que conseguia imaginar, aí tentava chegar ao chuveiro sem me enforcar antes. Isso não é uma reflexão sobre Hollywood, mas eu simplesmente parecia ter um complexo de suicida quando estava lá. Para começar, não gosto das autoestradas. E as piscinas são quentes demais... quase trinta graus. Quando estive lá da última vez, em janeiro passado, as lojas estavam vendendo solidéus para cachorros — meu Deus! Fui a um jantar e do outro lado da sala uma mulher perdeu o equilíbrio e caiu. O marido dela gritou: "Quando eu lhe disse para trazer as muletas você não me deu ouvidos!". Essa frase não podia ser melhor.

ENTREVISTADORA

E quanto a outra comunidade, a acadêmica? Ela faz tanto do trabalho da crítica, com sua necessidade de classificar e rotular.

CHEEVER

O vasto mundo acadêmico existe como todo o resto, com base no que pode produzir para assegurar uma renda. De modo que temos ensaios sobre ficção, mas eles vêm do que é em grande parte uma indústria. Não ajudam de forma nenhuma aqueles que escrevem ficção ou gostam de ler ficção. Toda a atividade é um empreendimento subsidiário, como extrair produtos químicos úteis da fumaça. Eu lhe contei sobre a resenha de *Bullet Park* que saiu na *Ramparts*? Dizia que eu perdi a grandeza por ter saído de St. Botolph. Se eu tivesse ficado, como Faulkner ficou em Oxford, provavelmente seria tão grande como ele. Mas cometi o erro de deixar esse lugar que, é claro, nunca existiu. Foi tão esquisito me dizerem para voltar a um lugar que era completa ficção.

ENTREVISTADORA

Imagino que se referiam a Quincy.

CHEEVER

Sim, mas não era isso. Foi muito triste quando li. Entendi o que estavam tentando dizer. É como lhe dizerem para voltar a uma árvore em que você passou catorze anos morando.

ENTREVISTADORA

Quem são as pessoas que o senhor imagina, ou espera, que leiam seus livros?

CHEEVER

Todo tipo de pessoa simpática e inteligente lê os livros e escreve cartas atenciosas sobre eles. Não sei quem elas são, mas são maravilhosas e parecem viver de forma bastante independente dos preconceitos da propaganda, do jornalismo e do ranzinza mundo acadêmico. Pense nos livros que desfrutaram de vidas independentes. *Elogiemos os homens ilustres. À sombra do vulcão. Henderson, o rei da chuva.* Um livro esplêndido como *O legado de Humboldt* foi recebido com confusão e consternação, porém milhares de pessoas saíram e foram comprá-lo, ainda na versão em capa dura. A sala onde trabalho tem uma janela que dá para um bosque, e eu gosto de pensar que esses leitores sérios, queridos e misteriosos estão dentro dele.

ENTREVISTADORA

O senhor acha que a literatura contemporânea está ficando mais especializada, mais autobiográfica?

CHEEVER

Pode ser. Autobiografia e cartas podem ser mais interessantes que ficção, mas, eu insisto, fico com o romance. O romance é um meio agudo de comunicação, do qual todo tipo de gente obtém respostas que não consegue obter de cartas ou diários.

ENTREVISTADORA

O senhor começou a escrever quando criança?

CHEEVER

Eu costumava contar histórias. Estudei em uma escola liberal chamada Thayerland. Eu adorava contar histórias, e se todo mundo fizesse a lição de aritmética — era uma escola muito pequena, provavelmente não tinha mais de dezoito ou dezenove alunos — a professora deixava eu contar uma. Eu as contava em série. Era muito esperto da minha parte, porque sabia que se não terminasse a história no final do recreio, que era de uma hora, todo mundo pediria para escutar o fim no recreio seguinte.

ENTREVISTADORA

Qual era a sua idade?

CHEEVER

Bem, tenho a inclinação de mentir sobre minha idade, mas suponho que foi quando eu estava com oito ou nove anos.

ENTREVISTADORA

Naquela idade o senhor conseguia pensar numa história que durasse uma hora inteira?

CHEEVER

Ah, sim. Naquela época eu conseguia. E ainda consigo.

ENTREVISTADORA

O que vem primeiro, o enredo?

CHEEVER

Não trabalho com enredos. Trabalho com intuição, apreensão, sonhos, conceitos. Personagens e fatos aparecem simultaneamente para mim. O enredo implica narrativa e um monte de bobagens. É uma tentativa calculada de prender a atenção do leitor sacrificando a persuasão moral. É claro que ninguém quer ser chato... todo mundo precisa de um elemento de suspense. Mas uma boa narrativa é uma estrutura rudimentar.

ENTREVISTADORA

O senhor sempre foi escritor ou teve outros trabalhos?

CHEEVER

Certa época dirigi um caminhão de jornal. Eu gostava muito, especialmente durante a temporada de beisebol, quando o jornal de Quincy trazia suplementos e reportagens completas. Ninguém tinha rádio ou televisão — o que não quer dizer que a cidade era iluminada por velas, mas as pessoas costumavam esperar os jornais, e eu me sentia bem sendo a pessoa que trazia as boas notícias. Também passei quatro anos no Exército. Estava com dezessete quando vendi meu primeiro conto, "Expelled", para a *New Republic*. A *New Yorker* começou a aceitar meus textos quando eu tinha 22. Fui sustentado pela *New Yorker* durante anos e anos. Foi uma associação muito agradável. Eu mandava doze ou catorze contos por ano. No começo morava num quarto minúsculo numa casa na Hudson Street, com uma vidraça quebrada. Eu tinha um emprego na MGM, com Paul Goodman, fazendo sinopses. Jim Farrell também. A gente tinha que dissecar praticamente cada livro publicado em sínteses de três, cinco ou doze páginas, e recebíamos algo como cinco dólares. Era a gente mesmo que datilografava. E, sim, com carbono.

ENTREVISTADORA

Como era escrever contos para a *New Yorker* naquela época? Quem era o editor de ficção?

CHEEVER

Wolcott Gibbs foi editor de ficção por pouco tempo, depois foi Gus Lobrano. Eu o conhecia muito bem, era meu companheiro de pescaria. E, claro, Harold Ross, que era muito difícil, mas que eu adorava. Ele fazia perguntas absurdas sobre o original — todo mundo já escreveu sobre isso —, algo como trinta e seis questões sobre uma história. O autor sempre achava aquilo ultrajante, uma agressão ao bom gosto, mas Ross pouco se importava.

Ele gostava de mostrar sua mão, de sacudir o escritor. Às vezes era brilhante. Em "O enorme rádio" ele fez duas mudanças. Um diamante é encontrado no chão de um banheiro depois de uma festa. O homem diz: "Venda, uns dólares viriam a calhar". Ross mudou "uns dólares" para "uma grana", o que foi absolutamente perfeito. Brilhante. Então eu tinha escrito "o rádio entrou suavemente" e Ross acrescentou outro "suavemente". "O rádio entrou suavemente, suavemente." Ele estava totalmente certo. Mas havia outras vinte e nove sugestões como: "Esta história já está acontecendo há vinte e quatro horas e ninguém comeu nada. Não há a menor referência a uma refeição". Um exemplo típico desse tipo de coisa foi "The lottery", de Shirley Jackson, sobre o ritual de apedrejamento. Ele odiou a história e começou a ficar maldoso. Disse que em Vermont não havia nenhum local que tivesse rochas daquele tipo. Ele perturbou e perturbou e perturbou. Não foi nenhuma surpresa. Ross costumava me deixar apavorado. Eu ia lá almoçar. Nunca sabia que ele vinha, até ele entrar com um suporte para ovo. Eu ficava sentado com as costas pressionando o encosto da cadeira. Ficava realmente amedrontado. Ele tinha mania de se coçar todo e enfiar o dedo no nariz, o tipo de homem que é capaz de subir as cuecas de modo que se veja uma faixa entre as calças e a camisa. Ele costumava me dar um susto, pulando da cadeira dele. Era uma relação criativa e destrutiva, com a qual eu aprendi muito, e sinto falta dele.

ENTREVISTADORA

O senhor conheceu muitos escritores naquela época, não foi?

CHEEVER

Tudo era imensamente importante para mim, já que tinha sido criado numa cidade pequena. Eu estava na dúvida se conseguiria ser escritor até que conheci duas pessoas que foram muito importantes para mim: uma foi Gaston Lachaise e a outra E. E. Cummings. Eu adorava Cummings, e adoro a lembrança dele. Fazia uma imitação maravilhosa de uma locomotiva a vapor queimando lenha, indo de Tiflis a Minsk. Ele conseguia ouvir um alfinete caindo na terra fofa a quatro quilômetros de distância. Você se lembra da história da morte de Cummings? Era setembro, estava quente e ele cortava lenha no fundo de sua casa em New Hampshire. Ele tinha 66 ou 67 anos, algo assim. Sua esposa, Marion, debruçou-se na janela e perguntou: "Cummings, não está quente demais para você ficar cortando lenha?". Ele disse: "Vou parar agora, mas vou afiar o machado antes de guardá-lo, querida". Foram suas últimas palavras. No funeral, Marianne Moore fez uma elegia. Marion Cummings estava com os olhos enormes. Dava para arranjar lugar num livro para eles. Ela fumava como se os cigarros fossem pesadíssimos, e estava usando um vestido preto com um buraco de cigarro.

ENTREVISTADORA
E Lachaise?

CHEEVER
Não sei bem o que dizer sobre ele. Eu o considerava um artista excepcional e um homem satisfeito. Ele costumava ir ao Metropolitan — onde não estava representado — e abraçava as estátuas de que gostava.

ENTREVISTADORA
Cummings chegou a lhe dar algum conselho como escritor?

CHEEVER
Cummings nunca foi paternal. Mas a inclinação de sua cabeça, sua voz que soava como o vento entrando pela chaminé,

sua cortesia com os tolos e a imensidão do seu amor por Marion, tudo isso em si eram conselhos.

ENTREVISTADORA

O senhor já escreveu poesia?

CHEEVER

Não. Parece-me que a disciplina é muito diferente... outra linguagem, um continente diferente da ficção. Em alguns casos contos breves têm muito mais disciplina do que muita da poesia que temos. No entanto, as disciplinas são tão diferentes quanto atirar com uma espingarda calibre doze e nadar.

ENTREVISTADORA

Já aconteceu de revistas lhe pedirem para escrever artigos jornalísticos?

CHEEVER

Me pediram para fazer uma entrevista com Sophia Loren para o *Saturday Evening Post*. Eu fiz. Cheguei a beijá-la. Já tive outras ofertas mas nada tão bom quanto isso.

ENTREVISTADORA

O senhor acredita que haja uma tendência de romancistas fazendo jornalismo, como Norman Mailer?

CHEEVER

Não gosto da sua pergunta. A ficção deve competir com reportagens de primeira linha. Se você não consegue escrever uma história que seja equivalente a um relato factual de confrontos de rua ou demonstrações, então não é capaz de escrever uma história. Pode muito bem desistir. Em muitos casos, a ficção não tem sido bem-sucedida nessa competição. Atualmente o campo da ficção está atulhado de contos sobre as sensibilidades de uma criança amadurecendo numa granja ou de uma puta que despe sua profissão de glamour. O *Times* nunca esteve tão cheio de lixo como em seus anúncios de livros recentes. Ainda assim, o uso da palavra "morte" ou "invalidez" referindo-se à ficção tem diminuído da mesma maneira que ocorre com todo o resto.

ENTREVISTADORA

O senhor se sente atraído a fazer experimentos em ficção, na direção do bizarro?

CHEEVER

Ficção *é* experimentação. Quando deixa de ser isso, deixa de ser ficção. Ninguém jamais escreve uma sentença sem a sensação de que ela nunca foi escrita antes daquela maneira e de que talvez até mesmo o conteúdo dela nunca tenha sido sentido. Cada sentença é uma inovação.

ENTREVISTADORA

O senhor sente que pertence a uma tradição particular na literatura americana?

CHEEVER

Não. Na verdade, não consigo pensar em nenhum escritor americano que possa ser classificado como parte de uma tradição. Você certamente não pode inserir Updike, Mailer, Ellison ou Styron numa tradição. A individualidade do escritor nunca foi tão intensa quanto é nos Estados Unidos.

ENTREVISTADORA

Bem, o senhor se consideraria um escritor realista?

CHEEVER

Antes de falar sobre essas definições, temos de entrar num acordo em relação ao que isso significa. Romances documentários, como os de Dreiser, Zola, Dos Passos — mesmo que eu não goste deles — podem, acho, ser classificados como realistas. Jim Farrell foi outro romancista de documentário; de certo modo, Scott Fitzgerald também, embora pensar nele dessa forma diminua o que fazia de melhor... que era dar a sensação de como seria um mundo muito particular.

ENTREVISTADORA

O senhor acha que Fitzgerald tinha consciência de estar documentando?

CHEEVER

Escrevi um pouco sobre Fitzgerald, li todas as biografias e trabalhos críticos e chorei abertamente no final de cada um — chorava feito um bebê. É uma história muito triste. Todas as avaliações sobre ele mencionam a crise de 29, a excessiva prosperidade, as roupas, a música, e, ao fazer isso, sua obra é descrita como fortemente datada... uma espécie de relato de época... Tudo isso diminui o que Fitzgerald tem de melhor. Quando se lê Fitzgerald, sabe-se exatamente que horas são, onde se está, o tipo de país. Nenhum escritor jamais foi tão fiel ao localizar uma cena. Mas para mim isso não é uma pseudo-história, é a percepção do autor de que estava vivo. Todos os grandes homens são escrupulosamente fiéis a seu tempo.

ENTREVISTADORA

O senhor acredita que suas obras serão igualmente datadas?

CHEEVER

Ah, não antevejo que a minha obra seja lida. Esse não é o tipo de coisa que me preocupa. Posso muito bem estar esquecido amanhã. Eu não estranharia nem um pouco.

ENTREVISTADORA

Mas um grande número de contos seus desafiam as datas. Elas poderiam ocorrer em qualquer época e em quase todo lugar.

CHEEVER

Essa, é claro, é minha intenção. Aquelas histórias que podem ser localizadas em certo momento tendem a ser as piores. A história do abrigo antibombas* trata de um nível de ansiedade básica, e o abrigo antibombas, em que a história se localiza num momento muito específico, é apenas uma metáfora... Pelo menos foi essa a minha intenção.

ENTREVISTADORA

É uma história triste.

CHEEVER

Todo mundo vive dizendo isso dos meus contos. "Ah, elas são tão tristes." A minha agente, Candida Donadio, me telefonou sobre um conto novo e disse: "Ah, que história linda, é tão triste". Eu disse: "Tudo bem, então eu sou um homem triste". A coisa mais triste de "O general de brigada e a viúva do golfe" é a mulher parada olhando o abrigo no final da história e então sendo mandada embora por uma moça. Você sabe que a *New Yorker* tentou tirar isso? Eles acharam que o conto funcionava muito melhor sem o final. Quando fui olhar as provas de impressão, pensei que

* "O general de brigada e a viúva do golfe".

havia uma página faltando. Perguntei onde estava o final da história. Uma garota disse: "O senhor Shawn acha que fica melhor assim". Eu entrei lentamente num profundo estado de raiva, peguei o trem para casa, enchi a cara de gim e liguei para um dos editores. A essa altura, já estava agressivo, falando alto e xingando. Ele estava fazendo sala para Elizabeth Bowen e Eudora Welty. Ficou perguntando se não podia atender a ligação em outro lugar. Bom, de qualquer modo, voltei para Nova York na manhã seguinte. Eles haviam rediagramado toda a revista — poemas, notícias, charges — e recolocado a cena.

ENTREVISTADORA

É a história clássica do que os boatos dizem que a *New Yorker* faz: tire o último parágrafo e você tem um final típico da revista. Qual é a sua definição de um bom editor?

CHEEVER

Minha definição de um bom editor é um homem encantador, que me manda cheques polpudos, elogia meu trabalho, minha beleza física e meu desempenho sexual e que tem um rígido controle sobre o dono da editora e o banco.

ENTREVISTADORA

E quanto ao início das histórias? O senhor começa muito depressa. É impressionante.

CHEEVER

Bem, se você, como narrador, está tentando estabelecer alguma afinidade com o leitor, não começa dizendo que está com dor de cabeça e indigestão e que pegou um grave eczema na praia. Um dos motivos é que a propaganda em revistas atualmente é muito mais comum que trinta anos atrás. Ao publicar numa revista, você está competindo contra anúncios de cintos, de viagens, nudez, quadrinhos e até poesia. A competição torna a situação praticamente desesperadora. Eu tenho guardado um começo que sempre quis usar. Uma pessoa volta da Itália depois de passar um ano com uma bolsa de estudos. Sua mala é aberta na alfândega e, em vez de roupas e suvenires, encontram o corpo mutilado de um marinheiro italiano, o corpo todo menos a cabeça. Outra frase de abertura na qual eu penso bastante é: "No primeiro dia que assaltei a Tiffany's estava chovendo". É claro que se pode abrir um conto breve dessa maneira, mas não é esse o jeito de lidar com ficção. A gente fica tentado porque tem havido uma genuína perda de serenidade, não só no público leitor, mas nas nossas vidas. Da paciência, talvez, ou mesmo da capacidade de se concentrar. A certa altura, quando a televisão chegou, ninguém publicava um artigo que não pudesse ser lido durante um intervalo comercial. Mas a ficção é suficientemente duradoura para sobreviver a tudo isso. Eu não gosto de contos que começam com "Estou prestes a me suicidar" ou "Estou prestes a matar você". Ou aquela coisa do Pirandello de "Vou matar você ou você vai me matar, ou vamos matar alguém, talvez matemos um ao outro". Nem do erotismo: "Ele começou a tirar a calça, mas o zíper emperrou... então pegou a lata de óleo lubrificante..." e lá vamos nós.

ENTREVISTADORA

Com certeza seus contos têm um ritmo rápido, eles avançam bem.

CHEEVER

O primeiro princípio de estética é interesse ou suspense. Você não pode esperar se comunicar com alguém se você é um chato.

ENTREVISTADORA

William Golding escreveu que há dois tipos de romancistas: um deixa o sentido evoluir com os personagens ou situações; o outro tem uma ideia e procura um mito para lhe dar corpo. Ele é um exemplo do segundo tipo e pensa em Dickens como pertencente ao primeiro. O senhor acha que se enquadra em alguma dessas duas categorias?

CHEEVER

Eu não sei do que Golding está falando. Cocteau disse que escrever é uma força da memória que não é compreendida. Concordo com isso. Raymond Chandler descreveu escrever como uma linha direta para o subconsciente. Os livros dos quais você realmente gosta dão a sensação, logo que você os abre, de ter estado naquele lugar. Trata-se de uma criação, quase uma câmara na memória. Lugares nos quais nunca se esteve, coisas que nunca foram vistas ou ouvidas, mas a descrição é tão perfeita que você tem a impressão de ter estado lá.

ENTREVISTADORA

Mas certamente o senhor usa muita ressonância de mitos... Por exemplo, referências à Bíblia e à mitologia grega.

CHEEVER

Isso se explica pelo fato de eu ter sido criado no sul de Massachusetts, onde se pensava que mitologia era um assunto que todos devíamos entender. Foi uma parte significativa da minha educação. O jeito mais fácil de analisar o mundo é por meio da mitologia. Houve milhares de ensaios escrito nessa linha. Leandro é Poseidon, alguém é Ceres, e assim por diante. Parece ser uma análise superficial. Mas possibilita um ensaio passável.

ENTREVISTADORA

Ainda assim, o senhor deseja a ressonância.

CHEEVER

A ressonância, é claro.

ENTREVISTADORA

Como o senhor trabalha? Registra a ideia imediatamente ou passeia com ela por algum tempo, deixando-a incubar?

CHEEVER

Faço as duas coisas. Adoro quando fatos totalmente disparatados se juntam. Por exemplo, eu estava sentado num café lendo uma carta da minha cidade, com a notícia de que uma dona de casa da vizinhança conseguira o papel principal num espetáculo nu. Enquanto lia, pude ouvir uma mulher inglesa dando bronca nos filhos. "Se vocês não fizerem isso e aquilo antes que a mamãe conte até três" era a fala dela. Uma folha voou pelo ar, fazendo-me lembrar do inverno e do fato de que a minha mulher tinha me deixado e estava em Roma. Aí estava minha história. Tive momentos igualmente bons no encerramento do conto "Adeus, meu irmão" e de "The country husband". Hemingway e Nabokov gostaram deles. Eu tinha tudo ali: um gato usando chapéu, mulheres nuas saindo do mar, um cachorro com sapato na boca, e um rei de cota de malha dourada montado num elefante nas montanhas.

ENTREVISTADORA

Ou pingue-pongue na chuva?

CHEEVER

Não me lembro de que conto é isso.

ENTREVISTADORA

Às vezes o senhor jogava pingue-pongue na chuva.

CHEEVER

É provável que sim.

ENTREVISTADORA

O senhor guarda essas coisas?

CHEEVER

Não é uma questão de guardar. É uma questão de algum tipo de energia galvânica. E também, claro, é uma questão de dar sentido às próprias experiências.

ENTREVISTADORA

O senhor acha que a ficção deveria transmitir lições?

CHEEVER

Não. A ficção se destina a iluminar, explodir, renovar. Não acho que exista qualquer filosofia moral posterior na ficção além da qualidade. Profundidade de sentimentos e agilidade sempre me pareceram muito importantes. As pessoas procuram moral na ficção porque sempre houve confusão entre ficção e filosofia.

ENTREVISTADORA

Como o senhor sabe quando uma história está certa? Ela lhe dá essa sensação logo da primeira vez, ou o senhor fica crítico à medida que vai em frente?

CHEEVER

Acho que há certo peso na ficção. Por exemplo, meu último conto não está correto. Tenho que refazer o final. É uma questão,

96

presumo, de tentar corresponder a uma visão. Existe uma forma, uma proporção, e a gente sabe quando algo que acontece está errado.

ENTREVISTADORA

Por instinto?

CHEEVER

Suponho que qualquer um que tenha escrito por tanto tempo como eu... É provavelmente o que você chamaria de instinto. Quando uma linha cai errado, ela simplesmente não está certa.

ENTREVISTADORA

Uma vez o senhor me disse que gostava de pensar nos nomes dos personagens.

CHEEVER

Isso me parece muito importante. Escrevi um conto sobre homens com um monte de nomes, todos abstratos, com a menor quantidade possível de alusões: Pell, Weed, Hammer e Nailles. É claro que pensaram que eu estava querendo ser espertinho, mas não era a minha intenção.

ENTREVISTADORA

A casa de Hammer aparece em "O nadador".

CHEEVER

É verdade. É uma história muito boa. Foi um conto extremamente difícil de escrever.

ENTREVISTADORA

Por quê?

CHEEVER

Porque eu não podia mostrar minha mão. A noite caía, o ano estava morrendo. Não foi uma questão de problemas técnicos, mas de imponderáveis. Quando ele descobre que está escuro e frio, já deve ter acontecido. E, por Deus, aconteceu. Eu me senti escuro e frio por algum tempo depois de ter terminado a história. Na verdade, foi um dos últimos contos que escrevi por um longo tempo, porque aí comecei *Bullet Park*. Às vezes os que parecem mais fáceis para o leitor são os mais difíceis de escrever.

ENTREVISTADORA

Quanto tempo o senhor leva para escrever um conto desses?

CHEEVER

Três dias, três semanas, três meses. Raramente leio meu próprio trabalho. Parece ser uma forma particularmente ofensiva de narcisismo. É como ficar ouvindo fitas das suas próprias conversas. É como olhar por cima do ombro para ver por onde você correu. É por isso que eu usava com frequência a imagem do nadador, do corredor, do saltador. A ideia é terminar e seguir adiante, para o próximo trabalho. Eu também sinto, não com tanta intensidade como costumava sentir, que, se eu olhasse por cima do meu ombro, eu morreria. Penso frequentemente em Satchel Paige e seu aviso de que você poderia ver alguma coisa alcançando você.

ENTREVISTADORA

Há contos que fazem com que o senhor se sinta especialmente bem quando termina?

CHEEVER

Sim, houve uns quinze deles que foram absolutamente BANG! Eu os adorei, amei todo mundo — os prédios, as casas, onde quer que fosse. Foi uma sensação ótima. A maioria deles foram histórias escritas no intervalo de três dias e que se passam em cerca de trinta e cinco páginas. Eu as adoro, mas não consigo lê-las; em muitos casos, continuaria gostando se as lesse de novo.

ENTREVISTADORA

Recentemente o senhor falou que estava com um bloqueio criativo e que nunca tinha lhe acontecido antes. Como se sente agora em relação a isso?

CHEEVER

Qualquer memória de dor é enterrada profundamente, e não há nada mais doloroso para um escritor do que a incapacidade de trabalhar.

ENTREVISTADORA

Quatro anos é um tempo bastante longo para se debruçar sobre um romance, não é?

CHEEVER

É mais ou menos o tempo que costuma levar. Há certa monotonia nesse tipo de vida, que eu posso mudar com muita facilidade.

ENTREVISTADORA

Por quê?

CHEEVER

Porque não me parece a função apropriada do ato de escrever. Se possível, deve tornar as pessoas maiores. Dar a elas seu risco, sua divindade, e não reduzi-las.

ENTREVISTADORA

O senhor sente que as diminui demais em *Bullet Park*?

CHEEVER

Não, não sinto isso. Mas acredito que foi entendido nesses termos. Acredito que Hammer e Nailles foram considerados vítimas sociais, o que não era absolutamente o que eu pretendia. E acho que deixei minhas intenções bastante claras. Mas se você não se comunica, não é culpa dos outros. Nem Hammer nem Nailles pretendiam ser metáforas psiquiátricas ou sociais. A intenção era de que fossem dois homens com seus próprios riscos. Acho que o livro foi mal compreendido nesses termos. Mas, como não leio resenhas, não sei realmente o que está se passando.

ENTREVISTADORA

Como o senhor sabe quando o trabalho literário está terminado como gostaria?

CHEEVER

Nunca completei nada na vida para minha satisfação absoluta e duradoura.

ENTREVISTADORA

O senhor sente que está colocando muito de si na linha de frente quando escreve?

CHEEVER

Ah, sim, sim! Quando falo como escritor, falo com minha própria voz — que é tão única quanto minhas impressões digitais — e assumo o risco máximo de parecer profundo ou tolo.

ENTREVISTADORA

Quando se está sentado diante da máquina de escrever, tem-se a sensação de que se é um deus, criando todo um espetáculo de uma vez só?

CHEEVER

Não, eu nunca me senti como um deus. Não, a sensação é de ser totalmente útil. Todos nós temos o poder de controlar, é parte das nossas vidas: nós o temos no amor, no trabalho que gostamos de fazer. É uma sensação de êxtase, simples assim. A sensação de que "minha utilidade é essa, e eu posso fazer isso até o fim". Você sempre fica se sentindo muito bem. Em suma, dá um sentido à sua vida.

ENTREVISTADORA

O senhor se sente assim durante ou após o ato de escrever? Afinal, trabalho não é trabalho?

CHEEVER

Tive pouco trabalho enfadonho na minha vida. Quando escrevo uma história da qual realmente gosto é... sei lá, maravilhoso. É isso que eu sei fazer e adoro enquanto faço. Posso sentir que é bom. Digo para Mary e as crianças: "Certo, estou fora, me deixem em paz. Em três dias eu acabo".

Elizabeth Bishop

A entrevista foi realizada no Lewis Wharf, em Boston, na tarde de 28 de junho de 1978, três dias antes de a srta. Bishop e duas amigas partirem para North Haven, uma ilha no Maine, na baía de Penobscot, onde ela passava o verão. Sua sala de estar, no quarto andar do Lewis Wharf, tinha uma esplêndida vista do porto. Quando cheguei, ela imediatamente me levou para o terraço para mostrar ao longe pontos de referência de Boston, tais como a Old North Church, comentando que o navio *Old Ironsides* estava atracado nas proximidades.

A sala era espaçosa e bonita, com piso de tábuas largas enceradas, teto com vigas aparentes, duas velhas paredes de tijolos e uma coberta de livros. Além de uma confortável mobília moderna, a sala incluía uma cadeira de balanço de jacarandá e outras peças antigas do Brasil, dois quadros de Loren MacIver, um gigantesco búzio de Key West, e uma lareira Franklin com lenha colocada num grande cesto de vime, utilizado para carga de jumentos, também trazido do Brasil. A peça que mais sobressaía era uma enorme cabeça esculpida de um animal desconhecido, de boca aberta, com chifres e olhos azuis, que pendia sob o teto numa das paredes.

Seu estúdio, uma sala menor nos fundos, estava em total desordem. Revistas literárias, livros e papéis empilhados por toda parte. Fotografias de Marianne Moore, Robert Lowell e outros amigos penduradas nas paredes; uma foto de d. Pedro, o último imperador do Brasil, que ela gostava de mostrar principalmente a seus visitantes brasileiros. "A maioria não tem ideia de quem seja", ela disse. "Esta foto foi tirada depois que ele abdicou, pouco antes de morrer. Ele parece muito triste." A escrivaninha estava enfiada num canto distante, junto à única janela, também com vista para o lado norte do porto.

Aos 67 anos, a srta. Bishop era impressionante, com seu cabelo branco, curto, penteado para trás definindo uma face inesquecivelmente nobre. Ela trajava uma túnica preta, relógio e brincos de ouro, calça cinza e sandálias japonesas sem salto, que a faziam parecer mais baixa do que era: tinha um metro e sessenta e dois. Embora estivesse com ótima aparência e de muito bom humor, queixou-se de um ataque de febre alérgica que teve pouco tempo antes e declinou ser fotografada com um comentário seco: "Fotógrafos, corretores de seguros e agentes funerários são as piores formas de vida".

Sete ou oito meses depois, tendo lido um perfil que eu escrevera para a *Vassar Quarterly* (que se baseara nessa entrevista) e preocupada que estivesse parecendo "a alma da frivolidade", ela me escreveu: "Gostei muito de uma entrevista com Fred Astaire na qual ele se recusou a discutir 'a dança', suas parceiras ou sua 'carreira' e, com absoluta determinação, ateve-se ao golfe — de modo que espero que alguns leitores compreendam que eu de fato penso em arte de vez em quando, ainda que balbuciando superficialidades como um córrego muito raso...".

Embora a srta. Bishop tivesse de fato tido a oportunidade de corrigir essas partes da entrevista incorporadas ao artigo da *Vassar Quarterly*, ela nunca a viu nesta forma final.

— *Elizabeth Spires, 1981*

ENTREVISTADORA

Sua sala de estar parece ser uma maravilhosa combinação do velho e do novo. Existe uma história por trás de cada uma dessas peças, especialmente daquela cabeça? Ela é bem impressionante.

ELIZABETH BISHOP

Morei numa casa extremamente moderna no Brasil. Era linda, e quando finalmente voltei trouxe comigo as coisas de que mais gostava. Então é simplesmente uma mistura. Gosto mesmo de coisas modernas, mas enquanto estava lá adquiri muitas outras coisas das quais não suportei me desfazer. Essa carranca vem do rio São Francisco. Há algumas mais bonitas. Essa é horrível.

ENTREVISTADORA

Ela é feita para espantar maus espíritos?

BISHOP

Sim, acho que sim. Foram usadas por mais ou menos cinquenta anos numa das regiões do rio, ao longo de uns duzentos ou trezentos quilômetros. O São Francisco não é nada comparado ao Amazonas, mas é o segundo maior do Brasil. Essa carranca é arte popular primitiva. Acho que até sei quem a fez. Havia um negro que tinha esculpido umas vinte ou trinta, e é exatamente o estilo dele. Algumas delas são feitas de madeira muito mais bonita. Há uma famosa chamada Cavalo Vermelho, feita de jacarandá. Ela é linda, uma coisa enorme como esta aqui, um cavalo de boca aberta, mas por algum motivo todas desapareceram. Eu fiz uma viagem de uma semana pelo rio em 1967 e não vi nenhuma. O barco, daqueles com roda na popa, foi construído na década de 1880 para o Mississippi, e você não acredita como era minúsculo. Chapinhamos lentamente por dias e dias... foi uma viagem muito engraçada.

ENTREVISTADORA

A senhora passou tanto tempo da sua vida viajando porque estava à procura do lugar perfeito?

BISHOP

Não, não creio. Na verdade, não viajei tanto assim. Simplesmente aconteceu de, apesar de não ser rica, ter uma pequena renda do meu pai, que morreu quando eu tinha oito meses, e foi o suficiente para eu ir a vários lugares quando terminei a escola. Eu viajava com muito, muito pouco dinheiro. Consegui ficar no Brasil por alguns anos, mas atualmente não conseguiria viver lá. O resumo biográfico da primeira antologia da qual participei dizia: "Ah, ela esteve no Marrocos, na Espanha etc.", e isso tem sido repetido durante anos, mesmo que eu não tenha voltado a nenhum desses lugares. Mas nunca viajei como os estudantes viajam agora. Em comparação a meus alunos, que parecem ir ao Nepal a cada feriado de Páscoa, não estive em lugar nenhum.

ENTREVISTADORA

Bem, sempre dá a impressão de que a senhora é muito aventureira.

BISHOP

Eu quero fazer o alto Amazonas. Talvez consiga. A gente sai do Peru e desce...

ENTREVISTADORA

A senhora escreve quando está viajando?

BISHOP

Sim, às vezes. Depende. Geralmente faço anotações, mas nem sempre. E mantenho uma espécie de diário. As duas viagens que fiz de que mais gostei foram pelo Amazonas e a pelas ilhas Galápagos, há três ou quatro anos... Eu gostaria muito de voltar à Itália, porque não vi o suficiente lá. À Sicília. Veneza é maravilhosa. Florença é bem cansativa, eu acho. Estive lá a última vez em 1964 com minha amiga brasileira. Alugamos um carro e fizemos o norte da Itália em cinco ou seis semanas. Não fomos a Roma. Eu *preciso* voltar. Há tantas coisas que ainda não vi. Gosto de pintura provavelmente mais do que de poesia. Não volto a Paris há anos. Não gosto dos preços!

ENTREVISTADORA

A senhora mencionou antes que está de partida para New Haven daqui a alguns dias. São "férias de trabalho"?

BISHOP

Neste verão quero trabalhar muito, porque não tenho feito nada há séculos e há algumas coisas que eu gostaria de terminar antes de morrer. Dois ou três poemas e dois contos longos. Talvez três. Às vezes sinto que não deveria ficar voltando a esse lugar que descobri por acaso por meio de um anúncio no *Crimson* de Harvard. Provavelmente deveria ir ver mais arte, catedrais e coisas assim. Mas sou tão louca por esse lugar que vivo voltando para lá. Da casa a gente vê a água, uma grande extensão de água, e campos. Ilhas são lugares lindos. Algumas se erguem de repente, granito e logo pinheiros escuros. North Haven não é exatamente assim, mas é linda. A ilha é habitada de maneira esparsa e um monte de gente que tem casa lá é assustadoramente rica. Se não fossem eles, acho que a ilha seria deserta como tantas outras do Maine, porque o vilarejo é minúsculo. Mas quase todos os habitantes trabalham — pescam lagostas e trabalham como caseiros... A eletricidade lá é bem precária. Dois verões atrás, era uma hora ligada, uma hora desligada. Ali estava eu, com *duas* máquinas de escrever elétricas e não conseguia trabalhar continuamente. Havia um cartaz com uma charge na mercearia — a ilha fica a quarenta quilômetros do continente — mostrando um homem numa loja de artigos elétricos dizendo: "Quero um cabo de extensão de quarenta quilômetros de comprimento!". No ano passado, eles se conectaram ao continente — puxaram cabos. Mas de vez em quando ainda falta luz.

ENTREVISTADORA

Então a senhora escreve à máquina?

BISHOP

Consigo escrever prosa à máquina. Poesia, não. Ninguém consegue ler minha letra, então as cartas eu escrevo à máquina. E finalmente consegui me treinar a escrever prosa à máquina e então fazer um monte de correções. Mas, para poesia, eu uso caneta. Quando estou mais ou menos na metade do trabalho, às vezes datilografo algumas linhas para ver como ficam.

William Carlos Williams só escrevia à máquina. Robert Lowell escrevia com letra de forma — ele nunca aprendeu caligrafia. Escrevia tudo com letra de forma.

ENTREVISTADORA

A senhora nunca foi tão prolífica quanto muitos dos seus contemporâneos. A senhora começa muitos poemas e termina poucos?

BISHOP

Sim. Infelizmente, sim. Começo montes de coisa e acabo desistindo delas. Nos últimos anos não tenho escrito muito, porque estou lecionando. Espero que agora que estou livre e tenho uma bolsa da Fundação Guggenheim, possa fazer muito mais.

ENTREVISTADORA

Quanto tempo a senhora levou para terminar "O alce"?

BISHOP

Foi engraçado. Comecei há anos — uns vinte anos atrás, no mínimo. Eu tinha uma pilha de anotações, as primeiras duas ou três estrofes e a última.

ENTREVISTADORA

É um poema tão onírico. Parece se mover como um ônibus.

BISHOP

Era tudo verdade. A viagem de ônibus aconteceu antes de eu ir para o Brasil. Fui visitar minha tia. Na verdade, eu estava no ônibus errado. Fui para o lugar certo, mas não era o ônibus expresso, o que eu devia tomar. Ele deu voltas e voltas e foi tudo exatamente como eu descrevi, exceto que eu digo "sete parentes". Bem, não eram de fato parentes, eram vários enteados e coisa assim, mas essa é a única coisa que não é bem verdade. Eu queria terminar porque gostava dele, mas parecia que nunca conseguia chegar na parte do meio, de ir de um lugar para o outro. E, quando do ainda estava morando em Cambridge, pediram a mim uma leitura poética na Phi Beta Kappa em Harvard. Fiquei muito contente e me lembrei de que tinha outro poema inacabado. É sobre baleias e também foi escrito há muito tempo. Receio que jamais irei publicá-lo, porque vai parecer que estou querendo bancar a moderna agora que as baleias viraram uma "causa".

ENTREVISTADORA

Mas agora está acabado?

BISHOP

Acho que poderia terminá-lo com facilidade. Vou levá-lo comigo para o Maine. Acho que vou datá-lo, senão ninguém vai acreditar que o comecei há tanto tempo. Na época, porém, eu não consegui achar o poema sobre as baleias — isso foi em 1973 ou 74, acho — de modo que desenterrei "O alce" e pensei: "Talvez eu possa terminar esse aqui", e consegui. No dia da cerimônia da Phi Beta Kappa — da qual nunca fiz parte na faculdade — estávamos todos sentados no palco do Sanders Theater. E o homem que me pediu para ler o poema debruçou-se por cima do presidente e me disse, cochichando: "Qual é o nome do poema?". Eu respondi: "The moose" [O alce], m-o-o-s-e, então ele se levantou e me apresentou dizendo: "Miss Bishop vai ler agora um poema chamado 'The *moos*'". Bom, eu engasguei e estava com um chapéu grande demais. Depois, a reportagem do jornal dizia: "Miss Bishop leu um poema chamado 'The moose' e a borla do seu barrete balançava de um lado a outro na frente do seu rosto como um limpador de para-brisa"!

O coral estava atrás de nós e eles cantavam bem mal, achei, todo mundo achou. Um amigo meu que não pôde vir para a cerimônia, mas trabalhava numa das casas de Harvard, conhecia alguns rapazes do coral e perguntou a um deles quando voltaram para casa com seus casacos vermelhos: "Como foi?". E o rapaz disse: "Foi tudo certo, mas nós não cantamos bem", o que era verdade. E então ele disse: "Uma mulher leu um poema". Meu amigo perguntou: "E como foi?". E ele disse: "Bem, considerando que era um poema, não foi ruim!".

ENTREVISTADORA

A senhora já teve algum poema que veio como uma dádiva? Daqueles que parecem se escrever sozinhos?

BISHOP

Ah, sim. De vez em quando acontece. Toda a minha vida eu quis escrever uma vilanela, mas nunca consegui. Eu começava, mas por alguma razão não conseguia terminar. E um dia, não acreditei... Foi como escrever uma carta.* Havia uma rima que eu não conseguia achar que terminava em e-n-t, e um amigo meu, o poeta Frank Bidart, veio me visitar e eu disse: "Frank, me arranje uma rima". Ele me deu uma palavra improvisada, e eu coloquei no poema. Hoje, nem ele nem eu conseguimos lembrar que palavra era. Mas esse tipo de coisa não acontece com muita frequência. Talvez alguns poetas sempre escrevam dessa maneira. Não sei.

ENTREVISTADORA

A senhora não costumava dar rimas para Marianne Moore?

BISHOP

Sim, quando ela estava fazendo as traduções de La Fontaine. Ela me telefonava e lia algo para mim quando eu estava em Nova York — eu ficava a maior parte do tempo no Brasil —, e dizia que precisava de uma rima. Ela dizia que admirava muito rimas e métrica. Às vezes, era difícil saber se ela não estava caçoando. Era celta o bastante para fazer um pouco de mistério sobre essas coisas.

* Esse poema é "One art".

ENTREVISTADORA

Os críticos frequentemente comentam que seus poemas mais recentes são menos formais, mais "abertos", por assim dizer. Eles ressaltam que *Geografia III* tem mais de "você", uma ampla gama emocional. Concorda com essa percepção?

BISHOP

Isso é o que dizem os críticos. Nunca escrevi as coisas que gostaria de escrever e que admirei a vida toda. Talvez ninguém consiga. Os críticos dizem as coisas mais incríveis!

ENTREVISTADORA

Estive lendo um livro crítico a seu respeito, escrito por Anne Stevenson. Ela diz que nos seus poemas a natureza é neutra.

BISHOP

Sim, eu me lembro da palavra "neutra". Não estou muito certa do que ela quis dizer com isso.

ENTREVISTADORA

Acho que ela talvez tenha querido dizer que se a natureza é neutra não existem espíritos ou forças condutoras.

BISHOP

Perguntaram a alguém famoso — não me lembro quem foi, mas era alguém muito famoso —, se pudesse fazer uma única pergunta à Esfinge e obter uma resposta, qual seria? E ele disse: "A natureza está a nosso favor ou contra nós?". Bem, eu realmente nunca pensei nisso como uma coisa ou outra. Gosto do campo, gosto especialmente do litoral, e, se eu soubesse dirigir, provavelmente moraria no campo. Infelizmente, nunca aprendi. Comprei dois carros. Pelo menos. Durante alguns anos no Brasil tive um MG que eu adorava. Morávamos no alto de uma montanha, e demorava uma hora até chegar a algum lugar onde eu pudesse praticar. E na realidade ninguém tinha tempo de tirar uma tarde de folga para me dar aulas de dirigir. De modo que nunca tirei carteira de motorista. E, de qualquer maneira, *jamais* teria dirigido no Rio. Mas, se você não sabe guiar, não pode viver no campo.

ENTREVISTADORA

A senhora tem aqui o quadro que seu tio pintou? Aquele "sobre o tamanho de uma nota de um dólar antiga", sobre o qual a senhora escreveu em "Poema"?

BISHOP

É claro. Você quer ver? Não é bom o bastante para se pendurar na parede. Na verdade, foi meu tio-avô. Nunca o conheci.

ENTREVISTADORA

As vacas são realmente só uma ou duas pinceladas!

BISHOP

Eu exagerei um pouquinho. Há um detalhe no poema que não existe na pintura. Agora não consigo lembrar qual. Meu tio pintou outro quadro quando tinha catorze ou quinze anos sobre o qual eu escrevi em outro poema.* Uma tia que morava em Montreal tinha os dois e costumava deixá-los pendurados no hall de entrada. Eu estava morta de vontade de ficar com eles, e uma vez fui lá e tentei comprá-los, mas ela não quis vendê-los para mim. Ela era bem mesquinha. Morreu faz alguns anos. Não sei quem está com o quadro grande agora.

* "Large bad picture".

ENTREVISTADORA

Quando a senhora estava me mostrando seu estúdio, notei uma caixa pendurada no hall. É de Joseph Cornell?

BISHOP

Não, fui eu que fiz. É um dos meus pequenos trabalhos. Trata da mortalidade infantil no Brasil. O nome é *Anjinhos*, que é como chamam no Brasil os bebês e as criancinhas que morrem.

ENTREVISTADORA

Qual é o significado dos vários objetos?

BISHOP

Encontrei o chinelo de criança enquanto caminhava numa praia a leste do Rio, num Natal, e finalmente resolvi fazer alguma coisa com ele. A chupeta era de borracha vermelha clara. No Brasil eles as deixam em garrafões e jarras nas drogarias para vender. Eu decidi que não podia ser vermelha, então a tingi de preto com nanquim. Um sobrinho da minha amiga brasileira, um rapaz muito esperto, veio me visitar enquanto eu estava fazendo isso. Ele trouxe dois músicos de rock americanos e nós conversamos, conversamos e conversamos, e em nenhum momento me ocorreu explicar o que estava fazendo durante todo o tempo que ficaram lá. Quando foram embora, pensei: "Meu Deus, eles devem achar que eu sou uma bruxa ou algo assim!".

ENTREVISTADORA

E as pequenas vasilhas e forminhas cheias de arroz?

BISHOP

Ah, são simplesmente coisas com que as crianças costumam brincar. E é claro que arroz e feijão preto são o que os brasileiros comem todo dia.

Cornell é soberbo. Vi pela primeira vez a *Médici slot machine* quando estava no colégio. Adorei. E pensar que na época alguém podia *comprar uma* daquelas. Ele era muito estranho. Gostava de cantores, ópera e balé. Quando vi a exibição dele em Nova York dois anos atrás eu quase desmaiei, porque um dos meus livros favoritos é um de que ele gostou e usou. É um livrinho de um cientista inglês que escreveu para crianças sobre bolhas de sabão.*

A irmã dele começou a me escrever depois que leu o poema de Octavio Paz para Cornell que eu traduzi. Ela não lê espanhol. Ela me enviou uma gramática alemã-francesa com que ele aparentemente tinha intenção de fazer alguma coisa e nunca fez. Havia um monte de folhas dobradas, todas em formas de estrelas com tinta vermelha em volta... Ele morava num lugar chamado Campo Elísio. É um endereço muito estranho de se ter.

ENTREVISTADORA

Até recentemente a senhora era uma das poucas poetas americanas que não ganhava a vida lecionando ou fazendo leituras. O que fez a senhora se decidir a começar a fazer ambas as coisas?

BISHOP

Nunca na vida quis lecionar. Finalmente resolvi fazer porque queria ir embora do Brasil e precisava do dinheiro. Desde 1970, tenho estado simplesmente *atolada* de gente me mandando poemas. As pessoas começam a mandar quando sabem que você está no país. Eu costumava receber no Brasil, mas não tanto assim. Eles se extraviavam no correio com bastante frequência. Eu absolutamente não acredito em ensinar poesia, mas é isso

---

* *Soap bubbles: their colours and the forces which mold them*, de sir C. V. Boys, 1889.

que querem que a gente faça. Você vê tantos poemas toda semana que simplesmente perde todo o seu senso de julgamento. Quanto às leituras, fiz uma em 1947 no Wellesley College, dois meses depois que o meu livro foi lançado. E fiquei *doente* por vários dias antes da data. Foi um absurdo. Aí fiz uma em Washington em 1949 e fiquei doente de novo, e ninguém conseguiu me ouvir. Então não fiz nenhuma por vinte e seis anos. Agora não me importa fazer leituras. Superei um pouquinho a timidez. Acho que lecionar ajuda. Notei que professores não são tímidos. São bastante agressivos. Ou tentam ser.

ENTREVISTADORA

Alguma vez a senhora fez um curso de redação como estudante?

BISHOP

Quando fui para o Vassar College cursei literatura dos séculos XVI, XVII e XVIII, e depois fiz um curso de romance. É o tipo de aula em que se precisa ler um bocado. Acho que não acredito em cursos de redação. Não havia nenhum quando estive lá. De noite havia um curso para escrever poesia, mas não contava como crédito. Alguns amigos meus faziam, mas eu nunca fui.

A palavra "criativo" me deixa louca. Não gosto de encarar como terapia. Estive hospitalizada alguns anos atrás e alguém me deu o livro de Kenneth Koch, *Rose, where did you get that red?*. E é verdade, as crianças às vezes escrevem coisas maravilhosas, pintam quadros lindos, mas eu acho que deviam ser desencorajadas. Por tudo o que li e ouvi, o número de estudantes nos departamentos de inglês fazendo cursos de literatura tem caído enormemente. Mas ao mesmo tempo o número de pessoas que querem entrar nas aulas de redação parece ser cada vez maior. Geralmente há dois ou três cursos desses sendo dados em Harvard todo ano.

São cerca de quarenta candidatos para dez ou doze vagas. Cinquenta. Cada vez mais. Não sei se eles fazem isso para afugentar preocupações práticas, sei lá.

ENTREVISTADORA

Acho que as pessoas querem poder dizer que têm alguma atividade criativa, como fazer vasos ou escrever poemas.

BISHOP

Voltei em março de uma leitura na Carolina do Norte e no Arkansas, e juro que se vir mais um artesanato vou enlouquecer! Acho que deveríamos voltar à produção por máquinas. Há um limite para o número de cintos de couro que você pode usar. Desculpe. Talvez você faça alguma dessas coisas.

ENTREVISTADORA

Há muitos desconhecidos que lhe mandam poemas?

BISHOP

Sim. É muito difícil saber o que fazer. Às vezes eu respondo. Outro dia recebi a carta de um fã que foi adorável. Foi escrita na caligrafia infantil dele. Seu nome era Jimmy Sparks e ele estava na sexta série. Disse que sua classe estava compilando um livrinho de poemas e ele gostava muito dos meus — mencionou três — porque rimavam e falavam da natureza. A carta era tão bonitinha que lhe mandei um cartão-postal. Acho que era para ele ter me pedido para mandar um poema escrito à mão ou uma fotografia — as escolas fazem isso o tempo todo —, mas ele não disse nada, e tenho certeza de que esqueceu sua missão.

ENTREVISTADORA

Quais foram os três poemas de que ele gostou? "The sandpiper"?

BISHOP

Sim, e aquele sobre o espelho e a lua, "Insomnia", que Marianne Moore disse ser um poema de amor barato.

ENTREVISTADORA

Aquele que termina com "... e você me ama?"?

BISHOP

Sim. Nunca gostei dele. Quase o deixei de fora. Mas no ano passado ele foi musicado por Elliott Carter junto com cinco outros poemas meus* e soou muito melhor como música. Sim, Marianne se opôs bastante a esse poema.

ENTREVISTADORA

Talvez ela não tenha gostado do último verso.

BISHOP

Acho que ela nunca acreditou muito em falar de emoções.

ENTREVISTADORA

Voltando ao lecionar, a senhora estabeleceu tarefas formais quando foi professora em Harvard? Por exemplo, escrever uma vilanela?

BISHOP

Sim, fiz uma lista de tarefas semanais que dei para a classe, mas a cada duas ou três semanas havia uma tarefa livre em que cada um podia entregar o que quisesse. Algumas turmas eram tão prolíficas que eu declarava moratória. Eu dizia: "Por favor, ninguém escreva um poema por duas semanas!".

* "Anaphora", "The sandpiper", "Argument", "O Breath" e "View of the Capitol from the Library of Congress".

ENTREVISTADORA

A senhora acha que pode generalizar que escritores inician-
tes escrevem melhor com regras formais?

BISHOP

Não sei. Fizemos uma sextina — começamos em aula sor-
teando palavras de dentro de um chapéu —, e eu gostaria de
nunca ter sugerido, porque parece que atingiu toda a universidade. Depois, nos formulários de candidatos a minhas aulas, recebi dúzias de sextinas. Os alunos pareciam achar que era minha
forma favorita — e não é.

ENTREVISTADORA

Uma vez tentei fazer uma sextina sobre uma mulher que
assiste a novelas o dia inteiro.

BISHOP

A senhora assistia a novelas na faculdade?

ENTREVISTADORA

Não.

BISHOP

Bem, parece que em Harvard era uma mania. Dois ou três
anos atrás dei um curso sobre prosa e descobri que meus alunos
assistiam a novelas toda manhã e toda tarde. Não sei quando estu-
davam. Então assisti a umas duas ou três só para ver o que estava
se passando. Eram *muito* chatas. E a propaganda! Um dos alunos
escreveu uma história sobre um velho que estava se aprontando
para levar uma velha senhora para jantar — só que ela era um
fantasma —, e poliu um prato metálico até conseguir ver seu rosto nela. Estava muito bem escrita, de modo que li parte dela em

118

voz alta, e disse: "Mas, veja, isso é impossível. Você nunca consegue ver seu rosto num prato". A classe inteira disse, em uníssono: "Joy!". E eu disse: "O quê? Do que vocês estão falando?". Bem, parece que há uma propaganda do sabão líquido Joy em que uma mulher segura um prato e vê — você conhece o anúncio? Mesmo assim, é impossível! Achei isso muito perturbador. A TV era *real* e ninguém achou que não fosse. Da mesma forma que Aristóteles sempre teve razão e ninguém demonstrou, durante séculos, que as mulheres *não têm* menos dentes que os homens.

Quando estava morando no Brasil, pedi a um amigo que me trouxesse um pequeno aparelho de TV, preto e branco. Nós imediatamente o demos para a empregada, porque só assistíamos quando havia alguma coisa como discursos políticos ou uma revolução chegando. Mas ela adorou. Ela dormia com a televisão na cama! Acho que significava tanto para ela porque não sabia ler. Naquele ano houve uma novela chamada *O direito de nascer*. A novela mudou todo o horário da sociedade no Rio porque era das oito às nove. A hora costumeira para jantar é às oito, de modo que ou você tinha de jantar antes para a empregada estar livre para poder assistir a *O direito de nascer*, ou muito mais tarde, quando a novela tivesse terminado. Nós jantávamos mais ou menos às dez para Joana poder assistir àquela coisa. Finalmente decidi assistir também. Virou uma coisa chique de se fazer e todo mundo falava naquilo. Era absolutamente horrível! Eles traziam os programas do México e dublavam em português. Eram muito piegas e sempre chocante. Cadáveres em caixões, milagres, freiras, até mesmo incestos.

Eu tinha amigos em Belo Horizonte, e a mãe, a cozinheira e uma neta assistiam às novelas toda noite. A cozinheira ficava tão envolvida que falava com a televisão: "Não! Não! Não faça isso! Você sabe que ele é um homem malvado, dona Fulana!". Elas ficavam muito envolvidas, chegavam a chorar. Eu ouvi falar de duas senhoras de idade, irmãs, que tinham TV. Elas ficavam fazendo tricô, assistindo e chorando, e uma delas se levantava e dizia: "Desculpe, preciso ir ao banheiro". Para a televisão!

ENTREVISTADORA

A senhora estava vivendo no Brasil quando ganhou o Pulitzer em 1956, não estava?

BISHOP

Sim, foi muito engraçado. Nós morávamos no alto de uma montanha — um lugar realmente no meio das nuvens. Eu estava sozinha em casa com Maria, a cozinheira. Minha amiga tinha ido ao mercado. O telefone tocou. Era um jornalista da embaixada americana e ele me perguntou quem era, em inglês. Obviamente, era muito raro ouvir alguém falando inglês. Ele disse: "Você sabe que ganhou o prêmio Pulitzer?". Bom, eu achei que era brincadeira e disse: "Deixa disso". E ele disse: "Você não está me ouvindo?". A ligação telefônica estava muito ruim, com um chiado agudo. E eu disse: "Ah, não pode ser". Mas ele disse que não era brincadeira. Não consegui impressionar Maria com a notícia, mas senti que precisava contar para alguém, então desci correndo uns oitocentos metros até a casa mais próxima, mas não havia ninguém lá. Achei que precisava fazer alguma coisa para comemorar, tomar um copo de vinho ou algo assim. Mas tudo o que consegui achar na casa daquela amiga foram uns biscoitinhos americanos, uns biscoitinhos de chocolate horríveis — Oreo, acho — e então acabei comendo dois deles. E foi assim que comemorei ter ganho o Pulitzer.

No dia seguinte saiu um retrato meu no jornal vespertino — eles levam essas coisas muito a sério no Brasil — e um dia depois a minha amiga brasileira foi de novo ao mercado. Era um grande mercado coberto, com barracas com todo tipo de alimento, e havia um vendedor de verduras ao qual sempre íamos. Ele disse: "Não era a fotografia da dona Elizabeth no jornal de ontem?". Ela disse: "Sim, era. Ela ganhou um prêmio". E ele disse: "Nossa, é impressionante! Na semana passada, a dona — e disse um nome — concorreu a uma bicicleta e *ganhou*! As minhas freguesas têm tanta sorte!".

Não é maravilhoso?

ENTREVISTADORA

Eu gostaria de falar um pouco sobre suas histórias, especialmente *Na vila*, que sempre admirei. A senhora vê alguma relação, fora a óbvia de que são temas semelhantes, entre suas histórias e seus poemas? Num "método de ataque", por exemplo?

BISHOP

Existe uma relação muito próxima. Desconfio que algumas das histórias que escrevi sejam na verdade poemas em prosa e não histórias muito boas. Tenho quatro sobre a Nova Escócia. Uma delas saiu no ano passado na *Southern Review*. Agora estou trabalhando numa história longa que espero terminar neste verão. *Na vila* foi engraçado. Eu tinha feito anotações para vários pedaços dela e tomei muita cortisona — tenho ataques sérios de asma de tempos em tempos —, então não tinha vontade de dormir. Você se sente maravilhosa quando está sob o efeito da cortisona, mas quando acaba é terrível. Assim, não conseguia dormir muito e ficava a noite toda sentada naquele calor tropical. A história surgiu de uma combinação de cortisona, acho, com o gim-tônica que eu tomava no meio da noite. Eu a escrevi em duas noites.

ENTREVISTADORA

Isso é incrível! É uma história muito, muito longa.

BISHOP

Extraordinária. Gostaria de conseguir fazer outra vez, mas nunca mais vou tomar cortisona, se puder evitar.

ENTREVISTADORA

Sempre me interesso por como diferentes poetas acabam escrevendo sobre sua infância.

BISHOP

Todo mundo escreve. Não dá para evitar, suponho. Na infância, você é assustadoramente observadora. Você nota todo tipo de coisas, mas não tem como juntá-las. Minhas lembranças de alguns daqueles dias são muito mais claras do que coisas que aconteceram, digamos, em 1950. No entanto, não creio que se deva fazer um culto a isso. Sempre tentei evitar. Percebo que escrevi um bocado sobre isso, devo dizer. Durante alguns anos, na década de 40, frequentei uma analista irregularmente, uma mulher muito bacana especialmente interessada em escritores. Escritores e negros. Ela disse que era impressionante como eu me lembrava de coisas que aconteceram comigo quando eu tinha dois anos. Era raro, mas aparentemente escritores costumam se lembrar.

ENTREVISTADORA

A senhora sabe qual é sua memória mais antiga?

BISHOP

Acho que me lembro de aprender a andar. Minha mãe estava fora e minha avó me encorajava a andar. Foi no Canadá, e ela tinha uma porção de plantas na janela, como todas as senhoras por ali. Eu consigo me lembrar desse borrão de plantas e da minha avó estendendo os braços. Devo ter cambaleado. Tenho a impressão de que é uma memória. Está muito nebulosa. Muitos anos depois contei para a minha avó, e ela disse: "Sim, você realmente aprendeu a andar enquanto a sua mãe estava visitando alguém". Mas você começa a andar com um ano, não é?

Eu me lembro da minha mãe me levando para passear naqueles barquinhos em forma de cisne, em Boston. Acho que eu tinha três anos. Foi antes de voltarmos para o Canadá. Mamãe estava toda vestida de preto — na época viúvas se vestiam assim. Ela tinha uma caixa com uma mistura de amendoins e passas. Havia cisnes de verdade flutuando em volta. Não acredito que ainda haja. Um cisne chegou perto, ela lhe deu um pouco e ele mordeu o dedo dela. Talvez ela só tenha me dito isso, mas eu acreditei porque me mostrou a luva e disse: "Olhe". A ponta do dedo estava rasgada. Bem, eu fiquei arrepiada de emoção! Robert Lowell colocou esses barcos em forma de cisne em dois ou três poemas de *Lord Weary's castle*.

ENTREVISTADORA

A senhora teve uma infância difícil, no entanto muitas das suas histórias e poemas sobre aquela época são tremendamente líricos e têm um grande senso de perda e tragédia.

BISHOP

Meu pai morreu, minha mãe ficou louca quando eu tinha quatro ou cinco anos. Meus parentes, acho que eles sentiram tanta pena daquela criança que tentaram fazer o melhor possível. E eu acho que conseguiram. Morei com os meus avós na Nova Escócia. Depois morei brevemente com meus outros avós em Worcester, Massachusetts, e fiquei muito doente. Isso foi quando eu tinha uns seis ou sete anos. Aí morei com a irmã mais velha da minha mãe em Boston. Eu costumava ir para a Nova Escócia no verão. Quando tinha doze ou treze anos, eu tinha melhorado o suficiente para ir a colônias de férias em Wellfleet, até partir para o colégio com quinze ou dezesseis anos. Minha tia era muito dedicada a mim e muito, muito bacana. Ela era casada e não tinha filhos. Mas minha relação com meus parentes... Eu sempre fui uma espécie de hóspede, e acho que me sentia como tal.

ENTREVISTADORA

Sua adolescência foi mais tranquila?

BISHOP

Eu era muito romântica. Uma vez caminhei desde Nauset Light — acho que não deve existir mais —, que é o começo do cotovelo [de Cape Cod], até a ponta, Provincetown, totalmente sozinha. Levei uma noite e um dia. De vez em quando eu nadava, mas naquela época a praia era totalmente deserta. Não havia nada perto do litoral, nem casas nem prédios.

ENTREVISTADORA

Quantos anos a senhora tinha na época?

BISHOP

Dezessete ou dezoito. É por isso que nunca voltaria para lá — porque não suportaria pensar em como está agora... Não vou a Nantucket desde... Bem, eu odeio dizer. No meu último ano da faculdade fui lá no Natal com meu namorado na época. Ninguém sabia que estávamos lá. Foi uma viagem maravilhosa, romântica. Nós fomos um dia depois do Natal e ficamos uma semana. Estava muito frio, mas lindo. Demos longos passeios nas charnecas. Ficamos numa pousada deliciosa e pensamos que provavelmente a proprietária nos expulsaria — éramos muito jovens e esse tipo de coisa não era comum na época. Tínhamos uma garrafa de *sherry* ou algo tão inocente quanto. Na véspera do Ano-Novo, mais ou menos às dez horas, alguém bateu na porta. Era a dona da pousada trazendo grogue! Ela entrou e tivemos momentos deliciosos. Ela conhecia as pessoas que cuidavam do museu e eles o abriram para nós. Há alguns museus maravilhosos ali.

ENTREVISTADORA

Eu ouvi uma história de que uma vez a senhora passou a noite numa árvore na Vassar, do lado de fora do dormitório Cushing. É verdade?

BISHOP

Sim, fui eu, eu e uma amiga cujo nome não lembro. Éramos mesmo loucas e aquelas árvores eram ótimas de subir. Eu era exímia em subir em árvores. Ah, provavelmente nós desistimos mais ou menos às três da manhã. Como é que isso foi correr por aí? Não consigo imaginar! Depois disso, deixamos de ser amigas. Bem, na verdade ela tinha convidado dois rapazes de West Point para passar o fim de semana e eu me vi *enfiada* com aquele jovem todo de [*suas mãos traçam no ar uma farda e um quepe imaginários*]... um garoto bobão! Eu não sabia o que dizer! Quase fiquei doida. Acho que larguei minha amiga naquela hora... Eu morava num grande quarto de fundo no andar de cima do Cushing, e pelo jeito me inscrevi meio tarde, porque tinha uma colega de quarto que jamais escolheria ter. Uma garota estranha chamada Constance. Eu me lembro de que todo o lado dela do quarto era decorado com cães terriers escoceses — almofadas, quadros, esculturas, fotografias. E o meu lado era bem vazio. Só que provavelmente eu também não era uma boa colega de quarto, porque na época eu tinha uma teoria de que as pessoas deviam anotar todos os seus sonhos. Pensava que esse era o jeito de escrever poesia. Então eu mantinha um caderno de sonhos e achava que, se a gente comesse um monte de queijo horrível na hora de dormir, teria sonhos interessantes. Fui para a Vassar com um pote deste tamanho — e tinha tampa! — de queijo Roquefort que eu guardava no fundo da minha estante... Acho que todo mundo é dado a excentricidades nessa idade. Ouvi dizer que, em Oxford, Auden dormia com um revólver debaixo do travesseiro.

ENTREVISTADORA

Quando era jovem, a senhora se via como escritora?

BISHOP

Não, tudo acontece sem você pensar no assunto. Eu jamais pensei em ir para o Brasil. Jamais pensei em fazer nenhuma dessas coisas. Receio que na minha vida tudo tenha simplesmente *acontecido*.

ENTREVISTADORA

A senhora gosta de pensar que existem razões...

BISHOP

Sim, que as pessoas planejam com antecedência, mas receio que não tenha feito isso.

ENTREVISTADORA

Mas a senhora sempre se interessou por escrever?

BISHOP

Eu escrevia desde menina, mas quando fui para a Vassar era para ser compositora. Tinha estudado música em Walnut Hill e tive um professor muito bom. Estudei um ano de contraponto e também tocava piano. Na Vassar a gente tinha de se apresentar em público uma vez por mês. Bem, isso me aterrorizava. Eu ficava doente de verdade. Então toquei uma vez e aí desisti do piano, porque não consegui mais aguentar. Acho que agora não me importaria, mas não sei mais tocar piano. No ano seguinte fui estudar a língua inglesa.

Era uma classe muito literária. Mary McCarthy estava um ano à minha frente. Eleanor Clark estava na minha classe. E Muriel Rukeyser era caloura. Na época demos início a uma revista de que você talvez tenha ouvido falar, a *Con Spirito*. Acho que eu estava no terceiro ano. Éramos em seis ou sete — Mary, Eleanor Clark e sua irmã mais velha, minhas amigas Margaret Miller e Frani Blough, e algumas outras mais. Foi durante a Lei Seca, e nós costumávamos ir até um bar clandestino no centro tomar vinho em xícaras de chá. Esse era nosso grande vício. Uma bebida horrorosa! A maioria de nós tinha enviado material para a *Vassar Review*, e eles tinham recusado. Na época, era uma revista muito antiquada. Ficamos muito chateadas, porque achávamos que éramos muito boas. Então pensamos: "Bem, vamos começar nossa própria revista". Achamos que seria bacana fazê-la anonimamente, e assim foi. Depois do terceiro número a *Vassar Review* contratou algumas de nossas editoras, que passaram a publicar nossas coisas. Mas nos divertimos muito fazendo a revista enquanto durou.

ENTREVISTADORA

Li em outra entrevista que a senhora se matriculou ou esteve prestes a se matricular na faculdade de medicina da Cornell depois da Vassar.

BISHOP

Acho que peguei todos os formulários. Foi logo no ano seguinte da minha formatura na Vassar. Mas então descobri que precisava estudar alemão e já tinha desistido do alemão uma vez, achei que era difícil demais. E precisava estudar mais um ano de química. Eu já tinha publicado algumas coisas e acho que a Marianne me desestimulou, então acabei não indo. Em vez disso, fui para a Europa.

ENTREVISTADORA

A Depressão se fez muito presente para os estudantes universitários nos anos 30?

BISHOP

Todo mundo estava frenético tentando conseguir emprego. Todos os intelectuais eram comunistas exceto eu. Sempre sou muito impertinente, então me liguei a T.S. Eliot e ao anglocatolicismo. Mas o espírito era bem radical. É engraçado. A moça que era a maior radical — ela estava um ano à minha frente — é casada há anos com um dos chefes da *Time-Life*. Esqueci o nome dele. Ele é muito famoso e não poderia ser mais conservador. Escreve editoriais chocantes. Ainda posso vê-la do lado de fora da biblioteca com um pandeirinho coletando dinheiro para esta ou aquela causa.

ENTREVISTADORA

A senhora queria ser compositora, médica ou escritora... Como explica isso?

BISHOP

Eu me interessava por todas essas coisas. Gostaria mais de ser pintora, acho. Nunca me sentei e disse a mim mesma: "Vou ser poeta". Nunca na vida. Ainda fico surpresa que as pessoas achem que sou... Comecei a publicar coisas no meu último ano de faculdade, acho, e me lembro do meu primeiro cheque de trinta e cinco dólares; foi um momento muito emocionante. Era de algo chamado *The Magazine*, editado na Califórnia. Eles pegaram um poema, pegaram uma história — ah, eu gostaria que aqueles poemas nunca tivessem sido publicados! São terríveis! Mostrei o cheque à minha colega de quarto. Apareci no jornal, *The Miscellany* — e eu era, sei lá, misteriosa. No jornal eles costumavam sentar e conversar como podiam ser publicados e assim por diante. Eu calava a minha boca. Ficava constrangida com isso. Ainda fico. Não há nada mais constrangedor do que ser poeta.

ENTREVISTADORA

É especialmente difícil dizer às pessoas que acabou de conhecer que é isso que você faz.

BISHOP

Na semana passada uma amiga e eu fomos visitar uma senhora maravilhosa que eu conheço no Quebec. Ela tem 74 ou 75 anos. E não me disse isso, mas disse à minha amiga Alice: "Eu gostaria de convidar minha vizinha que tem aquela casa grande para jantar, ela é muito bacana, mas é capaz de perguntar para a Elizabeth o que ela faz e se Elizabeth disser que escreve poesia, a pobre mulher não vai mais abrir a boca pelo resto da noite!". Isso é horrível, sabe, e eu acho que, por mais modesta que você se sinta ou mais irrelevante que se julgue ser, deve haver um ínfimo núcleo de ego para que você se disponha a escrever poesia. Nunca o senti, mas deve estar lá.

ENTREVISTADORA

Na sua carta para mim, a senhora parecia bastante cautelosa em relação a entrevistadores. A senhora sente que foi mal interpretada em entrevistas? Por exemplo, sente que sua recusa em aparecer em antologias exclusivamente femininas tenha sido mal entendida como uma espécie de desaprovação ao movimento feminista?

BISHOP

Sempre me considerei uma forte feminista. Recentemente fui entrevistada por uma repórter do *Chicago Tribune*. Depois de conversar com a moça por alguns minutos, percebi que ela queria me mostrar como "antiquada" em contraste com Erica Jong e Adrienne [Rich], de quem eu gosto, e outras pessoas radicalmente feministas. O que não é verdade. Finalmente perguntei a ela se alguma vez ela tinha lido meus poemas. Bem, parece que ela tinha lido *um*. Não vejo como podia me entrevistar sem saber nada a meu respeito, e eu disse isso a ela. A moça foi simpática o bastante para publicar uma nota à parte no *Chicago Tribune*, separada do artigo mais longo sobre as outras. Eu havia dito que não acreditava em propaganda na poesia. Que raramente funcionava. O que ela botou na minha boca foi: "Miss Bishop não acredita que a poesia deveria transmitir a filosofia pessoal do poeta". O que me fez soar como uma verdadeira idiota! De onde ela tirou isso, não sei. É por isso que fico nervosa com entrevistas.

ENTREVISTADORA

A senhora geralmente concorda com as escolhas dos organizadores de antologias? Quais são seus poemas favoritos? Aqueles que você gostaria que fizessem parte de antologias, mas não fazem.

BISHOP

Acho que tenho... Bem, qualquer um menos "O peixe"! Declarei moratória a esse poema. Os organizadores de antologias repetem-se uns aos outros, de modo que finalmente, alguns anos atrás, eu disse que ninguém poderia reimprimir "O peixe" a menos que reimprimisse três outros poemas, porque enjoei dele.

ENTREVISTADORA

Mais uma ou duas perguntas. No começo da sua carreira a senhora foi diversas vezes a Yaddo. Achou a atmosfera numa colônia de artistas proveitosa para seus escritos?

BISHOP

Fui duas vezes a Yaddo, no verão por duas semanas e durante alguns meses no inverno antes de ir para o Brasil. Naquela época a senhora Ames estava muito em evidência. Não gostei de lá no verão por causa do incessante ir e vir, mas no inverno foi bem diferente. Éramos apenas seis, e por sorte todos gostávamos um do outro e foi uma época muito boa. Escrevi um poema, acho, durante todo aquele período. Na primeira vez gostei das corridas de cavalo, receio. No verão — acho que é assim até hoje — você pode atravessar a pé as terras de Whitney até as pistas. Uma amiga e eu costumávamos caminhar por lá de manhã bem cedo e sentar junto à pista para tomar um café e comer *muffins* de mirtilo enquanto eles exercitavam os cavalos. Eu adorava. Fomos a uma venda de potros de um ano de idade, e foi lindo. Foi numa barraca enorme. Os cavalariços tinham pás de lixo de latão e vassouras com cabo também de latão e ficavam andando atrás dos potrinhos, limpando o esterco. É minha maior lembrança de Yaddo.

ENTREVISTADORA

A senhora foi a Yaddo mais ou menos na época em que era consultora de poesia da Biblioteca do Congresso, não? Aquele ano em Washington foi mais produtivo que sua experiência em Yaddo?

BISHOP

Sofri por ter sido muito tímida a minha vida toda. Alguns anos mais tarde eu teria apreciado mais, porém na época não gostei tanto. Eu detestava Washington. Havia tantos prédios governamentais que parecia Moscou. Havia uma secretária muito simpática, Phyllis Armstrong, que me fez aguentar. Acho que ela fazia a maior parte do trabalho. Eu escrevia alguma coisa e ela dizia: "Ah, não, isto aqui não está formal", então pegava e reescrevia em linguagem rebuscada. Costumávamos apostar nos cavalos — Phyllis sempre ia na dupla aposta do dia. Ela e eu ficávamos lá lendo a *Racing Form*, os poetas vinham fazer consultas e Phyllis e eu ali, conversando sobre nossas apostas!

Todos os "sobreviventes" daquele emprego — muitos estão mortos — foram convidados recentemente para ler suas obras. Éramos treze, infelizmente.

ENTREVISTADORA

Uma amiga minha tentou entrar naquela leitura e disse que estava lotada.

BISHOP

Estava *atulhada*! E não sei por quê. Não podia ser um evento mais horrível, mais bobo. Acho que em princípio estávamos limitados a dez minutos. Fiz questão de cumprir o prazo. Mas não há como parar alguém como James Dickey. Stafford foi bem. Eu nunca o tinha ouvido nem o conhecia pessoalmente. Ele leu um poema bem curto que realmente me trouxe lágrimas aos olhos. Foi uma leitura muito bonita.

Não sou muito amiga de leituras de poesia. Prefiro ler o livro. Sei que estou errada. Só estive numas poucas leituras de poesia que consegui *suportar*. É claro que você é jovem demais para ter passado pela loucura em torno de Dylan Thomas...

Quando era alguém como Cal Lowell ou Marianne Moore, era como se eles fossem meus filhos. Eu ficava muito mal. Fui escutar a Marianne diversas vezes e acabei não conseguindo ir mais, porque ficava ali sentada com as lágrimas escorrendo pelo rosto. Sei lá, é meio constrangedor. A gente fica com medo de que eles façam algo errado.

Cal achava que a coisa mais importante nas leituras eram os comentários que os poetas faziam entre um poema e outro. A primeira vez que ouvi uma leitura dele foi anos atrás na New School for Social Research, num pequeno auditório cinza. Foi com Allen Tate e Louise Bogan. Cal era muito mais jovem que todo mundo e tinha publicado apenas dois livros. Ele leu um poema longo, interminável — esqueci o título* — sobre uma freira canadense em New Brunswick. Eu esqueci qual era a questão do poema, mas é muito, muito comprido e bonito, particularmente no início. Bem, ele começou e leu muito mal. Falava num tom monótono que todo mundo tentava acompanhar. Tinha lido uns dois terços quando alguém gritou: "Fogo!". Houve um pequeno incêndio no saguão, nada de mais, que foi apagado em cerca de cinco minutos, e todo mundo voltou para seus assentos. O pobre Cal disse: "Acho melhor começar de novo", então leu tudo outra vez! Mas a leitura dele melhorou muito ao longo dos anos.

ENTREVISTADORA

Ele não poderia fazer coisa melhor do que o disco que o Poetry Center lançou recentemente. É maravilhoso. E muito engraçado.

BISHOP

Não tive coragem de ouvir.

---

* "Mother Marine Therese", de *The mills of the Kavanaughs*.

Tennessee Williams

Esta entrevista com Tennessee Williams ocorreu ao longo de várias semanas, primeiro em Chicago e depois em Nova York.

Em Chicago, Williams estava trabalhando duro na produção de uma nova peça a ser encenada no Goodman Theater. Era uma obra humorística e comovente chamada *A house not meant to stand*, cujo título era um comentário sobre a situação da civilização americana.

Entrevistei Williams em sua suíte no Radisson Hotel na North Michigan Avenue em Chicago. Era uma cobertura imensa, de quatro quartos, decorada imitando o estilo marroquino dos anos 30: paredes de pedras falsas, candelabros de ferro, uma enorme lareira, uma escada com balcão, tudo lembrando o design de interiores especialmente popular na época em que Williams fora escritor contratado dos estúdios de cinema em Hollywood, em 1943. Por esse motivo, ele apelidou o lugar de "suíte Norma Desmond", referindo-se ao papel vivido por Gloria Swanson em *Crepúsculo dos deuses*.

Era o septuagésimo aniversário de Williams, e ele seguiu a rotina que estabeleceu para si na maior parte de sua vida adulta. Levantou-se ao amanhecer, foi até a máquina de escrever e trabalhou. Depois foi nadar na piscina do hotel. Retornou à suíte e passou os olhos pela pilha de correspondência, a maior parte cartões de aniversário de seus amigos. Abriu vários presentes e uma caixa contendo um prêmio literário concedido pela Itália por *A primavera da sra. Stone*. Ele achou o prêmio um tanto intrigante, explicou, pois quando o romance e o filme foram lançados inicialmente os italianos ficaram zangados com a história de um gigolô romano que se envolvia com uma mulher mais velha.

Finalmente sentou-se e conversou comigo por várias horas. Williams vestia uma camisa larga bordada, calças bege e alpargatas. Estava bronzeado, tendo passado a maior parte do inverno em sua casa em Key West, na Flórida. Parecia dez anos mais jovem do que sua idade. Estava especialmente feliz, em parte porque a peça estava indo bem, mas também porque tinha em torno de si numerosos bons amigos, entre os quais Jane Smith, a atriz e viúva do artista Tony Smith. Seu irmão Dakin também estava em Chicago com sua esposa e duas filhas adotivas.

Três semanas depois, após voar de Chicago a Key West, Williams veio a Nova York. Mesmo mantendo um apartamento na cidade, raramente o utilizava. Em vez disso, durante muitos anos teve o hábito de ficar no Hotel Elysée na East Fifty-fourth Street. Ele viera a Nova York para visitar a irmã Rose, residente num sanatório particular perto de West Point. Também estava em Nova York para tratar de alguns negócios. Reuniu-se com seus editores acerca de três futuros livros: uma coletânea de ficção breve provisoriamente intitulada *It happened the day the sun rose*; um volume com cinco de seus roteiros, entre eles *Tesouro perdido*, *O homem que veio de longe*, *One arm* e *All Gaul is divided*; e uma obra autobiográfica, *My life in the American theater: an interpretative world.* Além disso, Williams tinha três peças inteiras em vários estágios de pré-produção e discutia com produtores de cinema uma possível refilmagem de *Um bonde chamado desejo.*

Na véspera da entrevista em Nova York, eu, Williams e o pintor Vassilis Voglis passamos uma noite no centro. Jantamos cedo num restaurante italiano, depois fomos assistir à apresentação da companhia de dança Paul Taylor no City Center. Terminamos num bar chamado Rounds, com uma decoração exibicionista e pretensiosamente chique e uma clientela que consistia em grande parte de gigolôs e aqueles que os contratam.

No dia seguinte, por volta do meio-dia, completei a entrevista com Tennessee Williams na suíte do Elysée. Ele estava cansado da noite anterior, e talvez por isso mais contido do que estivera em Chicago, e a conversa foi mais reflexiva. Williams não gostava nem um pouco de falar de seu trabalho e do processo mediante o qual criava sua arte. Mas em Nova York, naquele dia soturno, cinzento, ele estava aberto a falar e me contou o que pôde sobre como escreve.

— *Dotson Rader, 1981*

A GÊNESE DE ESCREVER

Nasci escritor, acho. Sim, acho que sim. Ou pelo menos isso aconteceu quando tive aquela curiosa doença que afetou meu coração aos oito anos. Fiquei de cama por mais ou menos meio ano. Minha mãe exagerou a causa. Ela disse que eu tinha engolido minhas amígdalas! Anos depois, quando fui capa da *Time* e ela foi citada, os médicos disseram: "Uma impossibilidade médica!".

Mas eu acho, sim, que houve uma noite em que quase morri, ou talvez *tenha* morrido. Tive uma sensação estranha, mística, como se estivesse vendo uma luz dourada. Elizabeth Taylor teve a mesma experiência. Mas eu sobrevivi àquela noite. Foi um ponto de virada, e eu aos poucos fui me puxando para fora daquela sensação. Mas nunca fui o mesmo fisicamente. A experiência mudou toda a minha personalidade. Até essa doença sempre fui um brigão agressivo, que costumava surrar todos os garotos da vizinhança. Eu costumava confiscar as bolinhas de gude deles, simplesmente as afanava.

Aí veio a doença, e minha personalidade mudou. Virei um garoto fechado. Acho que a minha mãe me estimulou a ser mais fechado do que eu precisava ser. Em todo caso, dei de fazer brincadeiras solitárias, de me divertir sozinho. Não estou me referindo à masturbação. Estou falando sobre começar a viver intensamente uma vida imaginativa. E persisti nisso. Foi assim que virei escritor, acho. Aos doze anos, comecei a escrever.

MAMÃE E A SRTA. ROSE

Minha mãe — todo mundo a chama de senhorita Edwina — era essencialmente mais psicótica que minha irmã Rose. Mamãe foi internada uma vez, você sabe. Foi internada muito antes de ficar velha, no começo da casa dos cinquenta anos. Eu estava em St. Thomas, nas Ilhas Virgens, e ela me ligou.

"Tom, adivinha onde eu estou", ela disse.

"Por que, mamãe, você não está em casa?"

"Não, Tom, eles me internaram!"

Ela morava sozinha, e eu acho que as fantasias tomaram conta dela. Ela pensava que os negros estavam planejando um levante em St. Louis e trocavam sinais arrastando as latas de lixo. Mamãe telefonou para o médico da família para lhe contar acerca desses aspectos ameaçadores da vida, e ele a levou direto para o hospício! Então saí de St. Thomas para liberá-la.

Mais tarde, quando estava em St. Louis, o telefone tocou e ela atendeu. Não havia ninguém do outro lado da linha. Após um tempinho, ela disse: "Eu sei quem você é! Estou aqui esperando! *E não tenho medo!*".

Minha mãe optou por fazer a lobotomia de Rose. Meu pai não queria. Na verdade, ele chorou. Foi a única vez que o vi chorar. Ele ficou em estado de profunda tristeza quando ficamos sabendo que a operação havia sido realizada.

Eu estava na Universidade de Iowa, e eles simplesmente me escreveram contando o que acontecera. Eu não sabia nada da operação. Nunca tinha ouvido falar de uma lobotomia. Mamãe dizia que a tendência era de que fosse um grande sucesso. Agora, é claro, ela se revelou um procedimento que não é mais praticado. Mas não me deixou amargurado em relação à minha mãe. Me deixou muito triste por causa da minha irmã, e eu tinha afeição pelas duas, mais por minha irmã do que por minha mãe. Mas não me deixou amargurado em relação à senhorita Edwina. Não, eu simplesmente achava que ela era uma mulher tola num nível quase criminoso.

Por que a operação foi feita? Bem, a senhorita Rose se expressava com grande eloquência, mas dizia coisas que chocavam mamãe. Lembro-me de quando fui visitá-la em Farmington, onde ficava o manicômio estadual. Rose adorava chocar a mamãe. Ela tinha grande ressentimento internalizado, porque mamãe impôs a ela aquele puritanismo monolítico durante a adolescência. Rose dizia: "Mamãe, sabe que nós, as garotas do All Saints College, costumávamos abusar de nós mesmas com as velas de altar que roubávamos da capela?". E mamãe gritava feito um pavão! Corria para o psiquiatra e dizia: "Faça alguma coisa, *qualquer coisa*, para calar a boca dela!". Exatamente como a senhora Venable, sabe, exceto que mamãe não era tão cruel quanto a senhora Venable, pobre desgraçada. O que quer que mamãe fizesse, ela não sabia o que estava fazendo.

Ela ficava aterrorizada com sexo. Costumava gritar toda vez que tinha sexo com meu pai. Nós crianças ficávamos aterrorizados. Saíamos correndo para a rua e os vizinhos nos acolhiam.

Mais ou menos um ano antes de mamãe morrer, ela acreditava haver um cavalo morando com ela no quarto. Não gostava nem um pouco da presença dele, e se queixava amargamente desse cavalo imaginário que se mudou para dentro do quarto dela. Ela sempre tinha desejado um cavalo quando criança. E agora que finalmente tinha um, não estava gostando.

No final, ela trocou seu nome. A senhorita Edwina tirou o *a* do nome e virou Edwin Williams. Era assim que assinava. É estranho ter uma mãe de 94 anos resolvendo chamar a si mesma de Edwin.

A senhorita Rose fuma demais. Chega num restaurante e pergunta: "Quantos maços de Chesterfield vocês têm? Vou ficar com todos!". Ou entra numa loja e pergunta: "Quantas barras de sabonete Ivory vocês têm? Só isso? Bom, preciso de pelo menos vinte!".

Uma noite Rose foi comigo como convidada num jantar da senhora Murray Crane. Ela tinha uma enorme bolsa reticulada. Sabe como é? Bem, Rose era muito furtiva, como geralmente são os esquizofrênicos. Durante todo o jantar, depois de cada prato, ou mesmo quando as pessoas estavam comendo, ela se virava para a senhora Crane, aquela majestosa anciã à sua direita, e dizia: "Pegue um cigarro, querida!". E a senhora Crane respondia: "Ah, eu não fumo, senhorita Williams. Eu não fumo! E receio que a senhora esteja fumando *demais*, senhorita Williams!".

Bem, a senhorita Rose se sentiu ofendida com isso. Assim, terminado o jantar, ela pediu licença. Havia quatro ou cinco lavatórios naquele apartamento duplex e Rose sumiu por um tempo *muito* longo. Quando voltou, sua sacola estava absolutamente repleta, como um saco de Papai Noel. Ela havia limpado a casa de todo sabonete e papel higiênico! Foi o maior assalto desde os irmãos James. Desnecessário dizer que nunca mais voltamos a ser convidados lá.

Ela é muito nervosa, sabe? Quando estava em Key West, na mesma época que eu, estava tentando parar de fumar, então procurava se manter ocupada. Encarregava-se de regar todas as árvores e plantas, e havia uma boa quantidade delas. Rose pegava um copo de água dentro de casa, molhava a planta, voltava e enchia o copo de novo, e de novo, o dia inteiro. Eu achava tocante a forma como ela procurava ocupar seu tempo.

Ela tem apreensões desvirtuadas e curiosas das coisas. Richard Zoerink era muito bom com ela. Eles passeavam pela praia em Key West. Ele lhe comprava sorvete de casquinha, que ela adora. Um dia, perguntei a Rose onde ela tinha passado a tarde, e ela disse que havia dado um passeio ao longo do mar Mediterrâneo com Richard, e tinha apreciado a vista da Itália. A senhorita Rose é adorável. Ela pensa que é a rainha da Inglaterra, sabe? Uma vez assinou uma fotografia para mim: "Rose da Inglaterra".

Eu a amo. Para uma pessoa como Rose, que passou muitos anos num asilo público, como teve de ser antes de eu ter dinheiro, viver é uma existência constantemente defensiva. A teimosia, dizer "Não!" de forma direta para as coisas, é uma reação quase instintiva. Se eu digo a Rose: "Você não acha que está na hora de você ter um pouco de descanso?", o instinto dela é simplesmente dizer "Não!".

Uma vez em Key West algumas pessoas vieram nos visitar e começaram a contar umas piadas muito obscenas. Rose não aprovou. Então se levantou e ficou em pé num canto com as mãos juntas em oração. Meu primo Stell, que estava cuidando dela, disse: "Rose, por que você está aí parada desse jeito?".

Rose replicou: "Estou rezando pela redenção deles!".

SUCESSO

Tudo começou para mim em Chicago, em 1944. Tive ali alguns dos melhores momentos da minha vida. Ficamos em Chicago por três meses e meio, com *Algemas de cristal*. Estreamos no final de dezembro, e ficamos em cartaz até meados de março. Eu conheci muitos estudantes da universidade, sabe?

Então associo o sucesso de *Algemas de cristal* aos críticos de Chicago, Claudia Cassidy e Ashton Stevens. Eles realmente fizeram a peça acontecer. O público da noite de estreia nunca tinha visto esse tipo de teatro, e a reação deles foi de perplexidade. Suponho que a peça teria morrido ali se Claudia Cassidy e Ashton Stevens não tivessem continuado forçando e forçando e forçando. Eles comparam Laurette Taylor a Duse, uma comparação muito boa, na minha opinião. Atualmente a senhorita Cassidy já é bem idosa, mas sua mente continua afiada como uma faca!

Algemas chegou a Nova York em 1945. Já estava com a lotação esgotada três meses e meio antes da estreia. As pessoas faziam escala em Nova York para ver a peça porque sabiam que era um tipo novo de teatro, e sabiam da incrível atuação de Laurette, embora o resto do elenco fosse bastante medíocre.

O sucesso repentino? Ah, foi terrível! Não gostei. Se você examinar as fotografias que tiraram de mim na manhã seguinte à gigantesca recepção que tive em Nova York, verá que eu estava bastante deprimido.

Eu tinha feito uma operação nos olhos, e fui para o hospital fazer mais uma. Deitado no hospital, impossibilitado de me mover por vários dias, as pessoas vinham e liam para mim, e recuperei algum senso de realidade.

Depois de *Algemas*, fui para o México e tive um período maravilhosamente feliz. Fui sozinho. Leonard Berstein estava lá. Ele me apresentou a Winchell Mount, que dava aulas de dança aos sábados à noite. Todos homens. E eu aprendi a seguir! Eu era a bela do baile, porque sempre soube dançar bem, mas desisti daquela carreira para escrever.

Antes do sucesso de *Algemas* eu tinha chegado ao fundo do

poço. Teria morrido sem dinheiro, não teria conseguido seguir adiante, querido, sem dinheiro, quando de súbito, providencialmente, *Algemas de cristal* aconteceu, e eu estava com 34 anos. Não teria conseguido continuar com aqueles trabalhos que me forneciam apenas o básico, aqueles trabalhos para os quais eu não tinha a menor aptidão, como servir mesas, conduzir elevadores e até mesmo ser operador de teletipo. Eu não conseguia aguentar nada daquilo por muito tempo. Comecei a escrever aos doze anos, como já disse. Quando estava no final da adolescência, eu escrevia todo dia, acho, mesmo depois de ter ficado no comércio de sapatos por três anos. Arruinei minha saúde, ou o que restava dela. Tomava café preto aos montes, para poder ficar acordado a noite inteira e escrever, e isso me deixou doente dos nervos e esgotado fisicamente. De modo que, se eu não tivesse tido toda essa dádiva da Providência com *Algemas*, não teria aguentado nem mais um ano, acho.

DE ONDE VÊM AS PEÇAS

O processo pelo qual a ideia de uma peça chega até mim sempre foi algo que eu nunca soube identificar muito bem. Uma peça simplesmente parece se materializar; como uma aparição, vai ficando cada vez mais clara. No começo, ela é muito vaga, como no caso de *Um bonde*, que veio depois de *Algemas*. Eu simplesmente tive a visão de uma mulher no final da juventude. Ela estava sentada numa cadeira completamente só ao lado de uma janela com o luar batendo na sua face desolada, e tinha levado um cano do homem com quem planejava se casar.

Eu creio que estava pensando na minha irmã, porque ela estava perdidamente apaixonada por um jovem da International Shoe Company, que a estava cortejando. Ele era extremamente charmoso, e ela estava profundamente apaixonada. Sempre que o telefone tocava, ela quase desmaiava, pensando que era ele convidando para um encontro, sabe? Eles se viam quase toda noite, e aí um dia, de repente, ele não ligou mais. Foi quando Rose começou a entrar num declínio mental. *Um bonde* evoluiu dessa primeira visão. Na época, chamei a peça de *Blanche's chair in the moon*, que é um título péssimo. Mas foi a partir dessa imagem, sabe, uma jovem sentada junto a uma janela, que *Um bonde* me veio.

É claro que o rapaz que cortejava minha irmã não tinha nada a ver com Stanley. Era um jovem executivo de uma dessas escolas da Ivy League. Tinha todas as qualidades aparentes. No entanto, isso foi durante os anos da Depressão, e ele era extremamente ambicioso. Na época, meu pai tinha um posto executivo na empresa de sapatos, e o rapaz deve ter pensado que se casar com Rose poderia lhe trazer vantagens. Aí, infelizmente, meu pai se envolveu num terrível escândalo e quase perdeu o emprego. Em todo caso, deixou de ser candidato à diretoria. Ele teve a orelha arrancada num briga de pôquer! A orelha precisou ser restaurada. Tiveram que tirar cartilagem das costelas e pele da bunda, e reproduziram algo que parecia uma pequena couve-flor atada ao lado da sua cabeça! Então, toda vez que alguém entrava no elevador com meu pai, ele amarrava a cara e as pessoas começavam a dar risadinhas. Foi aí que o rapaz parou de ligar para Rose. Ele sabia que as gozações tinham ido longe demais e chegado até os jornais.

A ideia para *Algemas de cristal* veio muito devagar, muito mais devagar que *Um bonde*, por exemplo. Acho que trabalhei em *Algemas* mais tempo do que em qualquer outra peça. Eu achava que ela jamais seria produzida. Não a escrevi com esse propósito. Escrevi primeiro como um conto chamado "Portrait of a girl in glass", que é, acredito, uma das minhas melhores histórias. Acho que *Algemas* cresceu a partir das intensas emoções que senti ao ver a mente da minha irmã começando a ir embora.

INFLUÊNCIAS

Que escritores me influenciaram quando jovem? *Tchékhov!* Como dramaturgo? Tchékhov! Como contista? Tchékhov! D. H. Lawrence também, pelo seu espírito, é claro, pela sua compreensão da sexualidade, da vida em geral.

EFEITOS

Quando escrevo não tenho por objetivo chocar as pessoas, e fico surpreso quando isso acontece. Mas não acho que qualquer coisa que ocorra na vida deva ser omitida da arte, embora o artista deva estar presente de uma forma que seja artística, e não feia. E me proponho a contar a verdade. E às vezes a verdade é chocante.

OLHANDO PARA TRÁS

Agora olho para trás, para certos períodos da minha vida, e penso: "Esse era realmente *eu*? Eu fazia essas coisas?". Não sinto qualquer continuidade na minha vida. É como se fosse composta de segmentos separados que não se conectam. De um período para outro tudo aconteceu por trás da cortina do trabalho. E eu simplesmente espio de trás da cortina de vez em quando e me sinto num terreno totalmente diferente.

O primeiro período foi dos onze anos até eu sair da universidade e entrar no ramo de sapatos. Eu estava loucamente apaixonado por uma moça chamada Hazel, que era frígida. E aquele período da minha vida foi marcado por extrema timidez. Eu não conseguia olhar as pessoas na cara sem corar. No colégio, não conseguia responder perguntas verbalmente. Só dava respostas por escrito. Não conseguia deixar minha voz sair. Ela soava como um grunhido, sabe? Era tímido a esse ponto. Suponho que isso fosse causado por um choque inconsciente entre meus impulsos sexuais, o puritanismo imposto por minha mãe e o grande medo que meu pai me inspirava. Ele era um homem aterrorizante, tão infeliz que não conseguia evitar ser tirânico em casa. Esse foi um período.

O período seguinte foi feliz. Foi depois que eu me assumi no mundo gay. Não pensei nisso como me assumir. Pensei como sendo um mundo novo no qual eu parecia me encaixar pela primeira vez, e a vida era cheia de aventuras que satisfaziam a libido. Finalmente eu me sentia à vontade. E foi uma época feliz, mas *Algemas de vidro* encerrou essa fase e novos problemas vieram com o sucesso.

Desde essa época até o fim dos anos 60, porque até mesmo durante os anos 70 eu estava trabalhando de forma mais ou menos constante, foi um período diferente do resto. Mas no final da década eu acabei no manicômio porque violei as instruções do doutor Max Jacobson de não beber quando tomava injeções de estimulantes. Perto do final, essa combinação provocava paranoia e afetava minha memória e minha saúde. Quando fui para Nova York, não conseguia me lembrar de ter me encontrado com meus produtores antes, apesar de terem feito reuniões diárias comigo em Key West. Finalmente, depois que Ann Meechem e eu voamos para Tóquio após a terrível recepção de *In the bar of a Tokyo hotel*, fui ficando cada vez mais doente. Precisava de ajuda para subir escadas. Quando voltei sozinho para casa em Key West estava mesmo *muito* doente. Estavam construindo uma cozinha nova na minha casa, e o fogão estava no pátio. Ele funcionava lá enquanto os pedreiros trabalhavam. Fiquei cambaleando de um lado a outro com uma panela de sílex na mão, totalmente desorientado, tentando chegar até o fogão. E simplesmente sentei em cima dele! Era um fogão elétrico, e tive queimaduras de terceiro grau! Acho que foi Marion Vicarro que ligou para o meu irmão, e Dakin foi correndo para Key West. Ele ligou para Audrey Wood e ela disse: "Bem, botem ele num hospital", mas não se preocupou em dizer qual.

Dakin, achando que de qualquer modo eu ia morrer, porque eu estava em péssimas condições, fez com que eu me convertesse imediatamente ao catolicismo romano para me salvar do Inferno, então me jogou no Barnes Hospital, o St. Louis, diretamente na ala psiquiátrica, que era *incrivelmente* horrorosa. De repente eles me tiraram cada pílula que eu tinha! As injeções também se foram. E então eu apaguei. Foi uma síndrome de abstinência imediata, querido. Disseram que eu tive três concussões cerebrais no decorrer de um longo dia e uma coronária. Como sobrevivi, não sei. Acho que havia intenções homicidas por ali. Fiquei naquele lugar por três meses e meio. No primeiro mês fiquei na ala dos violentos, apesar de não ser violento. Eu estava aterrorizado e ficava encolhido num canto tentando ler. Os pacientes tinham brigas terríveis por causa do único aparelho de TV. Alguém ligava no noticiário, outro paciente vinha, pulando e berrando, e mudava para os desenhos animados. Não é de espantar que fossem violentos.

CRISTIANISMO

Na verdade, nasci católico. Sou católico por natureza. Meu avô era católico inglês, anglicano, muito, muito devoto. Ele era mais devoto que o Papa. No entanto, minha conversão à Igreja católica não passou de uma piada, pois ocorreu enquanto eu estava tomando as doses milagrosas do doutor Jacobson. Não pude aprender nada sobre os dogmas da Igreja católica romana, que de toda maneira são ridículos. Eu simplesmente adorava a beleza do ritual na missa. Mas Dakin encontrou um padre jesuíta muito amável, que disse: "O senhor Williams não está em condição de aprender nada. Vou lhe dar a extrema unção e simplesmente pronunciá-lo católico".

Fui amparado pela Igreja católica romana, com gente me segurando dos dois lados, e declarado católico. O que você acha disso? Isso me torna católico? Não, continuei sendo aquilo que era antes, o que quer que fosse. Todavia minha obra está cheia de símbolos cristãos. Profundamente, profundamente cristãos. Mas é a imagem de Cristo. Sua beleza e pureza, e Seus ensinamentos, sim... mas nunca adotei a ideia de que a vida como nós a conhecemos, o que estamos vivendo agora, é retomada após a morte. Não, eu acho que nós somos reabsorvidos no.. como é que chamam isso? Fluxo eterno? A merda eterna, é o que eu estava pensando.

POESIA

Sou um poeta. Então coloco poesia no drama. Coloco poesia em contos e coloco nas peças. Poesia é poesia. Não precisa ser chamada de poema, sabe?

JOVENS ESCRITORES

Se o destino deles for escrever, escreverão. Não há nada que possa impedi-los. Isso pode matá-los. Talvez não sejam capazes de suportar as terríveis indignidades, as humilhações, as privações, os choques que fazem parte da vida de um escritor americano. Talvez não. Porém, podem ter algum senso de humor em relação a isso, e talvez consigam sobreviver.

ESCREVER

Quando eu escrevo, tudo é visual, tão brilhante como se estivesse num palco iluminado. E eu falo as frases em voz alta enquanto escrevo.

Quando estava em Roma, minha senhoria achava que eu era demente. Ela disse ao Frank [Merlo]: "Ah, o senhor Williams enlouqueceu! Ele fica zanzando pelo quarto falando em voz alta!".

Frank disse: "Ah, ele está só escrevendo". Ela não entendia isso.

REESCREVER

Ao escrever uma peça, posso adotar uma abordagem errada, me perder em algum lugar e ter que apagar muita coisa e começar outra vez, não *desde o começo*, mas apenas até o ponto onde me desviei daquele rumo específico. Isso é particularmente verdade na peça surrealista que estou escrevendo no momento. Eu a estou dedicando à memória de Joe Orton. Ela se chama *The everlasting ticket*. Fala do poeta laureado de Three Mile Island. Estou na terceira revisão no momento.

Passo muito tempo reescrevendo. E, quando finalmente solto a peça, quando sei que ela está completa e como deveria ser, é quando vejo uma produção que me satisfaça. É claro, mesmo quando *estou* satisfeito com uma produção, geralmente os críticos não estão. Especialmente em Nova York. Os críticos sentem que sou um anarquista, perigoso como escritor.

PÚBLICO

Não tenho um público em mente quando escrevo. Escrevo sobretudo para mim mesmo. Depois de tanto tempo dedicado a escrever peças, tenho um bom ouvido interno. Sei muito bem como algo irá soar no palco e como será interpretado. Escrevo para satisfazer esse ouvido interno e suas percepções. Esse é o público para o qual escrevo.

DIRETORES

Às vezes eu escrevo tendo especificamente alguém na cabeça. Sabe, eu costumava escrever para [Elia] Kazan, embora ele não trabalhe mais como diretor. O que fazia dele um grande diretor era que tinha uma compreensão infinita das pessoas num nível incrível.

A certa altura, Kazan e José Quintero se equivaliam em talento. Foi quando Quintero começou na Circle in the Square no centro e fez coisas como *Anjo de pedra* e *Longa jornada noite adentro*. Aquelas coisas iniciais. Então ele deu de beber pesado. Ele morava num endereço muito elegante, uma cobertura na Quinta Avenida, número 1. Eu me lembro de andar com Quintero pelo terraço. Eu disse a ele: "Por que você está se matando desse jeito com a bebida? Você sabe que está, não sabe? Está bebendo demais". Ele sempre gostou muito de mim. Era uma pessoa extremamente doce e gentil. Ele disse: "Eu sei. Eu sei. É só que de repente recebo toda essa atenção e fiquei intimidado. Fiquei apavorado. Eu não sabia como meu trabalho era *feito*. Eu simplesmente trabalhava com minha intuição. E aí de repente pareceu que meus segredos estavam sendo expostos". Então passou a beber em excesso e agora não pode beber absolutamente nada.

Durante *The seven descents of myrtle*, como chamavam a peça, embora na verdade fosse *The kingdom of earth*, Quintero estava bebendo tanto que Estelle Parsons disse que não podia aceitar a direção dele. David Merrick estava produzindo a peça, e veio para a cidade. Ele disse: "Tenho de despedir esse homem. Ele está destruindo a peça". E eu disse: "Senhor Merrick, se despedir o pobre do José eu retiro minha peça". Então ele deixou como estava.

Sabe, naquela época David Merrick era um sujeito adorável. Ele ficou meio entojado desde então, mas na época era muito bacana. Nós dois estudamos na Universidade de Washington. Estávamos na mesma classe de teatro, acho. Nos anos sessenta ele costumava ir ao meu apartamento no Mayfair quando eu não saía de jeito nenhum. Ele ia lá para me dizer que queria montar *Kingdom of earth*. E eu apenas rosnava alguma coisa como resposta. Era assim que eu conversava naquela época. Ele dizia: "É uma peça muito engraçada!". E eu, *grrrrrrowwwww*... Não dava a mínima se ele montasse a peça ou não, ou se eu fosse sobreviver àquela noite.

TÍTULOS

Às vezes, eu invento um título que não soa bem em si, mas é o único que realmente se encaixa no sentido da peça. Como *A house not meant to stand*: não é um título bonito. Mas a casa a que a peça se refere está num estado terrível por falta de manutenção, com água da chuva vazando por todos os lados. Essa casa, e portanto o título, é uma metáfora para a sociedade da nossa época. E, claro, os críticos não gostam de coisas desse tipo, nem ousam aprovar abertamente. Eles sabem quem paga a manteiga que passam no pão. Alguns títulos vêm de diálogos da peça, ou da situação em si. Alguns vêm de uma poesia que li. Quando preciso de um título, geralmente releio a poesia de Hart Crane. Levo um exemplar da obra dele comigo sempre que viajo. Uma frase chama a minha atenção e parece certa para o que estou escrevendo. Mas não existe um sistema. Às vezes, uma frase da peça serve como título. Com frequência mudo o título algumas vezes até achar o que parece correto.

Há uma igreja católica em Key West chamada Maria, estrela do mar. Daria um belo título para uma peça.

MUDANÇAS DE FALAS

Os atores podem ser extremamente valiosos para sugerir mudanças de falas numa peça se forem inteligentes. Por exemplo, Geraldine Page. Ela é muito inteligente e é um gênio como atriz. Ser inteligente e ser um gênio como atriz nem sempre é a mesma coisa. Ela sugeria mudanças numa fala. Dizia: "Acho essa linha difícil de ler". A maioria das sugestões eram boas, embora ela não fosse escritora. Então eu fazia as mudanças para satisfazê-la. Eu faço isso frequentemente com os atores, se eles forem inteligentes e estiverem preocupados com a peça.

MARLON BRANDO

Brando apareceu em Cape quando eu estava lá. Não havia o que descobrir, era tão óbvio. Nunca vi tamanho talento em estado bruto num indivíduo, com exceção de Laurette Taylor, cujo talento não se podia dizer que estivesse em estado bruto. Quando o conheci, antes de ficar famoso, Brando era um cara gentil, adorável, um homem de extraordinária beleza. Ele foi muito natural e prestativo. Consertou o encanamento arrebentado, as lâmpadas queimadas. Então simplesmente sentou e começou a ler. Cinco minutos depois, Margo Jones, que estava hospedada conosco, disse: "Ah, essa é a melhor leitura que já ouvi, mesmo no *Texas*!". E foi assim que ele entrou para o elenco de *Um bonde*.

WARREN BEATTY

Eu não conhecia o trabalho de Warren Beatty, e achei que o papel em *A primavera da sra. Stone* deveria ser interpretado por um tipo latino, já que se tratava de um gigolô romano. Aconteceu de eu estar em Porto Rico com Marion Vicarro, sabe, a rainha da banana? Ela e eu estávamos jogando num cassino. Ela estava na mesa de vinte e um e eu estava na roleta. De repente, me chega um garçom com um copinho de leite numa bandeja de prata e diz: "Um cavalheiro lhe mandou isto". Eu disse: "Não gosto desse tipo de sarcasmo!". E continuei a jogar na roleta.

Depois de ter perdido a quantia que me permito perder, comecei a ir embora. E ali, parado junto à porta, com um sorrisinho, estava Warren Beatty.

"Tennessee, eu vim aqui ler para você", ele disse. Na época, ele era muito novo, um rapaz realmente bonito.

Eu disse: "Mas por que, Warren? Você não é o tipo certo para interpretar um gigolô romano".

E ele disse: "Vou ler com sotaque e sem sotaque. Vim de Hollywood até aqui para ler para você".

"Bem, que simpático da sua parte." Marion e eu fomos até o quarto dele, e ele leu fabulosamente. Com sotaque e sem. Warren não tem vergonha de nada. Sempre que me vê, ele me dá um abraço. Que homem afetivo, quente, adorável. Descobri que os atores são pessoas adoráveis, embora haja alguns bem diferentes.

AUDREY WOOD

Desde que me separei de Audrey Wood [sua agente de longa data] um padrão se mantém. Acho que nisso ela é a figura dominante. E acho que ela tem culpa no cartório, não vai deixar nada acontecer até eu morrer, querido.

Por que rompi com ela? Eu não rompi. Simplesmente aconteceu o mesmo de sempre. Uma noite de estreia. Nesse dia eu sempre estou com os nervos à flor da pele. Tivemos uma primeira pré-estreia muito boa [de *A two character play*]. Na segunda pré--estreia havia um monte de senhoras velhas, amargas. Elas não entenderam nada e detestaram a peça. Fiquei furioso. Sempre perco ligeiramente a cabeça quando fico zangado. Audrey estava acostumada. Isso vivia se repetindo. Ela não devia ter ficado surpresa comigo. Eu simplesmente me virei para ela depois da apresentação e disse: "Você deve ter ficado satisfeita com esse público", porque ela não tinha ficado contente com o público mais jovem e entusiasmado da véspera. Ela se zangou e foi embora imediatamente, fazendo o maior alarde. E eu me dei conta de que ela tinha me negligenciado tanto durante os meus sete anos de terrível depressão que qualquer espécie de relação profissional não era mais sustentável.

Não guardo rancor. Assim, quando me encontrei com ela algum tempo depois no hotel Algonquin, estendi a mão para tocar a dela. Não havia como evitá-la. Ela sibilou feito uma cobra e retirou as mãos como se eu fosse um leproso! Bem, desde então eu sei que essa mulher me odeia! Ela tinha perdido o interesse em mim. Não acho que você deva perder o interesse numa pessoa que esteja em depressão profunda. É aí que seu interesse e preocupação devem ser máximos, se você for um amigo de verdade. Acho que tive muito a ver com a construção da carreira dela. Ela só tinha vendido *Um criado a seu dispor* para os Irmãos Marx antes de eu aparecer e lhe arranjar Bill Inge, Carson McCullers e... soa como amargura, e eu não guardo animosidade em relação às pessoas. Espero que não.

MELHORES AMIGAS

Carson McCullers e Jane Bowles foram minhas melhores amigas escritoras. Acho que, se a pobre Carson não tivesse tido aquele derrame precoce quando mal chegara aos trinta anos, teria sido a maior escritora americana. Ela tinha, claro, doenças recorrentes, que reduziam cada vez mais sua energia. Foi algo trágico de se assistir. Durou uns dez anos. Eu a conheci em Nantucket. Tinha escrito uma carta de fã sobre *Member of the wedding*, que achei ótima. Eu conhecia primos dela. A meu convite, ela veio para a ilha como minha convidada. Uma pessoa encantadora! Foi no último ano antes de ela ter o derrame, o ano em que morou na Pine Street, 31, em Nantucket, com Pancho e comigo.

Conheci minha outra grande amiga escritora, Jane Bowles, em Acapulco, no verão de 1940, depois de ter rompido com Kip. Fiz uma viagem ao México numa dessas excursões planejadas econômicas. Fui com um rapaz mexicano que tinha se casado com uma puta americana, sabe? Ele a conheceu na Feira Mundial. A coitada da moça estava apavorada. Era uma doçura de garota, mas era puta e ele não sabia. E ela vinha ao meu quarto durante a noite e me contava que eles estavam tendo problemas sexuais terríveis. Acho que ele era gay, sabe, porque todos os outros homens no carro eram. É um indício bastante bom! Ela dizia que não estavam fazendo sexo, e achou que eu poderia lhe proporcionar algum.

Eu disse: "Receio, meu doce, que não é bem o que eu faço agora, porque, francamente, sou homossexual".

"Ah, tudo bem", ela disse. "Eu sei que a higiene feminina é bem mais complicada!" Deus, achei a resposta muito engraçada! Aparentemente, o casamento deles funcionou de algum jeito. Deixei parte da minha bagagem no porta-malas do carro e, alguns anos mais tarde, depois de eu ficar conhecido com *Algemas de cristal*, ela despachou tudo de volta para mim com um bilhete adorável.

Foi nesse verão no México que eu conheci Jane Bowles. Eu sabia que ela estava lá com Paul. O coitado vivia doente. Não conseguia comer nada no México. Mas há muito pouca coisa lá que se pode comer, ou pelo menos era assim naquela época. Eles eram um casal muito estranho, encantador. Eu adorava os dois. Jane produziu uma obra tão pequena, mas tremenda. E a obra de Paul? Acho que é tão boa quanto qualquer coisa de hoje.

FRANK MERLO

Conheci Frankie por acaso no Atlantic House, em Provincetown, num verão, o verão de 1947, quando estava terminando *Um bonde*. Eu estava no Atlantic House e Pancho, Margo Jones e Joanna Albers estavam lá. Morávamos todos num chalé. Stella Brooks estava cantando no Atlantic House, e eu tinha dado uma saída para a varanda para respirar o ar fresco e a deliciosa névoa marítima que vinha entrando. Frankie saiu logo atrás de mim, debruçou-se na amurada e eu fiquei observando aquele corpo escultural numa Levi's, sabe? Eu era muito direto, como sou em determinados momentos. E simplesmente disse: "Você gostaria de dar uma volta de carro?". Ele deu um sorrisinho e disse que sim. Viera com John Latouche, o compositor de canções.

Então fomos de carro até a praia e transamos. Foi um êxtase, mesmo sendo na areia.

Eu não o vi de novo até que um dia por acaso tropecei com ele numa delicatéssen na Terceira Avenida. Eu estava morando num apartamento desenhado por Tony Smith na rua 58, oeste. Frankie estava com um jovem amiguinho de guerra. Eu disse: "Oi, Frank!". E ele: "Oi, Tenn". Eu disse: "Por que você não me ligou?". E ele respondeu: "Li sobre seu grande sucesso, e não queria que parecesse que eu estava tentando pegar carona no seu carro". Ele e o amigo vieram comigo para aquele maravilhoso apartamento. E Frankie simplesmente foi ficando. Ele vivia a vida tão de perto! Nunca consegui chegar perto assim, sabe. Foi ele que me deu a conexão com a vida dia a dia e noite a noite. Com a realidade. Pôs meus pés no chão. E eu tive isso durante catorze anos, até ele morrer. Foi o período feliz na minha vida adulta.

VIAJAR

Sou irrequieto. Gosto de viajar. Quando Frank Merlo estava vivo, sendo ele siciliano, nós passávamos quatro ou cinco, às vezes seis meses do ano em Roma.

Uma vez me perguntaram por que eu viajava tanto, e eu disse: "Porque é mais difícil acertar um alvo em movimento!".

A COMPETIÇÃO

Eu não compito com Eugene O'Neill nem com ninguém. Meu trabalho tem sua própria categoria. É mais esotérico que o de qualquer outra pessoa, exceto o de Joe Orton. E eu não compito com Joe Orton.* Eu o amo demais.

---

* Entre suas peças estão *O que o mordomo viu, Entertaining Mr. Sloane, Loot* e *Funeral Games*. Em 1967, foi assassinado enquanto dormia por seu amante de longa data, Kenneth Halliwell. Mais tarde naquela noite Halliwell cometeu suicídio. Joe Orton tinha 35 anos.

EUGENE O'NEILL

Atualmente O'Neill não é um dramaturgo tão bom como, por exemplo, Albee. Não creio que ele seja sequer tão bom quanto Lanford Wilson. Eu poderia lhe dar uma boa lista.

Eu gostava do que O'Neill escrevia. Era muito espirituoso e tinha um grande senso de drama. Mas, acima de tudo, era o seu espírito, sua *passion*, que me comovia. E, quando *The iceman cometh* estreou e recebeu péssimas críticas e críticas mistas na melhor das hipóteses em Nova York, eu lhe escrevi uma carta. Eu disse: Ao ler sua peça, a princípio a achei longa demais, depois fui aos poucos percebendo que o tamanho dela, sua massa, é o que lhe dá grande parte de sua força. No final, estava profundamente comovido por ela.

Ele me escreveu uma resposta muito simpática e disse que sempre ficava muito deprimido depois de uma estreia e que tinha apreciado particularmente a minha carta. Mas ela desapareceu, como a maioria das minhas cartas.

BEBIDA

O'Neill tinha um problema terrível com o álcool. A maioria dos escritores tem. Quase todos os escritores americanos têm problemas com o álcool porque há muita tensão envolvida em escrever, você sabe disso. E tudo bem até certa idade, mas então você começa a precisar do pequeno apoio nervoso que consegue bebendo. Agora eu preciso beber moderadamente. Basta olhar as manchas senis que tenho!

NOITES DE ESTREIA

Nas noites de estreia dos velhos tempos, quando eu realmente podia beber... Atualmente não posso beber muito por causa da pancreatite que desenvolvi pelo excesso de bebida, mas quando eu *podia* beber, nas noites de estreia eu carregava uma garrafinha comigo e me mantinha bêbado, então ficava parado em pé no teatro ou me mandava para o bar mais próximo e ficava ali sentado quase até a cortina descer, e aí voltava para o teatro.

Agora eu encaro as estreias com muito mais calma. Se eles estão fazendo um bom espetáculo, e isso geralmente acontece na noite de estreia, eu simplesmente me sento e aprecio. Quando a cortina desce, pego um voo noturno para fora da cidade. Tenho um carro à minha espera com minha bagagem e vou até o aeroporto de LaGuardia ou o Kennedy e pego um voo para Key West.

KEY WEST

É delicioso. Quando fui para lá pela primeira vez em 1941 era ainda mais delicioso que agora. Tenho a quarta parte de um quarteirão lá, sabe? Uma piscina. Um escritório com uma claraboia. Tenho uma pequena casa de hóspedes em forma de cabine de navio, com uma cama beliche. E tenho o meu belvedere, a Casa de Verão Jane Bowles. Tudo de que preciso para viver. É um lugar charmoso, confortável.

HÁBITOS DE TRABALHO

Em Key West eu acordo pouco antes do nascer do sol, como regra. Gosto de estar completamente sozinho na casa, na cozinha, quando tomo meu café e rumino sobre em que vou trabalhar. Geralmente tenho duas ou três peças em andamento ao mesmo tempo, e então resolvo em qual delas quero trabalhar naquele dia.

Vou ao meu escritório. Geralmente tenho um pouco de vinho ali. E então repasso cuidadosamente o que escrevi no dia anterior. Veja bem, querido, depois de uma ou duas taças de vinho fico inclinado a extravagâncias. Tendo a excessos porque bebo enquanto escrevo, então encho os textos de correções no dia seguinte. Aí me sento e começo a escrever.

Meu trabalho é *emocionalmente* autobiográfico. Não tem

relação nenhuma com os fatos reais da minha vida, mas reflete as correntes emocionais dela. Procuro trabalhar todo dia, porque não existe outro refúgio que não escrever. Quando você passa por um período de infelicidade, um caso de amor terminado, a morte de alguém que ama, ou outra desordem na sua vida, então não existe refúgio a não ser escrever. No entanto, quando vem uma depressão de natureza quase clínica, você fica paralisado mesmo no trabalho. Imediatamente após a morte de Frank Merlo, fiquei paralisado, incapaz de escrever, e foi só quando comecei a tomar injeções de estimulantes que consegui sair daquilo. Aí fui capaz de trabalhar feito um demônio. Você conseguiria viver sem escrever, querido? Eu não.

Pelo fato de ser tão importante, se meu trabalho é interrompido, eu viro um tigre raivoso. Isso me irrita demais. Veja, eu preciso alcançar um tom emocional muito alto para trabalhar uma cena dramática.

Ouvi dizer que Norman Mailer falou que um dramaturgo só escreve em breves explosões de inspiração, enquanto um romancista precisa escrever seis ou sete horas por dia. Besteira! Agora, o senhor Mailer está mais envolvido com a forma romance, e eu mais envolvido com a forma peça. Na forma peça, eu trabalho duro e continuamente. Se uma peça me pega eu continuo trabalhando até chegar ao ponto em que não consigo mais decidir o que fazer com ela. Então interrompo o trabalho nela.

DROGAS

Havia um cara jovem muito querido na New Directions chamado Robert MacGregor, que agora está morto. Ele tinha sido paciente do doutor Max Jacobson. Só tomava as pílulas que ele lhe dava. Eu estava num estado de depressão tão profundo que ele achou que valia a pena experimentar qualquer coisa, então me levou ao Jacobson. Foi por meio desse Robert MacGregor que eu tive aqueles três anos de injeções que ele me mandava por correio para as várias partes do país.

Achei, sim, as doses de Max Jacobson maravilhosamente estimulantes para mim como escritor. E durante aqueles três anos na década de 60, antes do meu colapso, escrevi algumas das minhas melhores coisas. As pessoas ainda não sabem, mas eu sabia. Meu colapso esteve relacionado ao fato de eu ter continuado a beber enquanto tomava as injeções. Eu não devia beber. Tinha problemas no coração. O doutor Max Jacobson nunca auscultou meu coração. Nunca tomou meu pulso. Nunca mediu minha pressão. Ele simplesmente olhava para mim. Era mesmo uma espécie de alquimista. Ele ficava me olhando por um longo tempo. Tinha todos aqueles frasquinhos na frente dele. Pegava uma gota de um, uma gota de outro, então me olhava de novo, pegava mais uma ou duas gotas... É claro que o elemento básico era estimulante. Depois de eu tomar a dose, entrava num táxi e meu coração começava a bater forte, então eu precisava tomar um drinque imediatamente ou não conseguia chegar em casa. Senão, morreria no táxi.

SER SOLTEIRO

Acho que isso me deu a possibilidade de praticar minha profissão como escritor. Você sabe o que aconteceu com o coitado do Norman Mailer. Uma esposa atrás da outra, todas aquelas pensões. Fui poupado de tudo isso. Dou dinheiro para as pessoas, dou sim. Mas não poderia ter me permitido pensões, não para todas aquelas esposas. Eu teria que decapitá-las! Ser solteiro possibilitou que eu escrevesse.

HOMOSSEXUALIDADE

Nunca achei necessário lidar com isso no meu trabalho. Nunca foi uma preocupação, exceto da minha vida íntima, privada. No meu trabalho, tenho tido grande afinidade com a psique feminina. Sua personalidade, suas emoções, o que ela sofre e sente. Pessoas que dizem que crio travestis mulheres só falam merda. Francamente. Merda sem sentido. Gosto mais de mulheres do que de homens. Elas respondem a mim mais do que os homens, e sempre foi assim. Entre as pessoas que me amaram, a relação de mulheres para homens é de cinco para um, eu diria.

Sei que existe uma reação de direita contra homossexuais. Mas ao setenta anos não considero mais isso uma questão de prioridade básica. Não que eu queira que algo de ruim aconteça com os homossexuais. Deus sabe que já aconteceu o bastante.

Sempre pensei que escritores homossexuais fossem uma minoria. Até hoje ninguém fez um recenseamento correto do número de homossexuais na população americana. E nunca conseguirão fazer, porque ainda há muita gente no armário, alguns trancados com toda a segurança. E ainda é perigoso ser abertamente homossexual.

IR À CAÇA

Eu gostava de sair à caça, mais pela companhia de Donald Windham do que pelo que realmente conseguíamos. Afinal, uma pessoa com quem você transa é simplesmente uma pessoa com quem você transa. Mas era muito gostoso estar junto de um amigo como Windham. Sempre percebi que ele tinha um quê para a putaria. E é por isso que minhas cartas para ele tinham uma grande dose de humor malicioso. Eu sabia que ele gostava disso. E, já que estava escrevendo para uma pessoa que apreciava esse tipo de coisa, procurava diverti-lo com isso. É claro que eu não sabia que ele *colecionava* minhas cartas! E não sabia que estava abrindo mão dos direitos autorais. Fico feliz que as cartas tenham sido publicadas, porque elas são lindas, acho. E fiquei muito triste por eles terem fechado a *London Magazine* com aquele processo judicial.*

Costumava haver um lugar no Times Square chamado Crossroads Tavern, bem perto de outro chamado Diamond Jim Brady's. O lugar estava fechando, e nessa ocasião aqueles marinheiros enormes, bêbados, vieram e nos escolheram. Não fomos nós que os escolhemos. Eu não tinha atração por eles. Eu não queria e me sentia bem pouco à vontade com a situação. Mas Windham sempre foi atraído por marinheiros rudes.

Bom, Windham estava hospedado no Claridge Hotel, que já não existe mais, na região do Times Square. Ele estava morando com o pintor Paul Cadmus, ocupando um quarto com ele, e foi por intermédio de Paul Cadmus que ele conheceu Sandy Campbell.** Naquela noite, não era conveniente para Cadmus ter Donald Windham no seu apartamento, então ele lhe arranjou um quarto no Claridge. E Donald levou dois marinheiros e eu para lá.

Fui ficando mais e mais desconfiado, porque no saguão de entrada os marinheiros disseram: "Nós vamos subir pelo elevador e vocês esperam dez minutos, então encontramos vocês no corredor". Ou algo assim. Foi muito suspeito, mas eu estava meio alto e Donald também.

Subimos para o quarto, e foi um acontecimento realmente bestial. Odiei cada minuto. Finalmente, depois de terem arrancados os fios de telefone da parede, eles me encostaram numa parede com uma navalha enquanto enchiam Windham de porrada; arrancaram um dente dele, deixaram os dois olhos pretos, enfim,

---

* Quando Donald Windham publicou *Tennessee Williams' letters to Donald Windham: 1940-1965* (Nova York: Holt, Rinehart e Winston, 1977), Dotson Rader escreveu um ensaio para a *London Magazine* resenhando as cartas. O texto criticava Windham, que respondeu com um processo judicial.
** Sandy Campbell é amigo e companheiro de Windham.

quase o mataram de tanto bater. E eu ficava dizendo: "Ah, não façam isso, não batam mais! Ele é tuberculoso!".

Então eles disseram: "Agora é a sua vez!", e botaram o coitado do Windham de pé contra a parede, todo ensanguentado, enquanto quase me mataram de porrada. Cheguei a ter uma concussão de tanto me baterem. Depois, só me lembro de estar no pronto-socorro da Cruz Vermelha da ACM onde eu vivia.

KIP

Kip era muito honesto. Eu o amava e acho que ele me amava. Ele tinha fugido do serviço militar no Canadá. Queria muito ser dançarino e sabia que não o conseguiria se fosse para a guerra. Quando a guerra acabasse, seria tarde demais para ele estudar dança. Você entende, ele era um rapaz de 21 ou 22 anos quando a guerra aconteceu.

Escrevi uma peça chamada *Something cloudy, something clear* sobre Kip. Nela, o cenário é muito importante. Envolve uma cabana de praia, desbotada e sem mobília, na qual o escritor, que representa a minha pessoa, mas se chama August, está trabalhando numa máquina de escrever portátil apoiada num velho caixote. Ele dorme num colchão no chão. Junto com esse cenário há o chão de outra cabana de praia que foi derrubada pela força do vento. Esse chão, porém, constitui uma plataforma que Kip costumava usar para dançar, praticando ao som da minha vitrola. O subtítulo da peça é *The silver victrola.*

Eu prefiro o título *Something cloudy, something clear* porque ele se refere aos meus olhos. Na época, meu olho esquerdo estava nebuloso porque eu começava a desenvolver catarata. Mas meu olho direito era claro. Era como dois lados da minha natureza. O lado obsessivamente homossexual, compulsivamente interessado em sexualidade, e o lado que naquela época era gentil, compreensivo e contemplativo. De modo que o título é pertinente.

Agora, essa peça foi escrita sob a perspectiva de 1979, sobre um garoto que eu amei e que agora está morto. O autor [August] sabe que é 1979. Sabe que Kip está morto e que a moça com quem Kip dança está morta. Eu inventei a moça. Ocasionalmente durante a peça o autor em cena faz referências que deixam Kip e a moça intrigados. Mas o autor é o único que percebe que na verdade se passaram quarenta anos, o rapaz e a moça estão mortos e ele sobreviveu, ainda sobrevive. Aconteceu no verão de 1940, e é uma peça muito lírica, provavelmente a mais lírica que eu escrevi em muito tempo.

Kip morreu aos 26 anos. Foi logo depois de eu completar minha abortiva relação profissional com a MGM. O telefone tocou e uma senhora histérica disse: "Kip tem mais dez dias de vida". Um ano antes tinham me dito que ele fizera uma operação bem-sucedida de um tumor cerebral benigno.

Ele estava no Polyclinic Hospital, perto da Times Square. Você sabe como o amor explode de volta no seu coração quando você fica sabendo que a pessoa amada está morrendo.

Quando entrei no quarto de Kip, uma enfermeira estava lhe dando comida na boca: uma sobremesa de damascos açucarados. Ele nunca estivera tão lindo. A mente dele parecia tão clara quanto seus olhos azuis eslavos.

Conversamos um pouco. Então eu me levantei e estendi a mão para ele, e ele não conseguiu achar a minha mão, eu é que tive que pegar a dele.

Depois que Kip morreu, o irmão dele me mandou, do Canadá, fotos dele posando para um escultor, e elas ficaram na minha carteira por uns vinte anos. Desapareceram misteriosamente nos anos 60. Bem, Kip mora nos restos do meu coração.

HEMINGWAY E FITZGERALD

Hemingway tinha um notável interesse e compreensão da homossexualidade para um homem que não era homossexual.

Eu acho que tanto ele como Fitzgerald tinham em si elementos de homossexualismo. Eu me aproveitei disso na minha reelaboração de *Clothes for a summer hotel*.

Você já leu "A simple inquiry", de Hemingway? Bem, é sobre um oficial italiano nos Alpes na Primeira Guerra Mundial. E ele obviamente está privado de companhia feminina. Ele tem um ordenança, um ordenança jovem e muito atraente. E deseja o ordenança. Pergunta ao rapaz, sem rodeios: "Você se interessa por garotas?". O rapaz entra em pânico por um instante e diz: "Ah, sim, eu estou noivo e vou me casar". E sai da sala, então o oficial italiano diz: "Estou pensando, será que esse pequeno filho da puta não está mentindo?".

A frase final de *As ilhas da corrente*, de Hemingway, é um homem dizendo "eu te amo" a outro homem. Isso não queria dizer que eles tinham relações homossexuais, embora Gertrude Stein insinuasse que Hemingway tinha. Mas isso tem alguma importância? Não acho que tenha.

Sabe o que ele disse de Fitzgerald? Hemingway disse: "Fitzgerald era bonito. Ele tinha uma boca que perturbava a gente quando o conhecíamos, e perturbava mais ainda depois".

Fitzgerald interpretou um papel feminino no Princeton Triangle Club, e há um retrato dele vestido de mulher que é mais feminino do que qualquer mulher que você tenha visto. Fitzgerald nunca teve um caso com ninguém a não ser sua esposa. No final, houve Sheila Graham, mas será que ele dormiu com ela? Duvido. Em todo caso, não acho que a sexualidade dos escritores seja tão interessante. Ela não tem efeito, posso lhe dizer isso. Há muito poucos exemplos em que ela tenha algum efeito na capacidade de retratar qualquer um dos sexos. Sou capaz de escrever tanto sobre homens como sobre mulheres, e sempre projeto a mim mesmo através de qualquer um dos sexos sobre o qual esteja escrevendo.

164

FIDEL CASTRO

Só me encontrei com Fidel Castro uma vez, e foi por intermédio de Hemingway. Quando me encontrei com Hemingway, me encontrei com Castro. Eu estava em Havana durante o primeiro ano do regime dele. Castro teria permanecido amigo dos Estados Unidos se não fosse aquele filho da puta do John Foster Dulles, que tinha fobia de qualquer coisa revolucionária. Ele aparentemente achava que o senhor Batista — um sádico que torturou estudantes até a morte — era muito divertido.

Eu me encontrei com Hemingway por meio de Kenneth Tynan no restaurante Floridita, em Havana. Tivemos um encontro muito agradável. Ele deu a nós dois uma carta de apresentação a Castro. Hemingway disse que aquela era uma revolução boa. E se o senhor Dulles não tivesse isolado Castro, teria sido.

Castro foi um cavalheiro. Era um homem educado. Ele me apresentou a todo o gabinete cubano. Ficamos três horas nas escadarias esperando a reunião de emergência do gabinete terminar. Quando ele nos apresentou, virou-se para mim e disse: "Ah, aquela *gata*!", e deu uma piscadela. Ele se referia a *Gata em teto de zinco quente*, é claro. Achei aquilo muito acolhedor.

JOHN F. KENNEDY

Conheci o presidente Kennedy por meio de Gore Vidal, na propriedade da família em Palm Beach, antes de ele ser presidente. Depois me encontrei com ele na Casa Branca, onde deu uma grande festa com jantar para André Malraux e convidou todo mundo da área literária, toda gente de teatro.

John Kennedy foi um grande cavalheiro, um homem realmente bom e gentil. Quando estávamos a caminho da casa dele fomos surpreendidos por um terrível trânsito. Gore Vidal não era um motorista particularmente bom, embora às vezes seja bom escritor. Então chegamos uma hora atrasados para o almoço com o senhor Kennedy, e ele agiu como se tivéssemos chegado na hora. Seus modos eram impecáveis, e Jackie era muito charmosa, e ainda é, presumo, embora não a veja há muito tempo.

A CASA BRANCA DE CARTER

A primeira vez que fui lá foi em alguma ocasião em que a indústria cinematográfica estava sendo homenageada. Nessa época, os Carter ainda não estavam acostumados com o entretenimento. Ele é relativamente abstêmio, o senhor Carter, o que para mim é uma falha grave. Só tivemos autorização de tomar um copo muito pequeno do que deveria ser um *chablis* da Califórnia. Virei meu copo num único gole e tentei descobrir como arranjar um pouco mais. Só havia vinho. Nenhuma bebida mais forte. Nada. Mas só se podia beber um copo. Então cheguei perto de Sam Spiegel, que é um cavalheiro, e disse: "Sam, você pode ficar na frente da mesa e me passar disfarçadamente outro copo de vinho?". Eu me escondi atrás de Sam e ele me passou vários copinhos, que me ajudaram a ultrapassar aquela noite.

Mais tarde, quando estive na Casa Branca, os Carter tinham começado a servir champanhe. Mas nunca chegaram perto de bebida forte.

Acho que Jimmy Carter era um grande humanitário, e seu segundo mandato poderia ter sido maravilhoso comparado ao que temos. Eu achava que a preocupação dele com direitos humanos era certa, e lamento que nosso governo a tenha abandonado.

Não creio que o pessoal que tem muito dinheiro quisesse o senhor Carter de novo. Ele não era flexível o bastante.

JANE WYMAN

Jane Wyman esteve no filme *Algemas de cristal*. Ela se casou com Ronald Reagan. A moça sem nariz se casou com o homem sem cérebro!

HOLLYWOOD

A maioria dos meus filmes foi sujeita a um excesso de censura. Que é uma das razões de eu talvez estar interessado em ver o *Um bonde* filmado de novo por Sidney Lumet, agora que Kazan parou de dirigir. Mas eu precisaria de um grande Stanley, e a única pessoa que mencionaram até agora foi Sylvester Stallone, e eu não vou prestar muita atenção a esse projeto de refilmagem de *Um bonde* até ter um Stanley apropriado, e uma atriz muito boa para interpretar Blanche.

Na década de 40, tive uma época gloriosa em Hollywood porque fui despedido quase imediatamente do projeto em que trabalhava e eles tiveram de continuar me pagando. Estava no meu contrato. Durante seis meses tiveram de me pagar duzentos e cinquenta dólares por semana. Isso foi em 1943, quando duzentos e cinquenta dólares era o equivalente a cerca de mil dólares agora, acho. Eles tinham de me pagar eu tendo ou não algum trabalho a fazer.

Primeiro me puseram em *Felicidade vem depois*, escrevendo para Lana Turner. Bem, eles manifestaram grande satisfação com meu diálogo, e eu acho que estava bom. Mas aí disseram: "Você dá palavras com muitas sílabas para a senhorita Turner!". Então eu disse: "Bem, algumas palavras *de fato* contêm mais de uma sílaba!", e Pandro Berman, que gostava muito de mim — acontece que Lana Turner era namorada dele na época —, me disse: "Tennessee, Lana consegue encarar duas sílabas, mas tenho medo de que se você usar três vai castigar o vocabulário dela!".

Então me perguntaram se eu gostaria de escrever um roteiro para uma estrela infantil, chamada Margaret O'Brien. Eu disse: "Prefiro me matar". A essa altura eu já sabia que ia receber os duzentos e cinquenta dólares independentemente de qualquer coisa.

Então fiquei morando em Santa Mônica, e foi uma festa até o dinheiro acabar.

ELIZABETH TAYLOR

Monty Clift foi uma das maiores tragédias entre os atores, maior até que Marilyn Monroe, acho. Uma das coisas mais adoráveis em Elizabeth Taylor era sua excepcional delicadeza com ele. Muitas mulheres foram delicadas com ele. Katherine Hepburn. Mas especialmente Elizabeth Taylor. Ela é uma pessoa muito querida. É o oposto de sua imagem pública. Não é sacana, mesmo que a vida dela tenha sido um inferno. Trinta e uma operações, acho. Dor e mais dor. Ela é tão delicada — frágil, na verdade.

Eu a vi em Fort Lauderdale na estreia de *As pequenas raposas*, de Lillian Hellman, e ela sustentou aquele palco como se sempre tivesse sido atriz de palco. Mas tem uma pequena deficiência de humor. Eu sabia que ela ia captar aquele humor, tinha esperança de que captasse. E estreou tão bem em Washington que eu acho que ela deve tê-lo captado.

Sei que você acha que Lillian Hellman é uma dramaturga limitada. Mas *Hellman* não acha isso, acha? Não! Após a estreia, quando vi que Liz Taylor era capaz de atuar num palco, houve uma festa enorme, com champanhe de verdade! O diretor estava sentado perto de mim na mesa. Ele disse que precisava se levantar e chamar Hellman.

Eu disse: "Bem, diga a ela que quero uma parte dos royalties dela!".

Então ele lhe deu o recado e voltou para a mesa com um sorriso: "Hellman pediu para lhe dizer que o cheque já está no correio!".

Ela é uma mulher engraçada e uma dramaturga habilidosa. Várias das peças dela são extremamente habilidosas... Ouvi dizer que ela está com um enfisema. Quem *não está* doente? Todos estão doentes e morrendo!

WILLIAM INGE

Bill Inge foi uma pessoa trágica. *Trágica.* Os críticos o tratavam com crueldade. Eram brutais. Eu sempre achei que ele escreveu duas peças maravilhosas. *Come back, little Sheba* era uma peça brilhante. Foi quando eu o apresentei a Audrey Wood. E aí ele escreveu uma peça em que uma criança mata a mãe, uma obra brilhante. *Natural affection*, ou algo assim.

Eu o conheci em St. Louis. Voltei lá durante a temporada de *Algemas* em Chicago, e ele me entrevistou para um jornal chamado *Star-Times* de St. Louis. Era o crítico de teatro e de música do jornal. Ele me acompanhou e me entreteve bastante na semana que passei lá. Ficamos amigos.

No fim de sua vida, Barbara Baxley, com quem tentou ter um caso heterossexual e que gostava muito, muito dele, me chamou e disse que Inge estava numa situação desesperadora na Califórnia. "Ele está dormindo com montes de barbitúricos debaixo do colchão. Só se levanta para beber, e aí volta para a cama."

Eu disse: "Ele está a caminho do suicídio".

Ela disse: "Eu sei. Ele se interna voluntariamente, aí se dá alta no dia seguinte".

"Quem está com ele?"

"A irmã dele", ela disse. "Quero que você ligue para a irmã dele e diga que ela precisa interná-lo."

Então, depois de consultar Maureen Stapleton, que disse que eu devia fazer isso, eu de fato liguei para a irmã dele, e ela disse: "É isso mesmo, é assim que as coisas estão". Ela estava cochichando. Eu disse: "Mal posso ouvir você. Por que está cochichando assim?".

Ela respondeu: "Porque nunca sei se ele está acordado ou dormindo".

Eu disse: "Então escute. Leve-o para um hospital. Não deixe que ele se interne. *Você* interna ele. Senão, ele vai acabar se matando!".

Bem, um mês depois, em Roma, li uma manchete no *Daily American* de Roma dizendo que Bill Inge estava morto. Ele tinha se asfixiado deixando o carro com o motor ligado numa garagem fechada.

Fitzgerald, Hemingway, Hart Crane, Inge... ah, as ruínas! Os destroços! A vida de um escritor americano perto do fim é simplesmente apavorante! Os últimos anos de Hemingway foram um pesadelo. Ele tentou entrar na turbina de um avião. O fim de Fitzgerald não foi muito melhor, apesar de ser menos dramático... Uma vez que ficam conhecidos, todo mundo quer um pedaço deles.

CHRISTOPHER ISHERWOOD

Eu o conheci nos anos 40, na Califórnia. Naquela época ele estava envolvido no vedanta, uma coisa religiosa oriental. Vivia num mosteiro. Eles ficavam períodos em silêncio e meditação, sabe. Na noite que o conheci, por meio de uma carta de Lincoln Kirstein, cheguei durante um desses períodos de silêncio. O monge que abriu a porta me deu um lápis e um papel para escrever do que se tratava e quem eu tinha ido ver. Escrevi *Christopher Isherwood*, e eles me olharam com considerável desconfiança dali por diante.

Naquela sala grande do mosteiro, todo mundo estava sentado em... como é que chamam aquilo? Posição de lótus? Inclusive Christopher. Todos observavam estritamente o voto de silêncio. Não saquei aquela cena.

De repente fiz uma referência em voz alta sobre Krishna. Eu não sabia quem era, só estava querendo quebrar o silêncio. Christopher se levantou e escreveu num pedaço de papel: "Procuro você amanhã". Ele foi muito educado e me levou até a porta.

É um escritor soberbo, e eu não faço ideia por que passou esse período num mosteiro. Acho que foi uma época infeliz na sua vida. Parece que o caso dele com Bill Caskie estava terminando, ou tinha terminado, e ele ainda não tinha conhecido Don Bachardy. Ele era muito solitário. Então foi para esse mosteiro em que se fazia um voto de silêncio e pobreza.

Achei Chris muito atraente, não tanto no aspecto sexual, mas como pessoa. Carismático. Brilhante. E um dos maiores cavalheiros que já conheci. Assim, estando atraído por ele, eu me declarei.

Então descobri que outro voto que faziam naquele lugar era de abstinência sexual! Christopher me disse: "Tennessee, tudo bem eu me submeter *passivamente* a intercurso oral, mas não posso executar. Eu estaria quebrando o voto!". Uivei de tanto rir, e ele também. Então cimentamos nossa amizade.

YEVTUSHENKO

O que aconteceu com ele? Ele ainda conta com o apoio dos soviéticos?

Quando estava nos Estados Unidos, Yevtushenko me pediu para almoçar com ele. Pediu garrafas de Château Lafite Rothschild. E a conta era tão grande que ocupava três páginas! Fiquei com aquilo entalado. Disse-lhe que ele era uma porra de um porco capitalista!

Ele estava acompanhado de um gordo gourmand metido a tradutor que não traduzia nada. Yevtushenko falava e entendia inglês perfeitamente. E o dito tradutor não entendia coisa nenhuma, exceto de comer e beber como um capitalista rico!

Ouvi muita gente falar contra Yevtushenko. Não sei até onde se pode confiar nele, mas é charmoso à sua maneira. Se você puder arcar com os custos.

TRUMAN CAPOTE

Conheci Truman em 1948, acho. Ele tinha acabado de publicar *Outras vozes, outros lugares*. Achei que ele era muito bonitinho, magro, com aquela língua maravilhosamente espirituosa e um tanto maliciosa. Depois de um tempo, fiquei bravo com ele. Ele disse algo cruel sobre Frankie. Frank Merlo, Jack Dunphy, que era amigo de Truman, e eu estávamos todos viajando no meu Buick Roadmaster conversível. Tínhamos chegado a Nápoles. Num restaurante, de frente para o mar, ele disse alguma coisa muito cruel, e eu disse: "Não vou prosseguir até Ischia com esse sujeito". Alguns dias depois, Frankie me convenceu a ir. E acabamos indo.

Depois disso, não é que eu tenha deixado de gostar de Truman, simplesmente percebi que às vezes ele tinha aquele impulso de ser sacana. Acho que é porque ele é um sujeitinho que foi muito sacaneado, especialmente enquanto crescia. Sabe, ele comete o erro de declarar que nasceu em Nova Orleans, e dá entrevistas, até mesmo mostra a casa onde nasceu. E todo mundo sabe que ele nasceu em Huntsville, Alabama. Todo mundo em Huntsville fala dele. Todo mundo sabe, está registrado.

Agora, por que ele faz essas coisas? Acho que é porque o pobre homenzinho gosta de mistério, gosta de confundir as pessoas acerca dele mesmo. Bem, Truman é um mitólogo, querido, você sabe disso. É um jeito educado de dizer que ele inventa. Eu o amo demais para dizer que é mentiroso. Isso é parte da profissão dele.

MINHA AVENTURA MAIS ENGRAÇADA

Eu estava sozinho em Miami. Frank [Merlo] ainda não chegara de Nova York. Eu ia ficar em Miami até ele chegar e me levar para Key West.

Era de noite, e eu estava me sentindo sozinho. Caminhei até Biscayne Boulevard. Há um parque por ali. E aquele jovem vagabundo estava estirado num banco. Acho que era meio retardado mental, o pobre garoto. Comecei uma conversa com ele. Ele não parecia muito inteligente, mas era apresentável. Eu disse que estava só, será que ele gostaria de me acompanhar até o meu hotel? Ele disse que sim. Bem, assim que passamos por um poste com luz eu vi que ele jamais passaria pela recepção do hotel, porque as roupas dele estavam em farrapos. Então sugeri que fôssemos até a piscina, onde eu tinha uma cabine de banho. Fomos até lá, e de repente ele arrancou a carteira do meu bolso. Acontece que eu só tinha sete dólares nela. Então ele tentou arrancar meu relógio. O fecho era muito simples, mas ele não conseguiu abrir. Finalmente ele desistiu. Eu não estava com nem um pouco de medo, não sei por quê. Estava usando um anel com três diamantes, que ele também não conseguiu tirar. O anel ficava apertado no meu dedo. Então eu disse: "Esta é uma situação muito boba. Tenho centenas de dólares lá em cima no meu quarto. Você fica aqui sentado descansando, eu vou até lá rapidamente e volto com um bom dinheiro para você". A essa altura eu já tinha percebido que ele era um imbecil.

Bem, eu voltei até o meu quarto no hotel, tranquei a porta e fui para a cama. E de meia em meia hora, a noite inteira, o telefone tocava e ele dizia: "Ainda estou esperando!". Finalmente eu disse: "Queridinho, vá consultar um médico. Você realmente achou que eu ia voltar com cem dólares para você?". A essa altura, eu já estava gostando do coitado do garoto.

É a aventura mais engraçada que tive. "Ainda estou esperando!" Ele pode estar lá até hoje.

HUMOR

Sabe, com o avançar da idade acho o humor cada vez mais interessante. Especialmente o humor negro. Eu chamo minha peça atual, aquela na qual estou trabalhando [*The everlasting ticket*], de comédia gótica. Meu humor no teatro é gótico. Faço algumas observações sérias, até mesmo trágicas, sobre a sociedade, mas por meio da comédia.

OS RICOS

Meu sentimento em relação aos ricos não é de raiva, mas tenho uma sensação de que eles são limitados emocionalmente. Vivem num mundo muito estreito, artificial, como o mundo de Gloria Vanderbilt, e ela pode ser muito desagradável, sabe? Ou o de Oscar de la Renta, que é o mais chocante de todos. Eles são a madame Du Barry da nossa época! Você menciona Oscar de la Renta para mim e eu fico vermelho de raiva. Eles são basicamente gente muito comum, sabe? Eu sei de onde ele é e como começou, e também sei tudo sobre de onde ela é. Agora, eles pensam que são a melhor coisa desde a invenção da roda. Eu os considero um sintoma ultrajante da nossa sociedade, o mais raso e mais superficial, a falta e o medo de qualquer profundidade que caracterizam nossa era, esta década. Me deixa perplexo.

Os anos 60 foram uma década de grande vitalidade. O movimento dos direitos civis, o movimento contra a guerra e o imperialismo. Quando eu disse a Gore Vidal: "Eu dormi durante toda a década de 60", estava fazendo uma piada fraca. Eu tinha plena consciência do que se passava. Até mesmo no pavilhão dos violentos eu lia avidamente os jornais. Havia gente jovem corajosa lutando contra o privilégio e a injustiça. Agora temos os De la Renta.

OS UNIVERSITÁRIOS DE HOJE

Atualmente eles não se fazem notar. Parecem ser totalmente reacionários, como os ricos. Aqueles que eu conheci raramente parecem diferentes de seus pais em atitudes e valores.

Nos anos 60, ou mesmo no início dos 70, os jovens que conheci pareciam estar em revolta contra os costumes e as ideias sociais de seus pais. Pode ser apenas uma ilusão, mas hoje parece que os jovens têm medo de se desviar do modo de vida e do pensamento de seus pais. É a geração EU-EU-EU. Egoísmo. Uma completa falta de interesse pelo que está se passando no mundo. Nenhum interesse no que está se passando em El Salvador, essa junta militar apoiada pelo nosso governo, cujas tropas invadem aldeias e matam camponeses! Os jovens americanos não se importam. Na Guatemala, estão matando quatrocentas pessoas por dia, embora ninguém mencione isso. Honduras. Será que essa geração não liga? Sabemos por que Allende foi assassinado, como e por quê. Toda a América Latina está em luta, e a geração EU-EU--EU parece não se importar.

Os anos 60 foram intensos, vívidos! Estávamos realmente avançando rumo a uma sociedade justa, que funcionava. Mas aí veio Nixon e tudo voltou à velha rotina da plutocracia.

PALESTRAS

Não dou palestras formais, embora eles as chamem assim. Simplesmente faço leituras formais. Uma vez fui à Universidade do Tennessee em Knoxville com uma palestra preparada. Quando cheguei lá, descobri que tinha deixado o texto em casa. Então tive de subir no palco e improvisar, o que deixou os professores furiosos. Eles se sentiram insultados! Knoxville, como qualquer outra cidade acadêmica, é muito reacionária.

O ESTADO DA CULTURA

A literatura ficou em segundo plano em relação à televisão, você não acha? Ficou mesmo. Nós não temos mais uma cultura que favoreça a criação de escritores, ou que os apoie muito bem. Quer dizer, artistas sérios. Na Broadway, o que querem são comédias baratas, musicais e remontagens. É quase impossível conseguir que um trabalho sério seja produzido, e podemos considerar sorte se tivermos uma temporada de uma semana. Eles acabaram com a *Lolita* de Albee. Nunca li críticas tão cruéis. Mas senti que foi um erro fazer uma adaptação. Ele é brilhante em obras originais suas. Mesmo assim, acho que existe um modo de expressar os desprazeres críticos com uma peça sem ser tão duro, tão cruel. Os críticos estão literalmente matando os escritores.

ARREPENDIMENTOS

Ah, meu Deus, como os tenho, querido! Mas não consigo pensar neles agora. Tantas coisas para me arrepender. Mas há, creio, *poucas* que se pode mudar na vida. Há muito poucos atos de volição. Não acredito em culpa individual. Não acho que as pessoas sejam responsáveis pelo que fazem. Somos produto das circunstâncias que determinam o que fazemos. É por isso que considero a pena capital uma violência. Mas o crescimento populacional e o aumento do crime se intensificaram de tal forma que não há prisões suficientes para se colocar todo mundo. Prisões. Assassinatos. No entanto, eu não acredito em culpa individual, e às vezes me pergunto se acredito em culpa coletiva. Ainda assim, acho que uma pessoa inteligente, o indivíduo moral, precisa evitar o mal, a crueldade e a desonestidade. Pode-se tentar seguir um caminho de virtude. Isso nos resta, espero.

PRÊMIO NOBEL

Vou lhe dizer por que acho que não ganhei.

Ouvi que tinha sido indicado várias vezes nos anos 50. Mas de repente aconteceu um escândalo. Aquela senhora, eu a chamo de Cigana Crepe de Chine, foi para Estocolmo. E me seduziu para ir também dizendo que estava morando num hotelzinho charmoso perto do mar, e que eu teria minha própria suíte com entrada privativa. Sugeriu que eu teria dias fantásticos, se você entende a que eu me refiro — eu estava no auge da fama na época —, mas usou meu nome como pretexto para se cercar de todas as pessoas que queria conhecer e que não tinha como. Posteriormente, ela se revelou uma dominatrix! Bem, ela estava com toda a imprensa lá. Era como um marechal de campo. "Você fica ali! E você ali! Não se aproximem do senhor Williams até eu lhes dar o sinal!" Ladrando ordens. Ah, foi aterrorizador. Na manhã seguinte, todos os jornais saíram dizendo que o senhor Williams tinha chegado a Estocolmo precedido por uma assessora de imprensa muito poderosa! E meu agente na Escandinávia, Lars Schmidt, que se casou com Ingrid Bergman, disse: "Sabe, você foi indicado para o prêmio Nobel, mas agora acabou". O escândalo foi horrível, a imprensa foi agredida, e eles me associaram àquela mulher horrorosa.

Bem, ninguém *precisa* ganhar o prêmio. Teria sido bacana porque é bastante dinheiro, não é? Seria útil se eu tivesse ganhado.

TRABALHO ATUAL

Tenho estado ocupado com a produção da nova peça, *A house not meant to stand*. Para mim, uma produção é um acontecimento que eclipsa todo o restante, até mesmo completar setenta anos. Adoro o Goodman Theater e vou trabalhar de novo com eles. Já estamos planejando mudar esta peça para o palco principal e montar *Something cloudy, something clear*, sobre o verão em que conheci Kip no Cape, apesar de ter acrescentado outros personagens além de nós dois.

E tenho uma peça importante, *In masks outrageous and austere*. É um verso de um poema de Eleanor Wiley. É assim: "In masks outrageous and austere/ the years go by in single file;/ Yet none has merited my fear,/ and none has quite escaped my smile".*

Acontece que o verso se encaixa na peça, que tem uma boa

---

* Em máscaras, ultrajantes e austeros/ Os anos passam em registro único/ Todavia, nenhum mereceu meu medo,/ e nenhum conseguiu fugir ao meu sorriso. (N. T.)

dose de poesia; no entanto, a situação é completamente bizarra. A peça fala da mulher mais rica da terra. Seu nome é Babe Foxworth. Ela não sabe onde está. Foi sequestrada e levada até a costa leste do Canadá. Mas eles não sabem onde estão. Foi construída uma aldeia como um cenário de cinema para iludi-los. Tudo é feito de modo a confiná-los e enganá-los enquanto seu marido está sendo investigado. Babe é realmente uma pessoa admirável, além de sua hipersexualidade, embora isso possa ser admirável. Eu acho que é! É uma tortura para ela, porque seu marido é gay e levou junto seus namorados. Acho que é uma peça extremamente engraçada.

CONSELHO PARA JOVENS DRAMATURGOS
O que você não deveria fazer se fosse um jovem dramaturgo? *Não deixe o público entediado!* Quer dizer, mesmo que você tenha de recorrer a um assassinato totalmente arbitrário no palco, ou a uma troca de tiros sem sentido, pelo menos prenda a atenção deles e os mantenha acordados. Simplesmente mantenha a coisa em movimento do jeito que der.

O PESSOAL DA GRANA
Sabe qual é o aspecto mais difícil da dramaturgia? Vou lhe dizer. *É tratar com o pessoal da grana.* A questão comercial é a parte mais assustadora. As exigências de mudanças e reescrita de partes não me incomodam se forem feitas pelo diretor, e acho que são exigências inteligentes. Mas, quando o pessoal da grana entra em cena, você está em apuros.

MINHA PEÇA MAIS DIFÍCIL
Acho que *Clothes for a summer hotel* foi a mais difícil de escrever, de todas as minhas peças. Por causa da documentação que tive de consultar. Precisei passar quatro ou cinco meses len-

do tudo que havia sobre Fitzgerald e Zelda. Há uma quantidade enorme de material. Finalmente, quando ela estava escrita, tive de cortar uma hora da peça já em cartaz. José Quintero estava num estado de saúde muito frágil, e após cada estreia ele precisava sumir. Então tive de fazer aquilo sem ajuda nem conselho de ninguém. Cortar uma hora da peça. Aí tive de começar a reescrevê-la. A cena que os críticos atacaram mais violentamente foi aquela entre Hemingway e Fitzgerald. Mas é parte integral da peça, porque cada um foi uma figura central na vida do outro. Eu achava o confronto entre ambos indispensável. Agora reescrevi a peça mais uma vez, e reelaborei a cena, não tanto em duração como em conteúdo, deixando-a mais objetiva.

ZELDA FITZGERALD

O grande caso de Zelda foi com aquele aviador francês. Foi sua primeira infidelidade a Scott, e provavelmente a única. Foi agressivo, porque ela estava se liberando por meio da infidelidade daquele amor possessivo que Scott tinha por ela. E pela primeira vez ela experimentava um êxtase erótico. Ela nunca o vivenciou com Scott. Zelda costumava se queixar com o pobre de que ele era sexualmente inadequado.

Ela assustou o aviador com a violência de suas reações. Ultrapassava qualquer limite por ele. Tentou se matar engolindo o conteúdo de um frasco de morfina ou algo assim. O aviador deu o fora apavorado.

Zelda também era antissemita, como a maioria das mulheres do Sul, e um pouquinho disso entra na peça. Eu achei que não podia deixar isso de fora e procurei fazer um retrato fiel dela. Eu faço um único comentário antissemita na peça, que é sobre Sheila Graham, cujo verdadeiro nome é Lili Sheil.

No teatro, você raramente se atreve a usar a palavra judeu, e é realmente uma desvantagem para um povo tão bacana que eles se assustem tanto com qualquer crítica, embora após o Holocausto tenham motivos para isso. Não tenho sentimentos antissemitas, mas eles existem em outras pessoas, e é difícil apresentar uma imagem do mundo tal como realmente é sem de vez em quando permitir que esses sentimentos tenham voz.

FILHOS

Eu fico feliz por nunca ter tido filhos. Houve exemplos demais de extrema excentricidade e até mesmo de loucura na minha família dos quatro lados para que eu queira ter filhos. Considero-me afortunado por nunca os ter tido.

Rose, Dakin e eu somos os últimos de duas linhas sanguíneas diretas, a família Dakin e a Williams. E nós três não temos filhos.

LIDAR COM A SOLIDÃO

Não é fácil. Apesar de eu ter alguns amigos próximos. A gente consegue se virar com poucos. E quanto ao sexo? Não sinto que ainda precise muito disso. Sinto muito a falta de um companheiro. Nunca vou ficar sem ninguém comigo, embora baste ser alguém que goste e cuide de mim; não será mais uma coisa sexual.

MORTE

Todo mundo tem medo dela, mas eu não tenho mais do que a maioria das pessoas, suponho. Estou começando a me acostumar com ela. No entanto, eu *não* me acostumo com o fato de morrer antes de meu trabalho estar terminado. Tenho uma vontade muito forte. Nos últimos anos, houve ocasiões em que poderia ter ido embora. Mas minha vontade me força a continuar, porque tenho trabalho inacabado.

Joseph Brodsky

Joseph Brodsky foi entrevistado no seu apartamento em Greenwich Village, em dezembro de 1979. Tinha a barba por fazer e parecia aflito. Estava em meio à revisão das provas de seu livro — *A part of speech* — e disse que já tinha estourado todo prazo concebível. O chão de sua sala de estar estava atulhado de papéis. Sugeri que a entrevista fosse feita numa hora mais conveniente, mas Brodsky não aceitou.

As paredes e superfícies livres de seu apartamento estavam quase que inteiramente tomadas por livros, cartões-postais e fotografias. Havia numerosas fotos de um Brodsky mais jovem, com Auden e Spender, Octavio Paz e diversos amigos. Acima da lareira, duas fotos emolduradas, uma de Anna Akhmatova, outra de Brodsky com seu filho, que permanece na Rússia.

Ele preparou duas xícaras de café solúvel. Sentou-se numa cadeira disposta junto à lareira e manteve a mesma postura básica por três horas — cabeça baixa, pernas cruzadas, dedos da mão direita segurando um cigarro ou apoiados no peito. A lareira estava repleta de pontas de cigarro. Sempre que se cansava de fumar, arremessava o cigarro nessa direção.

Sua resposta à primeira pergunta não o agradou. Várias vezes ele disse: "Vamos começar de novo". Mas depois de cerca de cinco minutos de entrevista, ele parecia ter esquecido a existência do gravador ou, para todos os efeitos, do entrevistador. Foi ganhando velocidade e entusiasmo.

A voz de Brodsky, que Nadezhda Mandelstam certa vez descreveu como "um instrumento notável", é nasal e ressoante.

Durante um intervalo, ele perguntou de que tipo de cerveja o entrevistador gostaria e saiu para comprar na loja da esquina. Quando voltava, ao passar pelo quintal nos fundos, um de seus vizinhos gritou: "Como vai, Joseph? Parece que você está perdendo peso". "Não sei", respondeu a voz de Brodsky. "Com toda certeza estou perdendo cabelo." Um instante depois, acrescentou: "E a cabeça".

Quando a entrevista terminou, Brodsky parecia relaxado, bem diferente do homem que abrira a porta quatro horas antes. Ele parecia relutante em parar de falar. Mas então os papéis no assoalho começaram a exigir sua atenção. "Estou muito contente por termos feito isso", disse. Ele acompanhou o entrevistador até a porta com sua exclamação predileta: "Beijos!".

— Sven Birkerts, 1979

ENTREVISTADOR

Eu queria começar com uma citação do livro de Nadezhda Mandelstam, *Esperança abandonada*. Ela diz do senhor: "Ele é um jovem notável que vai acabar mal, receio".

JOSEPH BRODSKY

De certo modo, eu de fato acabei mal. Em termos de literatura russa — em termos de ser publicado na Rússia. No entanto, creio que ela tinha em mente algo pior, ou seja, um mal físico. Todavia, para um escritor, não ser publicado em sua língua materna é tão ruim quanto acabar mal.

ENTREVISTADOR

Akhmatova chegou a fazer alguma predição?

BRODSKY

Talvez tenha feito, mas foram melhores, presumo, então não me lembro delas. Porque só nos lembramos das coisas ruins. Prestamos atenção nelas porque têm mais a ver conosco do que nosso trabalho. Por outro lado, coisas boas são originadas por um tipo de intervenção divina. E não há sentido em se preocupar com a intervenção divina, porque ou vai acontecer ou não vai. Essas coisas estão fora do nosso controle. O que está sob nosso controle é a possibilidade do ruim.

ENTREVISTADOR

Em que medida o senhor está usando a intervenção divina como uma espécie de metáfora psíquica?

BRODSKY

Em grande medida. Na verdade, estou me referindo à intervenção da linguagem em você ou dentro de você. Aquela famosa frase de Auden sobre Yeats: "A louca Irlanda o feriu para dentro da poesia". O que "fere" você para dentro da poesia ou da literatura é a linguagem, o senso de linguagem. Não a filosofia ou política privada, nem mesmo a necessidade criativa ou a juventude.

ENTREVISTADOR

Então, se o senhor elaborar uma cosmologia, colocará a linguagem no cume?

BRODSKY

Bem, não é uma coisa pequena. Aliás, é bem grande. Quando dizem "O poeta ouve a voz da musa", isso não faz sentido se a natureza da musa não for especificada. Mas se você olhar mais de perto, a voz da musa é a voz da linguagem. É algo muito mais mundano do que a forma como coloco. Basicamente, é a reação da pessoa àquilo que ela ouve, àquilo que lê.

ENTREVISTADOR

Seu uso da linguagem, me parece, é relatar uma visão da história se deteriorando, chegando a um beco sem saída.

BRODSKY

Pode ser. Basicamente, para mim é difícil avaliar a mim mesmo, uma dificuldade não somente apresentada pela imodéstia do empreendimento, mas porque ninguém é capaz de avaliar a si mesmo, muito menos sua obra. No entanto, se eu fosse resumir, o meu principal interesse é a natureza do tempo. Isso me interessa mais que tudo. O que o tempo pode fazer com o homem. É uma das percepções mais próximas da natureza do tempo que nos é permitido ter.

ENTREVISTADOR

Em seu texto sobre São Petersburgo, o senhor fala da água como uma "forma de tempo condenada".

BRODSKY

É, é outra forma de tempo... Foi bem bacana, esse texto, exceto que nunca recebi provas para revisar e apareceram um monte de erros, de ortografia e coisas assim. Para mim, isso importa. Não que eu seja perfeccionista, mas por causa do meu caso amoroso com a língua inglesa.

ENTREVISTADOR

O que o senhor pensa de seu desempenho como tradutor de si próprio? O senhor traduz ou reescreve?

BRODSKY

Não, certamente não reescrevo. Posso refazer certas traduções, o que causa um clima bem ruim com os tradutores, porque tento restaurar na tradução mesmo aquelas coisas que encaro como fraquezas. É algo enlouquecedor olhar um de seus poemas velhos. Traduzi-lo é mais enlouquecedor ainda. Então, antes de fazer isso você tem que esfriar bem a cabeça, e ao começar estará olhando seu trabalho como a alma olha de sua morada o corpo abandonado. A única coisa que a alma percebe é a lenta combustão da decadência. Assim, não é preciso realmente ter apego. Quando se está traduzindo, a gente tenta preservar o brilho, a brancura daquelas folhas. E aceita como algumas delas têm uma aparência feia, mas talvez quando você estava fazendo o original isso tenha ocorrido por algum tipo de estratégia. As fraquezas têm certa função num poema... São uma estratégia no sentido de pavimentar o caminho do leitor para o impacto deste ou daquele verso.

ENTREVISTADOR

O senhor fica muito suscetível em relação ao modo como alguém o passa para o inglês?

BRODSKY

Minha principal discussão com os tradutores é que me importo com a precisão, e eles frequentemente são pessoas imprecisas — o que é perfeitamente compreensível. É muito difícil fazer com que essas pessoas passem a precisão como você gostaria que fizessem. Então, em vez de ficar reclamando, pensei que talvez pudesse tentar traduzir eu mesmo.

Além disso, tenho o poema no original, isso basta. Fui eu que fiz e, bem ou mal, é comigo que ele fica. Meus louros russos — ou a ausência deles — já me satisfazem o suficiente. Não estou atrás de uma boa cadeira no parnaso americano. O que me incomoda em relação a muitas dessas traduções é que não constituem um inglês muito bom. Talvez tenha a ver com o fato de que minha relação com a língua inglesa é relativamente nova, recente, e portanto posso estar sujeito a uma suscetibilidade exagerada. Assim, o que me incomoda não é tanto que meu verso fique ruim; o que me incomoda é que seja um verso ruim em inglês. Alguns tradutores esposam certa poética própria. Em muitos casos, sua compreensão do modernismo é extremamente simples. Sua ideia, se eu reduzi-la ao básico, é "se manter solto". Por mim, prefiro soar batido a soar solto ou relaxado. Prefiro soar como clichê... um clichê bem-ordenado, em vez de perspicaz e relapso.

ENTREVISTADOR

O senhor tem sido traduzido por alguns artífices impecáveis...

BRODSKY

Fui bastante afortunado em diversas ocasiões. Fui traduzido tanto por Richard Wilbur como por Anthony Hecht.

ENTREVISTADOR

Bem, recentemente estive numa leitura em que Wilbur descreveu para a plateia — em tom bastante mordaz, na minha opinião — como o senhor e Derek Walcott estavam num voo de avião sobre Iowa, corrigindo a tradução dele de um de seus poemas, o que não o deixou muito feliz...

BRODSKY

Verdade. O poema só lucrou com isso. Eu o respeito enormemente. Tendo pedido a ele para fazer certas passagens três, quatro ou mais vezes, simplesmente senti que não tinha nenhum direito humano de perturbá-lo com isso mais uma vez. Não tive coragem. Mesmo aquela versão não corrigida estava excelente. É mais ou menos a mesma coisa que quando eu disse não a Wystan Auden quando ele se ofereceu para traduzir alguns poemas. Pensei: "Quem diabos sou eu para ser traduzido por Wystan?".

ENTREVISTADOR

É uma inversão interessante, o poeta sentir-se inadequado para seu tradutor.

BRODSKY

É, bem, o ponto é esse. Eu tinha o mesmo sentimento em relação a Dick Wilbur.

ENTREVISTADOR

Quando começou a escrever?

BRODSKY

Comecei a escrever quando tinha dezoito ou dezenove anos. No entanto, até chegar aos vinte e três nunca levei a sério. Às vezes as pessoas dizem: "As melhores coisas que você escreveu foram quando você tinha dezenove anos". Mas não creio que eu seja um Rimbaud.

ENTREVISTADOR

Qual era seu horizonte poético na época? Conhecia Frost, ou Lowell?

BRODSKY

Não. Mas acabei conhecendo todos eles, primeiro em tradução, depois no original. Meu primeiro contato com Robert Frost foi quando eu tinha 22 anos. Consegui algumas de suas traduções, não em livro, mais uma vez, mas com alguns amigos — bem, é assim que se consegue as coisas — e fiquei absolutamente estarrecido com a sensibilidade, aquela espécie de contenção, aquele terror oculto, controlado. Não conseguia acreditar no que tinha lido. Pensei que precisava dar uma olhada naquilo mais de perto, verificar se o tradutor estava realmente traduzindo ou se tínhamos em mãos um gênio em russo. E então fui verificar e estava tudo ali, na medida em que consegui detectar. E tudo começou com Frost.

ENTREVISTADOR

O que o senhor tinha estudado na escola até então? Goethe, Schiller?

BRODSKY

Tínhamos de tudo. Os poetas ingleses eram Byron e Longfellow, os clássicos do século XIX, por assim dizer. Não se ouvia nada de Emily Dickinson, nem de Gerard Manley Hopkins ou outro. Eles dão duas ou três figuras estrangeiras e é tudo.

ENTREVISTADOR

O senhor conhecia o nome "Eliot"?

BRODSKY

Todos nós conhecíamos o nome Eliot. [*risos*] Para qualquer europeu oriental, Eliot é uma espécie de marca anglo-saxã.

ENTREVISTADOR

Como a Levi's?

BRODSKY

É, como a Levi's. Todos sabíamos que havia um poeta chamado Eliot, mas era muito difícil conseguir alguma coisa dele. A primeira tentativa de traduzi-lo foi feita em 1936, 1937, numa antologia de poesia inglesa. Essa tradução foi bastante infeliz. Mas, já que conhecíamos sua reputação, lemos mais nas entrelinhas do que realmente havia — pelo menos em russo. Então... imediatamente após o empreendimento, os tradutores foram executados ou encarcerados, é claro, e o livro foi tirado de circulação. Todavia, consegui gradualmente ter acesso a ele, pegando a versão inglesa armado de um dicionário. Passei verso por verso porque, basicamente, aos vinte, 23 anos, eu conhecia mais ou menos toda a poesia russa e precisava olhar outras coisas. Não porque a poesia russa tenha deixado de me satisfazer, mas uma vez que você lê os textos você passa a conhecê-los...

ENTREVISTADOR

Então o senhor também estava traduzindo?

BRODSKY

Era um meio de ganhar a vida. Eu traduzia todo tipo de absurdo. Poloneses, tchecos, irmãos eslavos, mas aí me aventurei a cruzar fronteiras. Comecei a traduzir poesia espanhola. Não fazia isso sozinho. Na Rússia há uma gigantesca indústria de traduções e montes de coisas ainda não haviam sido traduzidas. Em introduções ou ensaios críticos a gente encontrava o nome de um poeta obscuro que não fora traduzido e saía à caça dele.

Aí comecei a traduzir poesia inglesa, especialmente Donne. Quando fui mandado para o exílio interno no norte, um amigo

meu me enviou duas ou três antologias de poesia americana...
Oscar Williams, com ilustrações, que incendiavam minha imaginação. Com uma cultura estrangeira, um campo estrangeiro
que você pensa que nunca vai ver, o caso de amor é muito mais
intenso. Então eu fazia essas coisas: ler, traduzir, adaptar mais do que
traduzir... Até que finalmente vim para cá me juntar ao original...
[*risos*] Cheguei perto *demais* do original.

ENTREVISTADOR

O senhor perdeu alguma das admirações que tinha? Ainda
sente a mesma coisa em relação a Donne, a Frost?

BRODSKY

Em relação a Donne e Frost sinto a mesma coisa. Sinto um
pouquinho menos em relação a Eliot, muito menos em relação a
E. E. Cummings...

ENTREVISTADOR

Houve um momento, então, em que Cummings foi uma figura bem impressionante?

BRODSKY

É, porque o modernismo é muito badalado, a coisa avant-
-garde, cheia de truques e tudo mais. E eu costumava pensar nisso
como a principal meta a atingir.

Perdi um bocado de ídolos, como Lindsay, Edgar Lee Masters. No entanto, algumas impressões se reforçaram, como sobre
Marvell, Donne... Estou citando só alguns, mas isso requer uma
conversa muito mais detalhada... E Edwin Arlington Robinson,
por exemplo. Sem falar de Thomas Hardy.

ENTREVISTADOR

Quando leu pela primeira vez um poema de Auden?

BRODSKY

Em 1965. Eu estava naquela aldeia, naquele exílio interno para o qual me mandaram. Tinha escrito vários poemas e mandei alguns deles para o homem que fazia as traduções de Frost que haviam me impressionado tanto. Considero a opinião dele como o mais levado julgamento, mesmo que haja muito pouca comunicação. E ele me disse: "Esse poema seu" — ele se referia a "Two hours in the empty tank" — "realmente se parece muito com Auden no senso de humor". Eu disse: "É?". [*risos*] O próximo passo foi tentar arranjar alguma coisa de Auden. Consegui e comecei a ler.

ENTREVISTADOR

Que parte da obra de Auden o senhor encontrou primeiro?

BRODSKY

Realmente não me lembro. Certamente "Em memória de W. B. Yeats". Na aldeia eu deparei com esse poema... gostei dele, especialmente da terceira parte, sabe? Aquele "Earth, receive an honored guest" [Terra, recebe um hóspede honrado], uma espécie de balada com hino do Exército da Salvação. E uma métrica curta. Mostrei a um amigo e ele disse: "Será possível que escrevam melhor do que nós?". Eu disse: "Parece que sim".

Depois disso, resolvi escrever um poema, em grande parte imitando a estrutura daquele poema. Porém, naquele momento não examinei Auden mais detidamente. Então fui a Moscou e mostrei àquele amigo, o tradutor, esses poemas. Mais uma vez ele disse: "Isso parece Auden". Então saí, achei os poemas de Auden e comecei a lê-los mais meticulosamente.

O que mais me interessa é sua técnica de descrição sintomática. Ele nunca dá a você a... úlcera real, ele fala dos sintomas, não é? Mantém o tempo todo o olhar na civilização, na condição humana. Mas não dá a descrição direta dela, ele faz o caminho oblíquo. E aí você lê um verso como "The mercury sank in the mouth of the dying day" [O mercúrio afundou na boca do dia moribundo]. Bem, as coisas começaram a mudar. [*risos*]

ENTREVISTADOR

E quando o senhor era jovem? Como começou a pensar em escrever poesia?

BRODSKY

Aos quinze, dezesseis, dezessete anos eu não escrevia muito, aliás, nada. Vagava de emprego em emprego, trabalhando. Com dezesseis viajei um bocado. Trabalhava numa expedição geológica. E aqueles foram os anos em que a Rússia estava extremamente interessada em achar urânio. Assim, toda equipe geológica recebia uma espécie de dispositivo Geiger. Eu andava um bocado. Tudo era feito a pé. A gente cobria cerca de trinta quilômetros por dia, atravessando pântanos bastante espessos.

ENTREVISTADOR

Em que parte da Rússia?

BRODSKY

Bem, na verdade em todas as partes. Passei um bom tempo em Irkutsk, ao norte do rio Amur, na fronteira com a China. Uma vez, durante uma enchente, cheguei a ir à China. Não que eu quisesse, mas a jangada com todas as nossas coisas se desviou para a margem direita do rio. E aí me vi brevemente na China. E estive na Ásia Central, em desertos e montanhas. A cordilheira

Tien Shan é constituída de montanhas bem altas, o ramo noroeste do Hindu Kush. E também na parte norte da Rússia europeia, ou seja, junto ao Mar Branco, próximo a Arkhangelsk. Pântanos, pântanos assustadores. Não que os pântanos em si fossem assustadores, mas os mosquitos! Então, fiz tudo isso aí. E na Ásia Central pratiquei um pouco de alpinismo. Eu era muito bom nisso, devo dizer. Bem, era jovem... Assim, cobri um bom pedaço de território com aquelas equipes geológicas e grupos de alpinistas. Quando me prenderam pela primeira vez, em 1959, acho, tentaram me ameaçar dizendo: "Vamos mandar você para bem longe, onde nenhum pé jamais pisou". Bem, não fiquei muito impressionado, porque já havia estado em muitas regiões às quais eles se referiam. Quando de fato me mandaram a um desses lugares, acabou sendo uma área que eu conhecia relativamente bem, pelo menos em termos de clima. Era perto do círculo polar, perto do Mar Branco. Então, para mim, foi uma espécie de déjà-vu.

ENTREVISTADOR

Ainda assim, devia haver um fio bastante forte ligando o topo da montanha a seu encontro com Akhmatova.

BRODSKY

No meu terceiro ou quarto ano fazendo geologia dei de escrever poemas. Comecei porque vi um livro que um colega meu tinha. O tema era o apelo romântico daqueles espaços todos. Pelo menos era o que parecia para mim. Achei que podia fazer melhor, então comecei a escrever minha própria poesia. Que na verdade não era muito boa... Bem, algumas pessoas gostaram, mas, até aí, todo mundo que escreve acaba achando seu público. Estranho, não? Todos os escritores mantêm ao menos um amigo imaginário — e uma vez que você começa a escrever, está fisgado. Todavia, ao mesmo tempo eu precisava ganhar a vida. Então continuei participando daquelas viagens. Não era tanto que pagassem bem, mas no campo gasta-se muito menos; portanto, o salário ficava simplesmente à minha espera.

Eu pegava o dinheiro, voltava para casa e vivia daquilo por algum tempo. Geralmente na época do Natal ou do Ano-Novo o dinheiro acabava e eu começava a procurar emprego. Uma operação normal, acho. E, numa das minhas últimas viagens, mais uma vez até a parte oriental do país, peguei um exemplar de um poeta do círculo de Púchkin, mas de certa forma bem melhor que ele — seu nome é Baratynsky. Lê-lo me forçou a abandonar toda aquela coisa tola de viajar e me envolver mais seriamente em escrever. Então foi isso que comecei a fazer. Voltei mais cedo para casa e comecei a escrever um poema realmente bom, pelo que me lembro.

ENTREVISTADOR

Li certa vez num livro sobre os poetas de Leningrado uma descrição da sua toca, a cúpula da lâmpada coberta de maços de cigarro Camel...

BRODSKY

Era o lugar onde eu morava com os meus pais. Tínhamos uma sala enorme no apartamento comunitário, dividida por dois arcos. Eu simplesmente preenchi esses arcos com todo tipo de estante e de mobília para me separar dos meus pais. Tinha minha escrivaninha, minha cama. Para um estranho, especialmente um estrangeiro, realmente parecia uma gruta. Era preciso atravessar um armário de madeira sem fundo, como uma espécie de portão. Eu vivia bastante tempo ali. No entanto, usava cada fração do dinheiro que conseguia para tentar alugar ou sublocar uma casa para mim, simplesmente porque naquela idade a gente prefere viver num lugar diferente, sem ser com os pais, né? Garotas e coisas assim.

ENTREVISTADOR

Como foi que conheceu Akhmatova?

BRODSKY

Foi em 1961, eu acho. A essa altura eu tinha feito amizade com duas ou três pessoas que mais tarde desempenharam um papel importante na minha vida, o que posteriormente veio a ser chamado de "Círculo de São Petersburgo". Éramos uns quatro. Um deles é, acho, o melhor poeta que a Rússia tem hoje. Seu nome é Evgeny Rein. O sobrenome vem do rio Reno. Ele me ensinou muita coisa em termos de conhecimento poético. Mas não é que ele *ensinasse*. Ele lia seus poemas e lia os meus, e nós nos sentávamos e trocávamos grandes ideias, fingindo saber muito mais do que na realidade sabíamos. Ele sabia um pouco mais porque era cinco anos mais velho que eu. Naquela idade isso fazia uma considerável diferença. Uma vez ele disse aquilo que eu normalmente diria a qualquer poeta: se você realmente quer que seu poema funcione, o uso de adjetivos deve ser mínimo; mas você deve enchê-lo o máximo que puder com substantivos, e até mesmo os verbos devem sofrer. Se você lança sobre o poema um véu mágico que remove adjetivos e verbos, ao retirá-lo o papel ainda deve estar escuro de tantos substantivos. Segui o conselho até certo ponto, mas não religiosamente. E me fez muito bem, devo dizer.

ENTREVISTADOR

O senhor tem um poema que diz: "Meu Evgeny".

BRODSKY

É, é endereçado a ele, dentro de "Mexican Divertimento". Mas escrevi vários poemas para ele, e de certa maneira ele continua sendo... como a descrição de Pound: "*il miglior fabbro*". Num verão, Rein disse: "Você gostaria de conhecer Akhmatova?". Eu respondi: "Bem, por que não?", sem pensar muito. Naquela época não ligava muito para ela. Tinha um livro dela e havia dado uma lida, mas eu estava muito voltado para meu mundinho idiota, envolvido com minhas próprias coisas. Então... fomos lá, na verdade duas ou três vezes. Gostei muito dela. Falamos disso e daquilo, e eu lhe mostrei alguns dos meus poemas sem na verdade me importar muito com o que ela diria.

Mas eu me lembro de uma noite ao voltar da casa dela, que ficava nos arredores de Leningrado, num trem lotado. De repente, foi como se os sete véus caíssem, percebi com quem eu estava tratando. E, depois disso, comecei a vê-la com bastante frequência.

Aí, em 1964 eu fui para a cadeia e não a vi, mas trocamos alguma correspondência. Consegui sair porque ela foi extremamente ativa em tentar me tirar da prisão. Em certa medida, ela se culpou por eu ter sido preso, basicamente por causa do assédio. Ela estava sendo seguida etc. Todo mundo pensa isso de si mesmo; até eu, posteriormente, tentava ser cauteloso com as pessoas, porque minha casa estava sendo vigiada.

ENTREVISTADOR
Isso dá à sua pessoa uma sensação estranha de importância?

BRODSKY
Na realidade, não. Ou deixa você apavorado, ou é um aborrecimento. Não dá para provocar uma sensação de importância porque você entende a) como a situação é idiota; e b) como é apavorante. O pavor domina seus pensamentos. Uma vez, lembro-me de Akhmatova conversando com alguém, uma mulher ingênua, ou talvez nem tão ingênua, que perguntou: "Anna Andreyevna, como você percebe se está sendo seguida?". E ela respondeu: "Querida, é impossível não perceber uma coisa dessas".

É feito para intimidar. Você não precisa sofrer de mania de perseguição. Realmente está sendo seguido.

ENTREVISTADOR

Quanto tempo levou para o senhor se livrar dessa sensação uma vez estando na Áustria?

BRODSKY

Ela ainda está por aí, a gente fica cauteloso. No escrever, nas suas trocas com os outros, ao encontrar pessoas que tenham a ver com assuntos russos, literatura russa etc. Porque tudo está infiltrado, não diretamente por agentes diretos da segurança do Estado, mas por pessoas que podem ser usadas para isso.

ENTREVISTADOR

Na época, o senhor tinha familiaridade com Solzhenitsyn?

BRODSKY

Não creio que naquela época Solzhenitsyn tivesse familiaridade consigo mesmo. Não, só mais tarde. Quando *Um dia na vida de Ivan Denisovich* foi publicado, li imediatamente. Lembro que Akhmatova comentava *Um dia* e um amigo meu disse: "Não gosto desse livro". Akhmatova replicou: "Que tipo de comentário é esse — 'eu gosto' ou 'eu não gosto'? O ponto é que o livro deveria ser lido por duzentos milhões de russos". E é isso, não é?

Acompanhei a produção de Solzhenitsyn no final dos anos 60 de forma bem constante. Em 1971 havia cerca de cinco ou seis livros circulando em cópias datilografadas. *Gulag* ainda não tinha sido publicado. *Agosto de 1914* veio à tona naquela época. E seus poemas em prosa, que eu achei muito ruins. Mas não é pela poesia que gostamos dele.

ENTREVISTADOR

O senhor chegou a se encontrar com ele?

BRODSKY

Não. Tivemos uma troca de correspondência... Eu realmente acho que a lei soviética teve nele seu Homero: o que ele conseguiu revelar, o jeito como mexeu um pouco o mundo, sabe?

ENTREVISTADOR

Na medida em que qualquer pessoa é capaz de fazer alguma coisa...

BRODSKY

É disso que se trata, não é? Mas aí você tem os milhões de mortos atrás dele. A força do indivíduo que está vivo cresce proporcionalmente. Essencialmente não é ele, mas eles.

ENTREVISTADOR

Quando o senhor foi mandado para o campo de prisioneiros em 1965...

BRODSKY

Foi um exílio interno, não era um campo. Era uma aldeia, catorze pessoas, perdidas, completamente perdidas em charcos lá no norte. Praticamente sem acesso. Primeiro eu passei pelas prisões transitórias. Crosses. Depois Vologda, aí Arkhangelsk, e finalmente acabei naquela aldeia. Sempre vigiado.

ENTREVISTADOR

O senhor foi capaz de manter uma imagem contínua de si mesmo como alguém que usa a linguagem?

BRODSKY

É uma coisa engraçada, mas consegui, sim. Mesmo ali sentado entre aqueles muros, encarcerado, sendo transferido de um lugar a outro, eu escrevia poemas. Um deles era muito presunçoso — precisamente sobre isso, sobre ser um portador da linguagem —, mas eu estava no auge daquele estado de espírito trágico e podia dizer uma coisa dessas sobre mim mesmo, até para mim mesmo.

ENTREVISTADOR

Naquela época o senhor tinha noção de que o que havia ocorrido no julgamento o colocara sob os holofotes internacionais?

BRODSKY

Não, não soube nada sobre a repercussão internacional daquele julgamento, nada mesmo. Descobri que tinha um bocado de merda no meu palato — no meu prato. No meu palato também. [risos] Eu precisava aguentar o tranco... E mais, aquela época coincidiu de forma bastante infeliz — mas na verdade fiquei feliz por aquilo — com o meu maior problema pessoal, com uma moça e tal... Uma espécie de triângulo seriamente sobreposto aos quadrados dos confinamentos solitários. Era uma espécie de geometria — com círculos viciosos.

Eu estava mais inflamado pela situação pessoal do que pelo que estava acontecendo ao meu corpo. O deslocamento de uma cela a outra, de uma prisão a outra, interrogatórios, eu realmente não prestei muita atenção em tudo aquilo.

ENTREVISTADOR

O senhor conseguiu manter algum tipo de comunicação com os literatos uma vez enviado ao exílio interno?

BRODSKY

Eu tentei. Enviava cartas por vias tortuosas ou diretamente. Às vezes chegava a telefonar. Eu morava numa "aldeia". Catorze pequenos barracos. Certamente era óbvio que algumas cartas não eram lidas somente por mim. Porém, você sabe o que está enfrentando; sabe quem é o senhor da casa. Não é você. Então você se resigna a tentar ridicularizar o sistema, mas isso é o máximo que se pode fazer. Você se sente como um servo atazanando o senhor, o que tem seus aspectos divertidos.

ENTREVISTADOR

Mas ainda assim é uma situação na qual o senhor deve ter estado sob extrema coação...

BRODSKY

Não, não estava. Em primeiro lugar, eu era jovem. Em segundo lugar, o trabalho era agricultura. Minha velha piada é que agricultura é como o transporte público nos Estados Unidos. É uma operação esporádica, mal organizada. Portanto, você tem tempo de sobra. Às vezes era muito exigente do ponto de vista físico; também era desagradável. Eu não tinha o direito de ir embora. Estava confinado. Talvez por causa de algum desvio de caráter, resolvi tirar o máximo daquilo. Eu até que gostava. Associava aquilo com Robert Frost. Você pensa no ambiente, nos arredores, no que está fazendo. Começa a brincar de ser um cavalheiro da fazenda. Para outros escritores russos, acho, foi bem mais duro do que para mim, bem mais duro.

ENTREVISTADOR

Aquela vida lhe deu o senso rural que o senhor tem?

BRODSKY

Eu adoro. Deu mais do que senso rural... porque você levanta de manhã na aldeia, ou seja lá onde for, e parte para sua carga de trabalho do dia, caminha pelo campo e sabe que ao mesmo tempo a maior parte do país está fazendo a mesma coisa. Você tem uma sensação eufórica de estar unido ao resto das pessoas. Se você olhasse da perspectiva de uma pomba ou de um gavião por toda a extensão do país veria isso. Nesse sentido foi bacana. Dá uma percepção do que é básico na vida.

ENTREVISTADOR

Havia alguém com quem se podia conversar sobre literatura?

BRODSKY

Não, mas eu não sentia necessidade disso. A gente não sente essa necessidade, com toda a franqueza. Ou pelo menos eu não sou esse tipo de pessoa literária. Apesar de adorar falar sobre essas coisas. Mas, se essa possibilidade é podada, tudo bem. Os traços democráticos da gente são postos em ação. Você conversa com as pessoas e tenta apreciar o que estão dizendo. Vale a pena psicologicamente.

ENTREVISTADOR

Àquela altura já havia lido muitos clássicos?

BRODSKY

Na verdade, não. Nada, aliás. Quando necessitava de referências eu tinha de escrever cartas pedindo a ajuda das pessoas. Mas funciono num nível muito básico com os clássicos. Isto é, não há nada de muito esotérico neles. Pode-se encontrar tudo na enciclopédia, não é? Eu tinha lido Suetônio e mais alguém... Tácito. Mas não me lembro, francamente.

ENTREVISTADOR

Em algum ponto os clássicos devem ter sido bem importantes. Não me refiro tanto aos textos em si, mas ao alcance histórico...

BRODSKY

Sempre que a gente se mete em apuros automaticamente é obrigado a olhar para si mesmo, a menos que seja autoindulgente, como uma espécie de caráter arquetípico. Então, quem mais eu poderia pensar em ser senão Ovídio? Seria a coisa mais natural... Bem, essa foi uma época maravilhosa, sou obrigado a dizer. Eu havia escrito bastante e acho que bem. Lembro-me de uma boa arrancada que dei com a poesia. Escrevi os versos "aqui nas colinas, sob o céu vazio, nas estradas que levam aos bosques, a vida se coloca ao lado de si mesma e se observa num estado de perplexidade". Talvez não seja muito, mas para mim era importante... Não é exatamente um modo novo de olhar, mas ser capaz de dizer isso libera certas outras coisas. Então você se torna invencível.

ENTREVISTADOR

O senhor não tinha a impressão de que um dia chegaria ao Ocidente?

BRODSKY

Ah, não. Nenhum russo tinha essa impressão. Você nasce e vive muito confinado. O resto do mundo é apenas geografia, uma disciplina acadêmica, não a realidade.

ENTREVISTADOR

Ao deixar a Rússia, o senhor ia para Israel.

BRODSKY

Eu tinha de ir para Israel! Obtive os documentos de saída para lá. Mas não tinha intenção de ir a lugar nenhum. Aterrissei em Viena e Carl Proffer, da Universidade de Michigan, da Ardis, se encontrou comigo lá. A primeira coisa que vi quando olhei pela janela do avião foi a figura alta dele na balaustrada. Acenamos um para o outro. E a primeira coisa que ele me perguntou foi: "Bem, Joseph, aonde você gostaria de ir?".

Eu disse: "Jesus, não tenho a menor ideia". E realmente não tinha. Sabia que estava deixando meu país para sempre, mas para onde ia não fazia a mínima ideia. Uma coisa que estava bem clara era que eu não queria ir para Israel. Não sabia hebraico, embora soubesse um pouco de inglês.

Além disso, não tinha muito tempo para pensar nisso. Nunca cheguei a acreditar que me deixariam ir. Nunca acreditei que me colocariam num avião e, quando me puseram, não sabia se ele iria para leste ou oeste.

ENTREVISTADOR

Carl Proffer estava tentando trazê-lo para os Estados Unidos?

BRODSKY

Quando eu lhe disse que não tinha nenhum plano, ele perguntou: "Bem, você gostaria de ir para a Universidade de Michigan?". Outras propostas vieram de Londres e da Sorbonne, acho. Mas eu decidi: "É uma grande oportunidade, preciso aproveitar ao máximo". Naquela época tinham expulsado cerca de cento e cinquenta espiões da Inglaterra, e eu pensei: "E não foram todos?". [*risos*] Eu não queria ser atormentado pelo que restava do Serviço de Segurança Soviético na Inglaterra. Então vim para os Estados Unidos.

ENTREVISTADOR

Auden estava de fato em Viena naquela época?

BRODSKY

Auden não estava em Viena, mas eu sabia que ele estava na Áustria. Ele geralmente passava o verão em Kirchstetten. Eu tinha um presente para ele. Tudo o que trouxe da Rússia foi minha máquina de escrever, que eles desmontaram parafuso por parafuso no aeroporto — foi o jeito deles de dizer adeus —, um pequeno exemplar dos poemas de Donne, da Modern Library, e uma garrafa de vodca, que pensei em dar a Auden se fosse para a Áustria. Se não chegasse até lá, eu mesmo a tomaria. Havia uma segunda garrafa, de um amigo, um poeta lituano, Tomas Venclova — um poeta notável, na minha opinião —, que me deu uma garrafa de aguardente lituano. Ele disse: "Dê esta coisa a Wystan se você o vir". Então, eu tinha duas garrafas, a máquina de escrever e Donne, além de uma troca de roupa, quer dizer, de roupa íntima, e só.

No terceiro ou quarto dia em Viena, eu disse a Carl: "Wystan Auden talvez esteja na Áustria. Por que não tentamos encontrá-lo?". Já que não tínhamos nada para fazer exceto ir à ópera e a restaurantes, alugamos um caro da Avis, um Volkswagen, arranjamos um mapa do país e saímos à procura dele. O problema é que havia três Kirchstettens. Passamos por todas elas, acho — quilômetros e quilômetros entre uma e outra —, então finalmente descobrimos a Auden-Strasse e o encontramos ali.

Ele imediatamente começou a tomar conta de mim. De repente os telegramas em meu nome começaram a chegar aos cuidados de Auden. Ele tentava fazer eu me integrar. Disse-me com quem devia me encontrar aqui e ali. Ligou para Charles Osborne em Londres e fez com que eu fosse convidado para a Internacional da Poesia de 1972. Fiquei duas semanas em Londres, com Wystan, na casa de Stephen Spender.

De forma geral, por causa daqueles oito anos, minha leitura de poesia inglesa tinha sido tão boa quanto de russa. Eu conhecia o cenário bastante bem. Mas eu não sabia, por exemplo, que Wystan era gay. De algum modo, isso me escapou. Não que eu me incomode muito com isso. No entanto, eu estava emergindo da Rússia, um país bastante vitoriano, e isso poderia ter afetado minha atitude em relação ele. Mas não creio que tenha acontecido. Fiquei duas semanas em Londres e aí voei para os Estados Unidos.

ENTREVISTADOR

Suas relações no mundo da poesia têm proliferado. O senhor é amigo de Hecht, Wilbur, Walcott...

BRODSKY

Conheci Derek [Walcott] no funeral de Lowell. Lowell havia me falado dele e me mostrado alguns poemas que me impressionaram bastante. Eu os li e pensei: "Bem, outro bom poeta". Aí o editor dele me deu aquela coletânea *Another life*. Foi muito impressionante. Percebi que tínhamos um gigante nas nossas mãos. Ele é na poesia inglesa uma figura comparável a... devo dizer Milton? [*risos*] Bem, mais precisamente, eu o localizaria em algum ponto entre Marlowe e Milton, especialmente por sua tendência a escrever peças em verso e por seu vigor. Ele é impressionante. Os críticos querem fazer dele um poeta regional das Índias Ocidentais, e isso é um crime. Porque ele é o que há de mais importante por aí.

ENTREVISTADOR

E os escritores russos?

BRODSKY

Eu realmente não sei a quem minha reação é maior. Lembro-me do grande impacto que a poesia de Mandelstam causou em mim quando eu tinha dezenove ou vinte anos. Ele ainda não era publicado. Ainda não é bem publicado e permanece ignorado pela crítica e até mesmo em conversas privadas, com exceção dos amigos do meu círculo, por assim dizer. O conhecimento em geral acerca dele é extremamente limitado, se é que existe. Lembro-me do impacto da poesia dele sobre mim. Ainda está presente. Às vezes, quando leio fico estupefato. Outra poeta que realmente mudou não só minha ideia de poesia, mas também minha percepção do mundo — afinal, é disso que se trata, não é? —, foi Tsvetaeva. Eu me sinto mais próximo dela — de sua poética e de sua técnica, da qual nunca fui capaz. Não é uma coisa nada modesta de se dizer, mas sempre pensei: "Posso fazer como Mandelstam?". Em diversas ocasiões achei ter conseguido uma espécie de fusão.

Mas de Tsvetaeva não acho que nenhuma vez tenha conseguido chegar perto. Era a única poeta — e se você é profissional é isso que lhe passa pela cabeça — com quem decidi não competir.

ENTREVISTADOR
Qual era o elemento diferencial que o atraía e frustrava?

BRODSKY
Bem, nunca me frustrou. Em primeiro lugar, ela é mulher. Mas a voz dela é a mais trágica de toda a poesia russa. É impossível dizer que é a maior porque outras pessoas fazem comparações — Cavafy, Auden —, mas eu me sinto tremendamente atraído por ela.

É uma coisa bem simples. A poesia dela é extremamente trágica, não só no tema — isso não é grande novidade, especialmente no campo russo —, mas na linguagem, na prosódia. Sua voz, sua poesia, quase nos dão a ideia ou senso de que a tragédia está dentro da própria linguagem. O motivo de eu ter decidido — foi quase uma decisão consciente — não competir com ela, bem, foi porque eu senti que fracassaria. Afinal, sou uma pessoa diferente, e um homem, além de tudo. É quase indecoroso um homem falar no seu tom de voz mais agudo, o que não quer dizer que ela fosse só um tipo romântico, delirante... ela era uma poeta muito sombria.

ENTREVISTADOR

Ela é capaz de aguentar mais sem quebrar?

BRODSKY

É. Akhmatova costumava dizer sobre ela: "Marina começa um poema no dó máximo, no limite da oitava". Bem, é muito difícil sustentar um poema no tom mais alto possível. Ela é capaz disso. Um ser humano tem uma capacidade limitada de desconforto ou tragédia. Limitada tecnicamente falando, como uma vaca que não pode produzir mais de dois galões de leite. Não se pode espremer mais tragédia de um homem. Então, a esse respeito, a leitura dela do drama humano, sua voz inconsolável, sua técnica poética, são absolutamente estarrecedoras. Acho que ninguém escreveu melhor, pelo menos em russo. O tom em que ela falava, aquele tipo de vibrato trágico, aquele *tremolo*.

ENTREVISTADOR

O senhor chegou até ela aos poucos ou a descobriu da noite para o dia?

BRODSKY

Não, foi desde o comecinho. Um amigo meu me deu os poemas dela. Foi assim.

ENTREVISTADOR

Nos seus próprios poemas, a voz que fala é muito solitária e não desfruta de nenhuma única interação humana.

BRODSKY

É, é assim mesmo. Akhmatova disse isso acerca da primeira leva de poemas que apresentei para ela em 1962. Foi exatamente isso que ela disse, palavra por palavra. Presumo que seja a característica do meu trabalho.

ENTREVISTADOR

À medida que os poemas surgem, o senhor tem consciência de como — para alguém olhando de fora — eles possuem uma linha de desenvolvimento e movimento discernível?

BRODSKY

Não. A única coisa de que tenho consciência é que tento fazer algo diferente do que escrevi antes. Porque a pessoa reage não só ao que leu, mas também ao que escreveu, não é? Assim, cada precedente é um ponto de partida. Deveria haver uma pequena surpresa ao se constatar um tipo de desenvolvimento linear.

ENTREVISTADOR

O senhor escreve sobre lugares que não parecem ser aqueles onde passa a maior parte do tempo. Algo se passa em Nova York ou Veneza?

BRODSKY

Não creio que tenha escrito alguma coisa sobre Nova York. Não há muito o que se fazer em relação a Nova York. Quanto a Veneza, tenho escrito muito. Mas lugares como a Nova Inglaterra ou o México, ou a Inglaterra, a velha Inglaterra... Basicamente quando você se encontra num lugar estranho — e quanto mais estranho o lugar, até certo ponto, melhor — de certa forma ele aguça sua noção de individualidade, digamos um lugar como Brighton [risos], ou York, na Inglaterra. Você se enxerga melhor contra um fundo estranho. É viver fora do seu próprio contexto, como estar no exílio. Uma das vantagens é que você se desfaz de um monte de ilusões. Não ilusões sobre o mundo, ilusões sobre você mesmo. Você faz uma filtragem de si mesmo. Nunca tive uma noção tão clara do que sou como aquela que adquiri quando vim para os Estados Unidos — a situação de solitária. Eu gosto da ideia de isolamento. Gosto da realidade dela. Você se dá conta do que é... Não que esse conhecimento seja necessariamente gratificante. Nietzsche colocou em palavras: "Um homem que é deixado a sós é deixado com seu próprio porco".

ENTREVISTADOR

Vou lhe fazer um elogio dizendo que minha sensação imediata de qualquer lugar descrito num poema seu é de que eu não gostaria de ir lá.

BRODSKY

Fantástico! [*risos*] Se você escrever isso jamais serei contratado para um emprego na área de publicidade.

ENTREVISTADOR

São deliberados os intervalos tão longos entre um livro e outro?

BRODSKY

Na verdade, não. Não sou um escritor muito profissional. Não estou realmente interessado em escrever um livro depois do outro. Há algo de ignóbil nisso, não é?

ENTREVISTADOR

Sua família na União Soviética tem ideia do que o senhor está fazendo?

BRODSKY

Eles têm uma ideia geral, de que leciono e estou, se não financeiramente, psicologicamente bem estabelecido. Eles apreciam o fato de eu ser poeta. No começo não gostaram muito disso. Durante uns bons quinze anos odiaram cada detalhe. [*risos*] Mas por que não haveriam de odiar? Nem eu fico muito animado com isso. Akhmatova me disse que, quando o pai dela ficou sabendo que ela estava prestes a publicar um livro, ele disse: "Bem, por favor, faça uma coisa. Cuide de não manchar meu nome. Se é para entrar nesse negócio, por favor assuma um pseudônimo literário". Eu preferiria ser piloto de um pequeno avião, fazer voos pelas matas em algum lugar da África, a fazer isso.

ENTREVISTADOR

Como se sente em relação a escrever prosa?

BRODSKY

Eu adoro prosa em inglês. Para mim é um desafio.

ENTREVISTADOR

É um sacrifício?

BRODSKY

Eu não encaro como sacrifício. Com certeza é muito trabalho. Todavia, é quase um trabalho de amor. Se fosse solicitado a escrever prosa em russo, não ficaria tão entusiasmado. Mas em inglês é uma tremenda satisfação. Ao escrever penso em Auden, no que ele diria. Será que ia achar uma porcaria ou relativamente interessante?

ENTREVISTADOR

Ele é seu leitor fantasma?

BRODSKY

Auden e Orwell.

ENTREVISTADOR

O senhor já tentou escrever alguma forma de ficção?

BRODSKY

Não. Bem, quando era jovem, tentei escrever um romance. Escrevi o que considero uma das mais arrojadas obras da literatura russa moderna... Fico feliz de nunca tê-lo visto novamente.

ENTREVISTADOR

Existe alguma coisa que o choque ou surpreenda? Como o senhor confronta o mundo ao levantar de manhã — com que ideia na cabeça? "Lá vamos nós outra vez" ou o quê?

BRODSKY

Certamente ele não me surpreende. Acho que o mundo é capaz de uma única coisa basicamente: proliferar seus males. É para isso que o tempo parece existir.

ENTREVISTADOR

O senhor não imagina que em algum momento as pessoas vão dar um salto quântico em termos de consciência?

BRODSKY

Um salto quântico de consciência é algo que eu descarto.

ENTREVISTADOR

Só deterioração — o quadro é esse?

BRODSKY

Bem, dilapidação em vez de deterioração. Aliás, não exatamente dilapidação. Se olharmos as coisas de modo linear, certamente o mundo não parece nada bem, não é? A única coisa que me surpreende é a frequência, nas atuais circunstâncias, de exemplos de decência humana, ou sofisticação, se preferir. Porque a situação — num todo — é extremamente incompatível para que uma pessoa seja decente ou correta.

ENTREVISTADOR

O senhor é um homem absolutamente sem Deus? Parece contraditório. Em parte de sua poesia eu sinto uma abertura.

BRODSKY

Não creio na infinita capacidade da razão ou do racional. Acredito nisso apenas na medida em que ela me leva ao irracional — e é para isso que necessito dela, para me levar o máximo possível rumo ao irracional. Ali ela nos abandona. Por um lapso de tempo cria-se uma estado de pânico. Mas é aí que residem as revelações — não que seja possível pescá-las. Mas ao menos foram-me concedidas duas ou três revelações, ou pelo menos elas pousaram na borda da razão e deixaram sua marca.

Tudo isso tem muito pouco a ver com qualquer empreendimento religioso ordenado. No todo, prefiro não recorrer a qualquer rito ou serviço religioso formal. Se tenho qualquer credo em um ser supremo, eu o invisto de uma vontade absolutamente arbitrária. Eu me oponho um pouco ao tipo de psicologia de armazém subjacente ao cristianismo. Você faz isso e recebe aquilo, não é? Ou melhor ainda: que Deus possua infinita misericórdia. Bem, isso é basicamente antropomorfismo. Eu prefiro o Velho Testamento, aquele em que Deus nos pune...

ENTREVISTADOR

Irracionalmente...

BRODSKY

Não, arbitrariamente. Eu iria ainda mais na direção da versão de Zoroastro da divindade, que talvez seja a mais cruel possível. Prefiro quando lidamos com arbitrariedades. Sob esse aspecto, sou mais judeu do que qualquer judeu em Israel. Meramente porque acredito, se é que acredito em alguma coisa, num Deus arbitrário.

ENTREVISTADOR

Suspeito que o senhor deve ter meditado bastante sobre Eliot e Auden, sobre a forma como eles fizeram essas...

BRODSKY

Manobras...

ENTREVISTADOR

Bem, manobras ou decisões finais.

BRODSKY

Sim, certamente. Devo dizer que me coloco ao lado de Auden com mais presteza do que de Eliot. Embora fosse necessário alguém bem mais esperto que eu para explicar a diferença entre os dois.

ENTREVISTADOR

Pelas imagens que temos, parece que Eliot nos seus últimos dias foi um homem muito feliz, ao passo que Auden...

BRODSKY

Certamente não foi. Não sei. Isso denota uma porção de coisas. Basicamente, organizar sua vida de maneira que chegue a uma conclusão feliz é... Bem, talvez eu seja romântico demais ou jovem demais para respeitar esse tipo de coisa ou levá-la a sério. Mais uma vez, não fui suficientemente afortunado de ter recebido essa estrutura disposta na minha infância, como foi o caso de ambos. Então, tenho feito tudo essencialmente sozinho. Por exemplo, li a Bíblia pela primeira vez aos 23 anos. E isso me deixa um tanto carente de um pastor para me dar o rumo, entende? Eu realmente não saberia a que retornar. Não tenho qualquer noção do Paraíso. Não tenho um Paraíso derivado da infância que, antes de tudo, é a época mais feliz, e é também a primeira vez que a gente ouve falar do Paraíso. Eu passei pela severa e antirreligiosa escolaridade russa, que não permite qualquer noção sobre o pós-vida. Assim, o que estou tentando dizer, o que me interessa é o grau... o grau passível de compreensão da arbitrariedade.

ENTREVISTADOR

Quais são então os seus momentos mais elevados? Quando está trabalhando nas profundezas da linguagem?

BRODSKY

É por aí que começamos. Porque, se para mim existe alguma divindade, é a linguagem.

ENTREVISTADOR

Há momentos em que o senhor escreve quase como um observador?

BRODSKY

Para mim é muito difícil responder a isso. Durante o processo de escrever — acho que são as melhores horas —, de aprofundar, de ir além nas coisas. A gente tem direito a coisas que nem sabia que estavam ali. É isso que a linguagem nos traz, talvez.

ENTREVISTADOR

Como é aquela frase de Karl Kraus? "A linguagem é a vareta divina que descobre poços de pensamento."

BRODSKY

É um incrível acelerador do processo cognitivo. É por isso que eu a enalteço. É engraçado, porque ao falar sobre a linguagem eu me sinto soar como um maldito estruturalista francês. Já que você mencionou Karl Kraus, pelo menos temos algo continental para levar em conta. Bem, eles têm cultura, nós temos entranhas. Nós, russos e americanos.

ENTREVISTADOR

Conte-me seu caso de amor com Veneza.

BRODSKY

Sob muitos aspectos ela se assemelha à minha cidade natal, São Petersburgo. Mas o principal é que Veneza é tão bonita que você pode morar lá sem estar apaixonado. É tão bonita que você sabe que nada que possa criar ou produzir na vida — especialmente em termos de existência pura — teria uma beleza similar. É muito superior. Se eu tivesse que viver outra encarnação, gostaria de viver em Veneza como gato ou qualquer outra coisa, mas em Veneza. Até mesmo como rato. Em 1970, eu tinha uma ideia fixa de ir à cidade. Cheguei a pensar em me mudar para lá e alugar um apartamento no piso térreo de algum *palazzo* junto à água, para ficar ali sentado escrevendo, jogar meus tocos de cigarro e escutar o chiado deles se apagando na água. Quando o dinheiro acabasse eu iria até uma loja, compraria uma arma vagabunda com o que sobrasse e explodiria os miolos [*põe o dedo nas têmporas e faz o gesto de atirar*].

Assim, a primeira coisa que fiz quando tive liberdade de viajar, ou seja, em 1972, depois de lecionar um semestre em Ann Arbor, foi comprar uma passagem de ida e volta para Veneza, e fui lá passar o Natal. É interessante observar os turistas que chegam lá. A beleza é tanta que eles ficam um tanto apalermados. O que costumam fazer antes de tudo é atacar as lojas e comprar roupas — Veneza tem as melhores butiques da Europa —, mas quando aparecem trajando todas aquelas coisas há uma incongruência insuportável entre as pessoas, a multidão e o ambiente em volta. Porque não importa o quanto estejam bem vestidas e o quanto estejam sendo agraciadas pela natureza, falta-lhes a dignidade, que é em parte a dignidade da decadência, daquela artificialidade ao redor. Faz você perceber que o que as pessoas podem fazer com suas mãos é bem melhor do que elas próprias.

ENTREVISTADOR

Quando está lá, o senhor sente a história ao seu redor? É parte daquele ambiente?

BRODSKY

Sim, mais ou menos. O que eu gosto além da beleza é da decadência. A beleza da decadência. É algo que jamais se repetirá. Como disse Dante: "Uma das características básicas de qualquer obra é que seja impossível repeti-la".

ENTREVISTADOR

O que o senhor pensa das *Venetian vespers* de Anthony Hecht?

BRODSKY

É um livro muito bom. Não é tanto sobre Veneza, é sobre a sensibilidade americana. Acho Hecht um poeta soberbo. Há três deles nos Estados Unidos: Wilbur, Hecht e... não sei bem como localizar o terceiro.

ENTREVISTADOR

Estou interessado em saber por que o senhor coloca Wilbur num nível tão elevado.

BRODSKY

Gosto de perfeição. É verdade que não se ouvem as palpitações das esferas ou algo assim. No entanto, a magnificência com que ele usa seu material compensa. Porque há poesia e poesia. Há poetas e poetas. E Dick desempenha sua função melhor do que qualquer outro.

Acho que se eu tivesse nascido aqui acabaria tendo qualidades similares às de Hecht. Uma coisa que eu gostaria de ser é tão perfeito quanto ele e Wilbur. Deveria haver algo mais, presumo, algo meu, mas no que se refere ao ofício em si ninguém poderia desejar mais.

ENTREVISTADOR

Há uma comunicação próxima entre espíritos da mesma espécie? O senhor observa os outros cuidadosamente? Walcott, Milosz, Herbert, o senhor... são poetas compartilhando um terreno?

BRODSKY

Não é bem que eu observe Derek, por exemplo. Recebi bem recentemente dois poemas dele programados para aparecer na *New Yorker*. Um editor me mandou cópias e eu pensei: "Bem, Joseph... Isso é algo para levar em conta quando você escrever seu próximo poema". [*risos*]

ENTREVISTADOR

Quem mais há para se levar em conta?

BRODSKY

Ah, existem montes de sombras e montes de pessoas reais. Eugenio Montale seria um dos seres vivos. Há um alemão, um alemão muito bom, Peter Huchel. Ninguém na França, que eu saiba. Realmente não levo a poesia deles muito a sério. Akhmatova comentou, sabiamente, que no século XX a pintura francesa engoliu a poesia francesa. Quanto à Inglaterra, com toda certeza sou grande fã de Philip Larkin. Gosto muito dele. A única queixa é a habitual — que escreve muito pouco. Douglas Dunn. E há um sujeito magnífico ma Austrália, Les Murray.

ENTREVISTADOR

O que o senhor lê?

BRODSKY

Alguns livros sobre disciplinas com as quais não tinha muita familiaridade, como orientalismo, enciclopédias. Quase não tenho tempo para essas coisas. Por favor, não perceba esnobismo nisso. É meramente uma fadiga muito grande.

ENTREVISTADOR

E o que o senhor leciona? Isso afeta suas leituras?

BRODSKY

Somente na medida em que tenho de ler o poema diante da classe. [*risos*] Estou ensinando Hardy, Auden e Cavafy, esses três. Reflete bem meus gostos e meus vínculos. E Mandelstam, um pouco de Pasternak.

ENTREVISTADOR

O senhor está ciente de que está numa lista de leituras exigidas na Universidade de Boston para um curso chamado "Literatura Judaica Moderna"?

BRODSKY

Bem, parabéns à Universidade de Boston! Muito bem. Realmente não sabia. Sou um péssimo judeu. Costumava ser repreendido nos círculos judaicos por não apoiar a causa, a causa judaica, e por ter muitos temas do Novo Testamento nas coisas que escrevo. O que eu acho absolutamente tolo. Isso não tem nada a ver com a herança cultural. Da minha parte é meramente o efeito de pagar tributo à causa. Simples assim.

ENTREVISTADOR

O senhor também está numa lista chamada *Judeus Famosos*...

BRODSKY

Caramba! Incrível! Bem, *Judeus Famosos*... Então eu sou um judeu famoso... É assim que vou me considerar de agora em diante...

ENTREVISTADOR

E quanto às pessoas que o senhor mais admira? Falamos de algumas que morreram. E os vivos, pessoas cuja existência lhe seja importante? Mesmo que apenas sabendo que elas estão aí.

BRODSKY

Dick Wilbur, Tony Hecht, Galway Kinnell, Mark Strand. Esses são só alguns que conheço pessoalmente e me considero extremamente afortunado por isso. Montale, como mencionei, certamente seria um; Walcott é outro. E há pessoas de quem eu gosto muito pessoalmente e como escritores. Susan Sontag, por exemplo. Ela é a pessoa mais brilhante que existe. Dos dois lados do Atlântico. Porque, para ela, a discussão começa exatamente onde termina para todos os outros. Não consigo pensar em nada na literatura moderna que possa ser paralelo à música mental dos seus ensaios. De algum modo, não consigo separar pessoas e obras. Simplesmente até agora não aconteceu de eu gostar de uma obra escrita e não da pessoa. Diria que mesmo sabendo que uma pessoa é horrorosa eu seria o primeiro a achar justificativas para esse horror se o que ela escreve for bom. Afinal, é difícil dominar igualmente bem a vida e a obra. Então, se você tiver que fingir uma das duas, é melhor que seja a vida.

ENTREVISTADOR

Conte-me como foi conhecer Lowell.

BRODSKY

Conheci Lowell em 1972 na Internacional da Poesia. Ele simplesmente se ofereceu para ler meus poemas em inglês da forma como eu os lia em russo, um gesto extremamente gentil e comovente. Então subimos juntos ao palco.

Ele me convidou para ir até Kent. Fiquei um tanto perplexo. Meu inglês não era bom o suficiente. E também estava um pouco preocupado com o sistema de trens na Inglaterra. Não conseguia me entender com ele, para mim não tinha pé nem cabeça. Em terceiro lugar, talvez o motivo principal por eu não ter ido, é que pensei que seria impor minha presença. Porque, bem, quem diabos sou eu? Então, simplesmente não fui.

Aí, em 1975, eu estava no Five Colleges em Massachusetts, morando em Northampton, e ele me ligou e me convidou para ir a Brookline. A essa altura meu inglês já estava um tanto melhor e eu fui. O tempo que passamos juntos foi sob muitos aspectos a melhor época que eu me lembro de ter passado aqui nos Estados Unidos. Nós conversamos sobre isso e aquilo, até que finalmente nos fixamos em Dante. Foi a primeira conversa sobre Dante desde a Rússia que realmente fez sentido para mim. Ele o conhecia até pelo avesso, me pareceu, e de forma obsessiva. Era especialmente bom no *Inferno*. Acho que ele morou algum tempo em Florença, ou ficou lá, então sentia mais em relação ao *Inferno* do que em relação às outras partes. Pelo menos a conversa girava em torno disso.

Ficamos conversando umas cinco ou seis horas, mais até, e aí saímos para jantar. Ele me disse algumas coisas muito agradáveis. A única coisa que lançava um pouco de sombra era que eu sabia que durante os últimos anos de Auden os dois tinham brigado, e fora uma briga séria. Wystan não gostava da situação amoral de Lowell, ao passo que Lowell achava que isso não era da conta dele, e era muito cáustico em relação a Wystan como poeta.

ENTREVISTADOR

Isso não parece algo com que Auden fosse se preocupar muito...

BRODSKY

Wystan se preocupava com a moralidade das outras pessoas, pois era um respeitável filho da Inglaterra. Lembro-me de um comentário que fez. Eu lhe perguntei: "O que você acha de Lowell?". Foi no primeiro dia que vi Wystan. Eu sentei e comecei a interrogá-lo com a minha absoluta falta de consideração. Ele disse algo como: "Não gosto de homens que deixam uma trilha de fumaça de mulheres chorando atrás deles". Ou talvez tenha sido ao contrário: "Uma trilha chorosa de mulheres fumando".

ENTREVISTADOR

De um jeito ou de outro...

BRODSKY

É, de um jeito ou de outro... Ele não criticava Lowell como poeta. Era simplesmente uma questão de moralidade clássica com que eu acho que Auden gostava de jogar.

ENTREVISTADOR

Mas foi Auden, afinal, que fez Deus perdoar várias pessoas por escreverem bem...

BRODSKY

É, mas ele disse isso em 1939. Acho que, em certo sentido, a razão por trás de tudo isso era que ele insistia na fidelidade, em seus próprios casos e num sentido mais amplo. Além disso, ele foi ficando cada vez menos flexível. Quando se vive muito constata-se que pequenas coisas resultam em grandes danos. Portanto, suas atitudes ficam mais personalizadas. E repito, também acho que era uma espécie de jogo para ele. Auden gostava de brincar de professor e para isso, em seu mundo, ele era plenamente qualificado.

ENTREVISTADOR

Se o senhor pudesse trazer um dos dois ou ambos de volta, sobre que tipo de coisa conversariam?

BRODSKY

Montes de coisas. Em primeiro lugar — bem, é uma pergunta estranha —, talvez sobre as arbitrariedades de Deus. Essa conversa não iria longe com Auden, simplesmente porque não creio que ele gostaria de conversar sobre essa coisa pesada à la Thomas

Mannish. E, todavia, ele virou uma espécie de frequentador formal da igreja, por assim dizer. Fico um pouco preocupado com isso, porque a noção poética da infinitude é muito maior do que a patrocinada por qualquer credo, e me pergunto como ele conciliaria isso. Eu gostaria de lhe perguntar se ele acredita na Igreja ou simplesmente na noção religiosa da infinitude, no Paraíso, na doutrina da Igreja, que são normalmente pontos de chegada espiritual. Para o poeta são trampolins, ou pontos de partida para jornadas metafísicas. Bem, coisas assim. Mas, acima de tudo, eu gostaria de descobrir certas coisas sobre os poemas, o que ele quis dizer aqui e ali. Por exemplo, se em "In praise of limestone" ele realmente lista as tentações, ou as traduz como são encontradas no Livro Sagrado, ou se simplesmente saíram como um poema. [*longa pausa*] Gostaria que ele estivesse aqui. Mais do que qualquer outro. Bem, é uma coisa cruel de dizer, mas eu gostaria que três ou quatro pessoas estivessem vivas para conversar. Ele, Akhmatova, Tsvetaeva, Mandelstam... Já são quatro. Thomas Hardy.

ENTREVISTADOR
Há alguém que o senhor gostaria de trazer de eras atrás?

BRODSKY
Ah, uma multidão de gente. Não caberiam nesta sala.

ENTREVISTADOR
Como Lowell se sentia a respeito da religião?

BRODSKY
Nunca conversamos sobre isso, exceto ironicamente, mencionando *en passant*. Ele era absolutamente estarrecedor falando de política ou das fraquezas de escritores. E das fraquezas humanas. Era extremamente generoso, mas o que eu gostava nele era a

ferocidade da linguagem. Tanto Lowell como Auden eram monologuistas. Em certo sentido, não se deve falar com pessoas como eles, deve-se escutá-los — que é o equivalente existencial extremo a ler poesia. Uma espécie de viagem. Eu era todo ouvidos, em parte por causa do meu inglês. Ele era um homem adorável, realmente adorável. Lowell, quero dizer. A diferença de idade entre nós não era tão grande — bem, era de uns vinte anos, então de certo modo eu me sentia mais à vontade com ele do que com Auden. Mas, volto a dizer, acima de todos, eu me sentia à vontade com Akhmatova.

ENTREVISTADOR

Algum deles chegou a interrogá-lo da forma como gostaria de ser interrogado acerca de si mesmo e das coisas que escrevia?

BRODSKY

Lowell fez isso. Akhmatova me fez diversas perguntas... Mas, enquanto eles estavam vivos, veja, eu me sentia como um rapaz. Eles eram os mais velhos, por assim dizer, os mestres. Agora que se foram, de repente penso em mim mesmo como muito velho. E... isso é o que significa civilização, dar continuidade. Bem, não creio que Auden fosse gostar de rock, nem eu gosto. Nem Lowell, acho.

ENTREVISTADOR

O senhor tem amigos próximos que sejam artistas, pintores, músicos, compositores?

BRODSKY

Aqui, não. Na Rússia, eu tinha. Aqui, a única pessoa próxima a isso é Baryshnikov. Compositores, nenhum. Não, é um vazio. A categoria de pessoas de que eu mais gostava eram os artistas gráficos e os músicos.

ENTREVISTADOR

Mas o senhor tira muita coisa desses campos.

BRODSKY

Da música, sim. Realmente não sei como ela se reflete no que faço, mas certamente tiro muito dela.

ENTREVISTADOR

O que costuma ouvir? Percebo que está tocando Billie Holiday agora...

BRODSKY

"Sophisticated lady", de Billie Holiday, é uma peça magnífica. Gosto de Haydn. Na verdade, a música é a maior professora de composição, acho, mesmo para a literatura. Ainda que apenas por causa — bem, do princípio, por exemplo, do concerto: três partes, uma rápida, duas lentas, ou vice-versa. Você sabe que precisa despejar tudo o que tem nessa peça de vinte minutos. E também pelo que se pode acompanhar na música: a alternância entre lirismo e um trivial *pizzicato* é como as mudanças, os contrapontos, o caráter fluido de um argumento, uma montagem fluida. Quando comecei a escutar música clássica, o que mais me impressionou foi como ela se move, sua imprevisibilidade. Nesse sentido, Haydn é bárbaro porque é absolutamente imprevisível. [*longa pausa*] É tão bobo... penso em como tudo não tem sentido, exceto duas ou três coisas — escrever, escutar música e talvez pensar um pouquinho. Mas o resto...

ENTREVISTADOR

E a amizade?

BRODSKY

A amizade é uma coisa bonita. Eu também incluiria comida...

[*risos*] Mas outras coisas que a gente é forçado a fazer — pagar impostos, contar, escrever referências, a faina diária... Essas coisas não lhe parecem completamente sem sentido? É como quando nos sentamos naquele café. A moça estava fazendo alguma coisa com as tortas, seja lá o que for. Elas estavam naquele refrigerador com o vidro. E ela enfiou a cabeça e ficou fazendo aquelas coisas, o resto do corpo fora da geladeira. Ficou naquela posição por uns dois minutos. E uma vez que você vê isso não há mais sentido em existir. [*risos*] Simples, né?

ENTREVISTADOR

Exceto que no instante em que se traduz isso numa imagem ou num pensamento já se eliminou a inutilidade.

BRODSKY

Mas uma vez que foi visto o todo da existência fica comprometido.

ENTREVISTADOR

Retornamos ao tempo. Agora porque o senhor vê o recipiente sem nada dentro.

BRODSKY

É, mais ou menos. Na verdade, li no último livro de Penn Warren [*levanta-se e revira a escrivaninha*]: "O tempo é a dimensão na qual Deus se esforça para definir sua própria existência". Bem, "esforçar-se" soa um pouco infantil. Mas há outra citação, esta de enciclopédia: "Não existe, em suma, padrão de tempo absoluto".

ENTREVISTADOR

A última vez que conversei com o senhor duas coisas ainda não tinham acontecido. Quanto do seu tempo é preenchido com o Afeganistão e a situação dos reféns?

BRODSKY

Quando não estou escrevendo ou lendo, estou pensando nessas duas coisas. Das duas, acho que a situação afegã é a mais trágica. Quando vi as primeiras imagens do Afeganistão na TV, um ano atrás, foi algo muito curto. Eram os tanques rolando pelo platô. Durante trinta e duas horas seguidas fiquei subindo pelas paredes. Bem, não é que me envergonhe de ser russo. Eu já senti isso duas vezes na vida: em 1956 por causa da Hungria e em 1968 por causa da Tchecoslováquia. Naqueles dias, minha atitude foi agravada pelo medo imediato, pelos meus amigos, se não por mim mesmo, simplesmente porque eu sei que sempre que a situação internacional piora logo se segue um colapso interno.

Mas não foi isso que realmente me tirou de órbita em relação ao Afeganistão. O que eu vi foi basicamente uma violação dos elementos — porque o platô nunca tinha visto um arado antes, muito menos um tanque. Assim, era uma espécie de pesadelo existencial. E ainda está na minha retina. Desde então tenho pensado em soldados que são, bem, cerca de vinte anos mais jovens que eu, de modo que alguns poderiam ser, tecnicamente falando, meus filhos. Nunca escrevi um poema que dissesse "Glória aos que nos anos 60 entraram marchando nas clínicas de aborto, salvando assim a maternidade da desgraça".

O que me deixa absolutamente furioso não é a poluição — é algo muito mais assustador. É algo em que eu penso quando estão abrindo o solo para as fundações de um edifício. É a usurpação da terra, a violação dos elementos. Não que eu seja um adepto pastoral. Não, eu acho, ao contrário, que as usinas nucleares devem existir. No final, é mais barato que o petróleo.

Mas um tanque rolando sobre o platô agride o espaço. É absolutamente sem sentido, é como subtrair de zero. E é vil num sentido primordial, em parte por causa da semelhança entre tanques e dinossauros. Simplesmente não deveria acontecer.

ENTREVISTADOR

Seus sentimentos acerca dessas coisas ficam muito separados daquilo que escreve?

BRODSKY

Eu não acredito em escrever sobre isso — acredito em ação. Acho que é hora de criar um tipo de Brigada Internacional. Isso foi feito em 1936, por que não agora? Só que em 1936 a Brigada Internacional foi financiada pelo Serviço de Segurança Soviético. Só me pergunto se existe alguém com dinheiro... alguém no Texas que pudesse apoiar financeiramente isso.

ENTREVISTADOR

O que o senhor imagina a Brigada Internacional fazendo?

BRODSKY

Bem, a Brigada Internacional pode fazer essencialmente o que fez em 1936 na Espanha, ou seja, revidar, ajudar a população local. Ou pelo menos dar algum tipo de assistência médica — comida, abrigo. Se existe alguma coisa nobre, é esta. Não uma Anistia Internacional... Eu não me importaria em guiar um jipe da Cruz Vermelha...

ENTREVISTADOR

Às vezes é difícil identificar claramente os lados morais...

BRODSKY

Eu realmente não sei que tipo de lado moral você está procurando, especialmente num lugar como o Afeganistão. É bastante óbvio. Eles foram invadidos; foram subjugados. Talvez seja apenas uma sociedade tribal, mas a escravidão tampouco é minha ideia de revolução.

ENTREVISTADOR

Estou falando mais em termos de países.

BRODSKY

Rússia contra Estados Unidos? Não creio que haja alguma dúvida. Se não houvesse outra diferença entre os dois, para mim bastaria o sistema de júri de doze pessoas contra o sistema de um juiz como base para preferir os Estados Unidos à União Soviética. Ou, para ser menos complicado — porque até isso deixa as pessoas perplexas —, prefiro o país que se pode deixar ao país que não se pode.

ENTREVISTADOR

O senhor disse que está bastante satisfeito com seu poema "Lowell" escrito em inglês. Há algum motivo para o senhor não continuar simplesmente escrevendo em inglês?

BRODSKY

Há várias razões. Em primeiro lugar, tenho coisas suficientes para fazer em russo. E em inglês há uma porção de gente boa ainda viva. Não há sentido em fazer isso. Escrevi uma elegia em inglês simplesmente porque queria agradar a sombra. Quando terminei "Lowell", havia outro poema em inglês na minha cabeça. Rimas maravilhosas vinham ao meu encontro, e mesmo assim eu disse a mim mesmo para parar. Porque não quero criar uma realidade adicional para mim. Além disso, teria de competir com as pessoas para quem o inglês é a língua materna, não é? E, por fim, o que é mais importante, não tenho essa aspiração. Estou feliz o bastante com o que faço em russo, que às vezes dá certo e às vezes não dá. Quando não dá, não consigo pensar em tentar em inglês. Não quero ser penalizado duas vezes. [*risos*] E, quanto ao inglês, escrevo meus ensaios, o que já me basta para dar uma sensação de confiança. Não sei realmente como colocar, mas, tecnicamente falando, o inglês é a única coisa interessante que me resta na vida. Isso não é exagero nem uma afirmação para chocar. É como as coisas são, não é?

ENTREVISTADOR

O senhor leu o texto de Updike sobre Kundera na *New York Times Book Review*? Ele acaba referindo-se ao senhor, citando-o como um dos que lidou com o exílio tornando-se um poeta americano.

BRODSKY

Fico lisonjeado, mas é uma besteira.

ENTREVISTADOR

Imagino que ele estivesse se referindo não somente ao fato de o senhor ter escrito algumas coisas em inglês, mas também ao fato de estar começando a tratar de paisagens americanas, como o Cape Cod...

BRODSKY

Pode ser... Nesse caso, o que posso dizer? Certamente a gente se torna o país onde vive, especialmente no fim. Nesse sentido, sou bem americano.

ENTREVISTADOR

Como se sente em relação a escrever algo repleto de associações americanas em língua russa?

BRODSKY

Em muitos casos não existe a palavra russa para aquilo, ou existe uma palavra russa que não cai muito bem. Aí você procura meios de contornar o problema.

ENTREVISTADOR

Bem, o senhor escreveu sobre viaturas de polícia e o jazz de Ray Charles...

BRODSKY

É, isso é possível, porque Ray Charles é um nome e há uma expressão em russo para "viatura de polícia". O mesmo acontece com o arco da cesta de basquete. A coisa mais difícil com a qual tive de lidar nesse poema tinha a ver com a Coca-Cola, porque eu tentava despertar a sensação que me fazia lembrar de *Mene, Mene, Tekel, Upharsin*, aquela frase que Belshazzar vê no muro, que prediz o final de seu reinado. É daí que vem a expressão "inscrição no muro". Não se pode dizer "cartaz da Coca-Cola", porque não há expressão idiomática para isso. Assim, eu tive de descrevê-lo dando voltas e voltas — e a imagem acabou lucrando com isso. Eu não disse "um cartaz", mas disse algo que despertava um efeito cuneiforme ou hieroglífico da Coca-Cola. De modo que reforçasse a imagem de "inscrição no muro".

ENTREVISTADOR

O que o senhor acha que acontece fisicamente quando o poema chega a uma espécie de beco sem saída que para ser superado exige que o senhor vá em uma direção que ainda não consegue imaginar?

BRODSKY

Sempre se pode prosseguir, mesmo quando o final que se tem é o mais terrível. Para o poeta, o credo ou a doutrina não são o ponto de chegada, e sim, ao contrário, o ponto de partida para a jornada metafísica. Por exemplo, você escreve um poema sobre a crucificação. Decidiu usar dez estrofes e, no entanto, ainda está na terceira estrofe e já tratou da crucificação em si. Você precisa ir além e acrescentar algo, evoluir para alguma coisa que ainda não está lá. Basicamente o que estou dizendo é que a noção poética de infinitude é muito maior, e é quase autoimpulsionada pela forma.

Uma vez, numa conversa com Tony Hecht em Breadloaf, estávamos falando sobre o uso da Bíblia, e ele disse: "Joseph, você não concorda que o que um poeta faz é tentar tirar mais sentido dessas coisas?". E é isso. Há mais sentido, não é? Nas obras de poetas melhores você tem a sensação de que não estão falando mais com as pessoas, ou com uma criatura seráfica. O que estão fazendo é simplesmente responder à própria linguagem — na forma de beleza, sensualidade, sabedoria, ironia —, aos aspectos da qual o poeta é um espelho claro. Poesia não é uma arte ou um ramo de arte, é algo mais. Se o que nos distingue das outras espécies é a fala, então a poesia, que é a suprema operação linguística, é nossa meta antropológica, de fato genética. Qualquer pessoa que encare a poesia como entretenimento, como uma "leitura", comete um crime antropológico contra si mesma, em primeiro lugar.

Julio Cortázar

Quando Julio Cortázar morreu de câncer em fevereiro de 1984, aos 69 anos, o jornal *El Pais* de Madri o saudou como um dos maiores escritores latino-americanos e por mais de dois dias encheu onze páginas inteiras de tributos, reminiscências e despedidas. Embora Cortázar vivesse em Paris desde 1951, visitava regularmente seu país de origem, a Argentina, até ser oficialmente exilado no início dos anos 1970 pela junta militar, que levantara objeções a vários de seus contos. Com a vitória, no último outono, do governo democraticamente eleito de Alfonsín, Cortázar pôde fazer uma última visita à sua terra natal. O ministro da Cultura de Alfonsín optou por não lhe fazer nenhuma recepção oficial, temeroso de que suas opiniões políticas estivessem demasiadamente à esquerda, porém o escritor foi recebido como um herói que retornava. Uma noite em Buenos Aires, saindo do cinema após assistir ao novo filme baseado no romance de Osvaldo Soriano, *No habrá más penas ni olvido*, Cortázar e seus amigos depararam com uma manifestação estudantil vindo em sua direção que imediatamente se desfez quando reconheceram o escritor e se juntaram ao seu redor. As livrarias do bulevar ainda estavam abertas e os estudantes correram para comprar exemplares dos livros de Cortázar, para que ele pudesse autografá-los. O vendedor de um quiosque, desculpando-se por não ter mais livros dele, estendeu-lhe um romance de Carlos Fontes para autografar.

Cortázar nasceu em Bruxelas, em 1914. Sua família retornou à Argentina após a guerra, e ele cresceu em Banfield, perto de Buenos Aires. Graduou-se professor do ensino fundamental e foi trabalhar numa cidadezinha na província de Buenos Aires até o início da década de 1940, escrevendo para si mesmo paralelamente. Um de seus primeiros contos publicados, "Casa tomada", que lhe veio em sonho, surgiu em 1946 numa revista editada por Jorge Luis Borges. No entanto, foi só quando Cortázar mudou-se para Paris em 1951 que ele começou a publicar profissionalmente. Em Paris, trabalhou como tradutor e intérprete para a Unesco e outras organizações. Traduziu Poe, Defoe e Marguerite Yourcenar, entre outros escritores. Em 1963, seu segundo romance, *O jogo da amarelinha* — sobre as buscas metafísicas e existenciais de um argentino mediante a vida noturna de Paris e Buenos Aires — estabeleceu de fato o nome de Cortázar.

Apesar de ser conhecido acima de tudo como um mestre do conto moderno, os quatro romances de Cortázar demonstraram uma pronta inovação de forma, ao mesmo tempo que exploraram questões básicas acerca do homem na sociedade. Esses romances incluem *Os prêmios* (1960), *62: modelo para armar* (1968), baseado em parte na sua experiência como intérprete, e *O livro de Manuel* (1973), sobre o sequestro de um diplomata latino-americano. Mas foram seus contos que mais diretamente revelaram seu fascínio pelo fantástico. O mais conhecido deles serviu de base para o filme de Antonioni de mesmo nome, *Blow-up*. Cinco coletâneas de seus contos foram lançadas em inglês até esta data, sendo a mais recente *Queremos tanto a Glenda*. Pouco antes de morrer, foi publicado um diário de viagem, *Os autonautas da cosmopista*, no qual colaborou com sua esposa, Carol Dunlop, durante uma viagem de Paris a Marselha num trailer. Publicado simultaneamente em espanhol e francês, seus direitos autorais e royalties foram cedidos por Cortázar ao governo sandinista da Nicarágua. O livro tornou-se desde então um best-seller. Duas coletâneas póstumas de artigos políticos sobre a Nicarágua e a Argentina também foram publicadas.

Ao longo de seus anos de expatriado em Paris, Cortázar viveu em diversos bairros. Na última década, os direitos autorais de suas obras permitiram-lhe comprar seu próprio apartamento. Este, no alto de um prédio numa região de atacadistas e lojas de louça, poderia ter sido cenário de um de seus contos: espaçoso, embora atulhado de livros, com as paredes cobertas de quadros de amigos.

Cortázar era um homem alto, com mais de um metro e noventa, porém mais magro do que suas fotos deixavam entrever. Os últimos meses antes desta entrevista foram particularmente difíceis para ele, pois sua última esposa, Carol, trinta anos mais nova, tinha morrido de câncer havia pouco. Além disso, suas extensivas viagens, especialmente para a América Latina, o haviam deixado exausto. Ele chegara havia pouco mais de uma semana e finalmente estava podendo relaxar em sua cadeira favorita, fumando cachimbo enquanto conversávamos.

— *Jason Weiss, 1984*

ENTREVISTADOR
Em alguns dos contos de seu livro mais recente, *Fora de hora*, o fantástico parece abraçar o mundo real mais do que nunca. O senhor sentia que o fantástico e o lugar-comum estivessem se tornando uma coisa só?

JULIO CORTÁZAR

Sim, nas histórias recentes tenho a sensação de que existe menos distância entre aquilo que chamamos de fantástico e o que chamamos de real. Nos meus contos mais antigos, a distância era maior porque o fantástico era *realmente* fantástico, e às vezes tocava o sobrenatural. É claro que o fantástico passa por metamorfoses; ele muda. A noção de fantástico que tínhamos na época dos romances góticos na Inglaterra, por exemplo, não tem absolutamente nada a ver com o conceito que temos hoje. Agora damos risada quando lemos *O castelo de Otranto*, de Horace Walpole — os fantasmas vestidos de branco, os esqueletos que andam de um lado a outro fazendo ruídos com suas correntes. Atualmente, minha noção de fantástico é mais próxima daquilo que chamamos de realidade. Talvez porque a realidade esteja se aproximando do fantástico cada vez mais.

ENTREVISTADOR

Nos últimos anos o senhor passou muito mais tempo apoiando várias lutas de libertação na América Latina. Isso também não teria ajudado a aproximar o real e o fantástico, deixando o senhor mais sério?

CORTÁZAR

Bem, eu não gosto da ideia de "sério", porque não acho que eu seja sério, ao menos não no sentido que se usa para se falar de um homem sério ou de uma mulher séria. Mas, nestes últimos anos, meus esforços em relação a certos regimes na América Latina — Argentina, Chile, Uruguai e agora acima de tudo a Nicarágua — têm me absorvido a tal ponto que tenho usado o fantástico em certas histórias para lidar com esse tema — de uma maneira muito próxima da realidade, na minha opinião. Então, sinto-me menos livre do que antes. Isto é, trinta anos atrás eu escrevia coisas que me vinham à cabeça e as julgava apenas por critérios estéticos. Agora, embora continue a julgá-las assim, antes de tudo porque sou escritor — agora sou um escritor atormentado, muito preocupado com a situação na América Latina; consequentemente, isso penetra com frequência nas coisas que escrevo, de forma consciente ou inconsciente. Mas, apesar das histórias com referências muito precisas a questões ideológicas e políticas, meus contos, em essência, não mudaram. Ainda são histórias fantásticas.

O problema para um escritor engajado, como se diz agora, é continuar sendo escritor. Se o que ele escreve se torna simplesmente literatura com conteúdo político, pode ser muito medíocre. Foi isso que aconteceu com numerosos escritores. Então, é um problema de equilíbrio. Para mim, o que eu faço precisa ser sempre literatura, a mais elevada que eu consiga fazer... ir além do possível. Porém, ao mesmo tempo, tentar inserir uma mistura da realidade contemporânea. E esse é um equilíbrio muito difícil. No livro *Fora de hora*, no conto sobre os ratos, "Satarsa" — que é um episódio baseado na luta contra a guerrilha argentina —, houve a tentação de me ater apenas ao nível político.

ENTREVISTADOR

Qual tem sido a reação a esses contos? Houve muita diferença entre a reação por parte de pessoas ligadas à literatura e pessoas ligadas à política?

CORTÁZAR

É claro. Os leitores burgueses na América Latina que são indiferentes à política ou aqueles que se alinham com a direita, bem, eles não se preocupam com os problemas que me preocupam — a exploração, a opressão, e assim por diante. Essas pessoas lamentam que minhas histórias frequentemente assumam

um rumo político. Outros leitores, especialmente os jovens —
que compartilham dos meus sentimentos, da minha necessidade
de luta, e que amam a literatura —, adoram essas histórias. Os
cubanos aplaudem "Reunião". "Apocalipse de Solentiname" é um
conto que os nicaraguenses leem e releem com grande prazer.

ENTREVISTADOR

O que determinou seu crescente envolvimento político?

CORTÁZAR

Os militares na América Latina — são eles que tornam meu
trabalho mais difícil. Se eles fossem removidos, se houvesse uma
mudança, então eu poderia descansar um pouco e trabalhar em
poemas e contos exclusivamente literários. Mas são eles que me
dão trabalho para fazer.

ENTREVISTADOR

O senhor disse em várias ocasiões que a literatura é, para o
senhor, como um jogo. De que maneira?

CORTÁZAR

Para mim, a literatura é uma forma de brincar. Mas sempre
acrescentei que existem duas maneiras de brincar: o futebol, por
exemplo, é basicamente um jogo, e jogos são algo muito sério e
profundo. Quando as crianças brincam, embora estejam se di-
vertindo, levam a brincadeira muito a sério. É importante. É tão
sério para elas agora quanto o amor será daqui a dez anos. Eu me
lembro de quando era pequeno e meus pais costumavam dizer:
"Tudo bem, você já brincou bastante, agora venha tomar banho".
Eu achava aquilo completamente idiota, porque, para mim, o banho era uma coisa boba. Não tinha a menor importância, enquanto brincar com meus amigos era algo sério. A literatura é

assim — um jogo, mas um jogo no qual a gente pode colocar a própria vida. Pode-se fazer tudo por esse jogo.

ENTREVISTADOR

Quando o senhor começou a se interessar pelo fantástico? Quando era jovem?

CORTÁZAR

Começou na infância. A maioria dos meus colegas de classe não tinham ideia do fantástico. Tomavam as coisas como elas eram... Isto é uma planta, aquilo é uma poltrona. Mas, para mim, as coisas não eram assim tão bem definidas. Minha mãe, que ainda está viva e é uma mulher de muita imaginação, me incentivou. Em vez de dizer: "Não, não, você precisa ser sério", ela ficava contente por eu ser imaginativo. Quando me voltei para o mundo do fantástico, ela me ajudou dando-me livros. Li Edgar Allan Poe pela primeira vez quando tinha apenas nove anos. Roubei o livro porque minha mãe não queria que eu o lesse; pensava que eu era jovem demais e estava certa. Aquilo me deixou apavorado, e fiquei doente por três meses, porque acreditei nele... *Dur comme fer*, como dizem os franceses. Para mim, o fantástico era perfeitamente natural. Eu não tinha a menor dúvida disso. Assim eram as coisas. Quando eu dava esse tipo de livro para meus amigos, eles diziam: "Não, nós preferimos ler histórias de caubói". Os caubóis eram especialmente populares naquela época. Eu não entendia isso. Preferia o mundo do sobrenatural, do fantástico.

ENTREVISTADOR

Quando o senhor traduziu as obras completas de Poe muitos anos depois, descobriu coisas novas por fazer uma leitura tão meticulosa?

CORTÁZAR

Muitas, muitas coisas. Explorei a linguagem dele, que é criticada tanto por ingleses como por americanos porque a julgam barroca demais. Como não sou nem inglês nem americano, eu a vejo sob outra perspectiva. Sei que há aspectos que envelheceram muito, que são exagerados, mas isso não significa nada comparado ao seu gênio. Escrever, naqueles tempos, "A queda da casa de Usher", "Ligeia", "Berenice", "O gato preto", qualquer um deles, mostra um verdadeiro gênio para o fantástico e para o sobrenatural. Ontem visitei um amigo na rua Edgar Allan Poe. Há uma placa ali que diz: "Edgar Poe, escritor inglês". Ele não era inglês, de modo algum! Deveríamos fazer mudarem isso — vamos ambos protestar!

ENTREVISTADOR

Nas suas obras, além do fantástico, existe um verdadeiro calor e afeto pelos seus personagens.

CORTÁZAR

Quando meus personagens são crianças e adolescentes, tenho muito carinho por eles. Acho que são muito vivos nos meus romances e nos meus contos e os trato com muito amor. Quando escrevo uma história em que o personagem é um adolescente, *sou* o adolescente enquanto escrevo. Com personagens adultos, é um pouco diferente.

ENTREVISTADOR

Muitos dos seus personagens são baseados em pessoas que o senhor conhece?

CORTÁZAR

Eu não diria muitos, mas alguns. Com bastante frequência há personagens que são uma mistura de duas ou três pessoas.

240

Criei um personagem feminino, por exemplo, a partir de duas mulheres que conheci. Isso dá ao personagem na história ou no livro uma personalidade mais complexa, mais difícil.

ENTREVISTADOR

O senhor quer dizer que, quando sente a necessidade de *engrossar* um personagem, combina duas pessoas?

CORTÁZAR

As coisas não funcionam desse jeito. São os personagens que me dirigem. Quer dizer, eu vejo um personagem, ele está lá, e eu reconheço alguém conhecido, ou às vezes duas pessoas que estão um pouquinho misturadas, mas para aí. Depois, ele age por conta própria. Diz coisas... Nunca sei *o que* algum deles vai dizer quando estou escrevendo o diálogo. De verdade, depende deles. Só estou datilografando o que eles dizem. Às vezes caio na risada, ou jogo fora uma página e digo: "Olha aí, olha aí, você disse uma bobagem. Fora!". Coloco outra folha na máquina e começo o diálogo de novo.

ENTREVISTADOR

Então não são os personagens que o senhor conheceu que o impelem a escrever?

CORTÁZAR

Não, de jeito nenhum. Em geral, tenho a ideia de uma história, mas ainda não há personagens. Tenho uma ideia estranha: algo vai acontecer numa casa no campo, eu vejo... sou muito visual quando escrevo, eu vejo tudo, tudo. Então, vejo a casa no campo e aí, abruptamente, começo a situar os personagens. A essa altura, um dos personagens *pode* ser alguém que eu tenha conhecido. Mas não é garantido que seja assim. No final, a maioria dos personagens é inventada. Agora, é claro que há eu mesmo.

Em *O jogo da amarelinha*, há muitas referências autobiográficas no personagem do Oliveira. Não sou eu, mas há muita coisa que vem dos meus primeiros dias de boêmia em Paris. Ainda assim, os leitores que leem Oliveira como *sendo* Cortázar estariam enganados. Não, não, eu era bem diferente.

ENTREVISTADOR

Isso acontece porque o senhor não deseja que suas obras sejam autobiográficas?

CORTÁZAR

Não gosto de autobiografia. Jamais vou escrever minhas memórias. Autobiografias de outras pessoas me interessam, é claro, mas não a minha. Se eu escrevesse uma autobiografia, teria de ser fiel e honesto. Não poderia contar uma história imaginária. E então estaria fazendo um trabalho de historiador, seria um auto--historiador, e isso me aborrece. Porque prefiro inventar, imaginar. É claro que com frequência, quando tenho ideias para um romance ou um conto, situações e momentos da minha vida se colocam naturalmente nesse contexto. No meu conto "Fora de hora", a ideia de um garoto apaixonado pela irmã mais velha do amigo é, de fato, baseada numa situação autobiográfica. Então há uma pequena parte do conto que é autobiográfica, mas daí por diante é o fantástico ou o imaginário que predomina.

ENTREVISTADOR

Como o senhor dá início a suas histórias? Algum registro particular, alguma imagem?

CORTÁZAR

Comigo os contos e romances podem começar em qualquer ponto. Quando começo a escrever a história, o ato de escrever em si já esteve se revirando dentro de mim por um bom tempo, às vezes por semanas. Mas não de uma forma clara; é uma espécie de ideia geral da história. Talvez aquela casa com uma planta vermelha num canto, e eu sei que há um velho que anda de um lado a outro dentro dessa casa. Isso é tudo o que sei. É assim que acontece. E há também os sonhos. Durante esse período de gestação meus sonhos ficam cheios de referências e alusões ao que está acontecendo na história. Às vezes a história inteira é um sonho. Um dos meus primeiros e mais populares contos, "Casa tomada", é um pesadelo que tive. Eu me levantei imediatamente e o escrevi. Mas, em geral, o que vem dos sonhos são fragmentos de referências. Isto é, meu subconsciente está no processo de elaborar a história — quando estou sonhando, ela está sendo escrita lá dentro. Então, quando digo que começo em qualquer ponto, é porque não sei o que, nesse ponto, vai ser o início ou o fim. Quando começo a escrever, esse é o começo. Não resolvi que a história precisa começar assim; simplesmente sei o que vai acontecer. Só aos poucos, gradualmente, à medida que a história progride, é que as coisas se tornam mais claras e de repente eu vejo o final.

ENTREVISTADOR

Então o senhor descobre a história *enquanto* a está escrevendo?

CORTÁZAR

É isso mesmo. É como improvisar no jazz. Você não pergunta a um músico de jazz: "Mas o que você vai tocar?". Ele vai dar risada. Ele tem um tema, uma série de acordes que precisa respeitar, aí pega o trompete ou o saxofone e começa. Não é uma questão de *ideia*. Ele executa atravessando uma série de diferentes pulsações internas. Às vezes sai direito, às vezes não. Comigo é a mesma coisa. Às vezes eu fico um pouco constrangido de assinar minhas histórias. Os romances, não, porque neles eu trabalho bastante; há toda uma arquitetura. Mas meus contos surgem como se fossem ditados a mim por algo que está aqui dentro, mas não sou eu o responsável. Bem, já que parece que são meus mesmo assim, acho que devo aceitá-los!

ENTREVISTADOR

Existem certos aspectos de escrever uma história que sempre apresentam algum problema?

CORTÁZAR

Em geral, não, porque, como eu estava explicando, a história já está feita em algum lugar dentro de mim. Assim, ela tem sua dimensão, sua estrutura. Se vai ser um conto muito curto ou bem longo, é como se tudo isso já estivesse decidido de antemão. Mas nos últimos anos comecei a sentir alguns problemas. Fico mais tempo refletindo na frente da página. Escrevo mais devagar. E escrevo de uma forma mais econômica. Alguns críticos têm me recriminado por isso, dizendo que pouco a pouco estou perdendo a maleabilidade nas minhas histórias. Pareço estar dizendo o que quero com maior economia de meios. Não sei se isso é melhor ou pior — em todo caso, é o meu jeito atual de escrever.

ENTREVISTADOR

O senhor dizia que com os romances há toda uma arquitetura. Isso significa que os trabalha de um modo muito diferente?

CORTÁZAR

A primeira coisa que escrevi em *O jogo da amarelinha* foi um capítulo que agora está no meio do livro. É aquele em que os personagens colocam uma tábua para atravessar da janela de um apartamento a outro. Escrevi isso sem saber por que estava escrevendo. Vi os personagens, vi a situação — foi em Buenos Aires. Estava muito quente, eu lembro, e eu estava perto da janela com minha máquina de escrever. Vi essa situação de um sujeito tentando fazer sua esposa atravessar pela tábua — porque ele próprio não iria — para pegar alguma coisa à toa, uns pregos. Escrevi tudo isso, algo bem longo, umas quarenta páginas, e quando terminei disse a mim mesmo: "Tudo bem, mas o que é isso que eu fiz? Porque isso aí não é uma história. O que é?". Então compreendi que tinha dado a partida num romance, mas que não podia prosseguir a partir daí. Precisava parar, voltar e escrever toda a parte de Paris que vem antes, que é o pano de fundo do Oliveira, e, quando finalmente cheguei a esse capítulo de andar sobre a tábua, fui em frente a partir dali.

ENTREVISTADOR

O senhor revisa muito quando escreve?

CORTÁZAR

Muito pouco. Isso porque o todo já está em elaboração dentro de mim. Quando vejo os rascunhos de certos amigos escritores, onde tudo é revisado, tudo é modificado, mudado de lugar e há flechas por toda parte... Não, não, não. Meus originais são bem limpos.

ENTREVISTADOR

Em *Paradiso*, José Lezama Lima faz Cemí dizer que "o barroco [...] é o que tem real interesse na Espanha e na América Espanhola". Por que o senhor acha que isso aconteceu?

CORTÁZAR

Não posso responder como especialista. É verdade, o barroco é muito importante na América Latina, tantos nas artes como na literatura. O barroco pode oferecer grande riqueza. Ele permite que a imaginação vagueie em todas as suas muitas direções em espiral, como numa igreja barroca com seus anjos decorativos e tudo o mais, ou na música barroca. Mas eu desconfio do barroco. Os autores barrocos, com muita frequência, se soltam com facilidade demais ao escrever. Escrevem em cinco páginas o que poderiam muito bem ter escrito em uma. Eu também devia ter caído no barroco por ser latino-americano, mas sempre tive essa desconfiança. Não gosto de frases inchadas, volumosas, cheias de adjetivos e descrições, ronronando e ronronando nos ouvidos do leitor. Sei que é encantador, é claro. É muito lindo, mas não sou eu. Estou mais para o lado de Jorge Luis Borges. Ele sempre foi inimigo do barroco. Espremia seus escritos, como se usasse um alicate. Bem, eu escrevo de modo muito diferente de Borges, mas a grande lição que ele me ensinou é a da economia. Ele me ensinou quando comecei a lê-lo, muito jovem, que é preciso tentar dizer o que se quer com economia, mas com uma economia bonita. Essa é a diferença, talvez, entre uma planta, que poderia ser considerada barroca, com sua multiplicidade de folhas, muitas vezes lindíssimas, e uma pedra preciosa, um cristal — *isso* para mim é mais lindo ainda.

ENTREVISTADOR
Quais são seus hábitos ao escrever? Algum deles mudou?

CORTÁZAR
A única coisa que não mudou e nunca vai mudar é a total anarquia e desordem. Não tenho absolutamente método nenhum. Quando sinto vontade de escrever uma história, abandono tudo e escrevo a história. E às vezes, quando escrevo uma história, no mês ou nos meses seguintes, escrevo mais duas ou três. Em geral, as histórias vêm em série. Escrever uma me deixa num estado re-

ceptivo, e então eu "agarro" outra. Você vê o tipo de imagem que eu uso, mas é assim mesmo. A história surge dentro de mim. Mas aí pode se passar um ano sem eu escrever nada... nada. É claro que estes últimos anos passei um bom tempo na máquina escrevendo artigos políticos. Os textos que escrevi sobre a Nicarágua, tudo o que escrevi sobre a Argentina, não têm nada a ver com literatura — são coisas de militante.

ENTREVISTADOR

O senhor tem dito com frequência que foi a Revolução Cubana que o despertou para as questões da América Latina e seus problemas.

CORTÁZAR

E digo novamente.

ENTREVISTADOR

O senhor tem lugares preferidos para escrever?

CORTÁZAR

Na verdade, não. No começo, quando eu era mais jovem e mais resistente fisicamente, aqui em Paris, por exemplo, escrevi uma grande parte de *O jogo da amarelinha* em cafés. O barulho não me incomodava e era um local muito aprazível. Eu trabalhava um bocado ali — lia ou escrevia. Mas com a idade fui ficando mais complicado. Escrevo quando estou seguro de ter algum silêncio. Não consigo escrever com música; isso está absolutamente fora de questão. Música é uma coisa e escrever é outra. Preciso de certa calma. Mas, tendo dito isso, um hotel, às vezes um avião, a casa de um amigo, ou aqui em casa são lugares onde consigo escrever.

ENTREVISTADOR

E Paris? O que lhe deu a coragem de mudar para Paris mais de trinta anos atrás?

CORTÁZAR

Coragem? Não, não precisei de muita coragem. Eu simplesmente tive de aceitar a ideia de que vir para Paris e cortar os laços com a Argentina naquela época significaria ser muito pobre e ter dificuldade para ganhar a vida. Mas isso não me preocupava. De algum modo, eu sabia que daria um jeito. Vim para Paris basicamente porque Paris, a cultura francesa como um todo, exercia grande atração sobre mim. Eu havia lido literatura francesa apaixonadamente na Argentina, então queria estar aqui e conhecer as ruas e os lugares que a gente encontra nos livros, nos romances. Caminhar pelas ruas de Balzac ou Baudelaire... Era uma viagem muito romântica. Eu era, eu *sou* muito romântico. Na verdade, tenho de tomar muito cuidado quando escrevo, porque muitas vezes eu poderia me deixar cair num... não diria mau gosto, talvez não, mas um pouquinho na direção do romantismo exagerado. Na minha vida privada, não preciso me controlar. Sou realmente muito sentimental, muito romântico. Sou uma pessoa carinhosa; tenho muito carinho para dar. O que eu dou agora para a Nicarágua é carinho. É também uma convicção política de que os sandinistas estão certos naquilo que fazem e que estão conduzindo uma luta admirável; mas não é apenas o ímpeto político. Tenho um enorme carinho por esse povo que eu amo, como amo os cubanos e os argentinos. Bem, tudo isso é o que forma meu caráter. Naquilo que escrevo sempre precisei tomar cuidado, principalmente quando era jovem. Escrevi coisas que eram realmente lacrimosas. Aquilo é que era romantismo, o *roman rose*. Minha mãe lia e chorava.

ENTREVISTADOR

Quase toda a sua obra mais conhecida foi escrita depois de sua chegada a Paris. Mas o senhor escreveu bastante antes disso, não? Algumas coisas já foram publicadas.

CORTÁZAR

Escrevo desde os nove anos, escrevi durante toda a minha adolescência e juventude. No começo da juventude eu já era capaz de escrever contos e novelas que me mostravam que eu estava no caminho certo. Mas não estava ansioso para publicar. Eu era muito severo comigo mesmo e continuo sendo. Lembro-me de que meus colegas, quando escreviam algum poema ou novela, procuravam um editor imediatamente. Eu dizia a mim mesmo: "Não, você não vai publicar, apegue-se a isso". Eu guardava certas coisas e jogava outras fora. Quando efetivamente publiquei pela primeira vez, já tinha mais de trinta anos. Foi um pouco antes de minha partida para a França. Foi meu primeiro livro de contos, *Bestiário*, que saiu em 1951, no mesmo mês que peguei o navio para vir para cá. Antes disso, eu tinha publicado um pequeno texto chamado "Os reis", que é um diálogo. Um amigo que tinha muito dinheiro e fazia pequenas edições para si mesmo e para os amigos fez uma edição particular. E isso foi tudo. Não, há mais uma coisa — um pecado de juventude — um livro de sonetos. Eu mesmo publiquei, mas com um pseudônimo.

ENTREVISTADOR

O senhor é autor das letras de um recente disco de tangos, *Trottoirs de Buenos Aires*. O que fez com que começasse a escrever tangos?

CORTÁZAR

Bem, sou um bom argentino e acima de tudo *porteño* — ou seja, um residente de Buenos Aires, por causa do porto. O tango era nossa música, e eu cresci numa atmosfera de tangos. Escutávamos tango no rádio, porque o rádio começou quando eu era bem pequeno, e logo em seguida era tango atrás de tango. Havia gente na minha família, minha mãe e minha tia, que tocava tangos no piano e cantava. Através do rádio, começamos a escutar Carlos Gardel e os grandes cantores da época. O tango tornou-se parte da minha consciência e é a música que me faz voltar à juventude e a Buenos Aires. Assim, eu me sinto preso ao tango, ao mesmo tempo que sou muito crítico, porque não sou um desses argentinos que acreditam que o tango é a maravilha das maravilhas. Acho que esse tipo de música, de maneira geral, especialmente comparado ao jazz, é muito pobre. É pobre, mas é lindo. É como essas plantas que são muito simples, que não podem ser comparadas a uma orquídea ou a uma roseira, mas que possuem uma beleza extraordinária nelas mesmas. Nos últimos anos, amigos meus têm tocado tango aqui. Os integrantes do Cuarteto Cedrón são grandes amigos, e há um excelente tocador de *bandoneón* chamado Juan José Mosalini — então temos escutado tangos, falado sobre tangos. Aí, um dia me veio um poema sem mais nem menos, que eu achei que talvez pudesse virar música. Na verdade eu não sabia. E então, olhando no meio dos meus poemas não publicados (a maioria dos meus poemas não foram publicados), descobri alguns curtos que aqueles sujeitos poderiam musicar, e eles fizeram isso. E também fizemos o contrário. Cedrón me deu um tema musical para o qual escrevi a letra. Acabei fazendo dos dois jeitos.

ENTREVISTADOR

Nas notas biográficas em seus livros consta que o senhor também é um trompetista amador. Alguma vez chegou a tocar com algum grupo?

250

CORTÁZAR

Não. Isso é um pouco de lenda inventada pelo meu amigo muito querido Paul Blackburn, que infelizmente morreu bem jovem. Ele sabia que eu tocava um pouquinho de trompete, principalmente sozinho em casa. E ele sempre me dizia: "Mas você deveria se reunir com alguns músicos para tocar junto". E eu respondia: "Não, como dizem os americanos 'eu não tenho o que é preciso'". Eu não tinha talento; simplesmente tocava para mim mesmo. Colocava um disco de Jelly Roll Morton, Armstrong ou Ellington da primeira fase — em que a melodia flui mais fácil, especialmente os blues que têm um esquema determinado. E eu tocava junto com eles... mas certamente não era *com* eles! Nunca me atrevi a abordar músicos de jazz. Agora meu trompete está perdido em algum lugar naquele outro quarto. Blackburn colocou isso num dos anúncios publicitários. E, como há uma foto minha tocando trompete, as pessoas acharam que eu realmente tocava bem. Eu nunca quis publicar antes de estar seguro, e é a mesma coisa com o trompete — nunca quis tocar antes de estar seguro. E esse dia nunca chegou.

ENTREVISTADOR

O senhor trabalhou em algum romance desde *O livro de Manuel*?

CORTÁZAR

Não, é uma pena, por razões que estão bem claras. É devido ao trabalho político. Para mim, um romance requer certa concentração e quantidade de tempo, pelo menos um ano, para trabalhar tranquilamente sem abandonar. E atualmente eu não posso. Há uma semana eu não sabia que estaria indo para a Nicarágua daqui a três dias. Quando eu voltar, não sei o que vai acontecer. Mas esse romance já está escrito. Está lá, nos meus sonhos. Eu sonho o tempo todo com ele. Não sei o que acontece, mas faço uma ideia. Como nos contos, sei que vai ser algo bastante longo, com alguns elementos de fantástico, mas não demasiados. Será no gênero de *O livro de Manuel*, no qual os elementos fantásticos estão misturados; mas não será um livro político. Será um livro de literatura pura. Espero que a vida me dê uma espécie de ilha deserta, mesmo que seja esta sala... e um ano. Peço um ano. Mas enquanto esses sacanas — os hondurenhos, os somozistas e Reagan — estiverem empenhados em destruir a Nicarágua, não terei essa ilha. Não conseguiria começar a escrever, porque ficaria constantemente obcecado com esse problema. Ele exige prioridade máxima.

ENTREVISTADOR
E pode ser tão difícil quanto equilibrar vida e literatura.

CORTÁZAR
Sim e não. Depende do tipo de prioridade. Se as prioridades são como essas que acabei de mencionar, tocando a responsabilidade moral do indivíduo, eu concordo. Mas conheço muita gente que vive se queixando: "Ah, eu gostaria de escrever um romance, mas preciso vender a casa, e aí há os impostos, o que vou fazer?". Razões como "Eu trabalho o dia todo no escritório, como você espera que eu escreva?". Eu, eu trabalhava o dia todo na Unesco e então chegava em casa e escrevia *O jogo da amarelinha*. Quando alguém quer escrever, escreve. Se alguém está condenado a escrever, escreve.

ENTREVISTADOR
O senhor ainda trabalha como tradutor e intérprete?

CORTÁZAR
Não, isso acabou. Levo uma vida bastante simples. Não preciso de muito dinheiro para comprar as coisas de que gosto:

discos, livros, tabaco. Então agora posso viver dos meus direitos autorais. Fui traduzido para tantas línguas que recebo dinheiro suficiente para viver. Tenho que ser um pouco cuidadoso; não posso sair e comprar um iate, mas já que não tenho a menor intenção de fazer isso...

ENTREVISTADOR
A fama e o sucesso têm lhe dado prazer?

CORTÁZAR
Ah, ouça, vou dizer uma coisa que não deveria dizer porque ninguém vai acreditar, mas para mim o sucesso não dá prazer. Estou contente por poder viver do que escrevo, então preciso me conformar com o lado popular e crítico do sucesso. Mas eu era mais feliz como homem quando era desconhecido. Muito mais feliz. Agora não posso ir para a América Latina ou para a Espanha sem ser reconhecido a cada dez metros, e os autógrafos, os abraços... É muito comovente, porque são leitores geralmente muito jovens. Fico feliz por eles gostarem do que faço, mas é muito aflitivo pra mim em termos de privacidade. Não posso ir a uma praia na Europa; em cinco minutos aparece um fotógrafo. Tenho uma aparência física que não posso disfarçar. Se eu fosse baixinho, poderia tirar a barba e colocar óculos escuros, mas, com a minha altura, meus braços longos e tudo isso, eles me descobrem de longe. Por outro lado, há coisas muito bonitas: eu estava em Barcelona no mês passado, passeando pelo bairro gótico certa noite, e havia uma moça americana, bem bonita, tocando violão muito bem e cantando. Ela estava no chão cantando para fazer algum dinheiro. Parecia um pouco a Joan Baez, uma voz muito pura, límpida. Havia um grupo de jovens de Barcelona escutando. Parei para ouvi-la, mas fiquei na sombra. A certa altura, um daqueles rapazes, devia ter uns vinte anos, era muito jovem, muito bonito, chegou

perto de mim. Tinha um bolo na mão. Ele disse: "Julio, pegue um pedaço". Então eu peguei um pedaço e comi, e disse a ele: "Muito obrigado por ter vindo me dar esse pedaço de bolo". Ele respondeu: "Mas, escute, estou lhe dando tão pouco em comparação com o que você me deu". E eu disse: "Não diga isso, não diga isso", nos abraçamos e ele foi embora. Bem, coisas assim, essa é a melhor recompensa pelo meu trabalho como escritor. Que um rapaz ou uma moça venha falar comigo e me oferecer um pedaço de bolo é maravilhoso. Vale o trabalho de ter escrito.

Milan Kundera

Esta entrevista é produto de vários encontros com Milan Kundera em Paris no outono de 1983, que ocorreram no sótão de seu apartamento, perto de Montparnasse. Trabalhamos na salinha que Kundera utiliza como escritório. Com as prateleiras cheias de livros sobre filosofia e musicologia, uma máquina de escrever antiga e uma mesa, mais parecia um quarto de estudante do que o escritório de um escritor mundialmente famoso. Numa das paredes, duas fotos penduradas lado a lado: uma de seu pai, um pianista, a outra de Leoš Janáček, um compositor tcheco que ele admira muito. Tivemos diversas discussões longas e abertas em francês; em vez de gravador, usamos uma máquina de escrever, tesoura e cola. Gradualmente, entre restos de papel descartados e várias revisões, emergiu este texto.

Esta entrevista foi conduzida logo após o livro mais recente de Kundera, *A insustentável leveza do ser*, ter se tornado um best-seller imediato. A fama súbita o deixa pouco à vontade. Kundera certamente concordaria com Malcolm Lowry em que "O sucesso é como um desastre horrível, pior do que uma casa que pega fogo. A fama consome o lar da alma". Uma vez, quando lhe perguntei acerca de alguns dos comentários sobre seu romance que estavam aparecendo na imprensa, ele retrucou: "Já tive uma overdose de mim mesmo!".

O desejo de Kundera de não falar sobre si próprio parece ser uma reação instintiva contra a tendência da maioria dos críticos de estudar o escritor e sua personalidade, sua política e sua vida privada, em vez de suas obras. "Desprazer em falar sobre si mesmo é o que distingue o talento literário do talento lírico", disse Kundera à *Le Nouvel Observateur*.

Recusar-se a falar sobre si mesmo é portanto uma forma de colocar as obras e formas literárias no centro da atenção e focalizar o próprio romance. Esse é o propósito desta discussão sobre a arte da composição.

— *Christian Salmon, 1983*

ENTREVISTADOR
O senhor tem dito que se sente mais próximo dos romancistas vienenses Robert Musil e Hermann Broch do que de quaisquer outros autores na literatura moderna. Broch pensava — assim como o senhor — que a era do romance psicológico chegou ao fim. Ele acreditava, em lugar disso, naquilo que chamava de romance "poli-histórico".

MILAN KUNDERA
Musil e Broch carregaram o romance com enormes responsabilidades. Eles o viam como a suprema síntese intelectual, o último lugar onde o homem ainda podia questionar o mundo como um todo. Estavam convencidos de que o romance possuía tremendo poder de síntese, que podia ser poesia, fantasia, filosofia, aforismo e ensaio, tudo numa coisa só. Em suas cartas, Broch

faz algumas observações profundas sobre esse tema. No entanto, tenho a impressão de que ele obscurece suas próprias intenções ao utilizar o mal escolhido termo "romance poli-histórico". Na verdade foi o compatriota de Broch, Adalbert Stifter, um clássico da prosa austríaca, que criou um romance poli-histórico verdadeiro em seu *Der Nachsommer*, publicado em 1857. O romance é famoso — Nietzsche o considerou uma das quatro maiores obras da literatura alemã. Hoje, é impossível de ler. Vem recheado de informações sobre geologia, botânica, zoologia, ofícios, pintura e arquitetura; mas essa enciclopédia gigantesca, engrandecedora, deixa virtualmente de fora o próprio homem e sua situação. Precisamente por *ser* poli-histórico, *Der Nachsommer* carece daquilo que torna especial um romance. Esse não é o caso de Broch. Ao contrário! Ele lutou para descobrir "o que somente o romance pode descobrir". O objeto específico que Broch gostava de chamar "conhecimento novelístico" é a existência. A meu ver, a palavra "poli-histórico" precisa ser definida como "aquilo que reúne todo dispositivo e toda forma de conhecimento no sentido de *lançar luz sobre a existência*". Sim, eu me sinto próximo a uma abordagem como essa.

ENTREVISTADOR

Um longo ensaio que o senhor publicou na revista *Le Nouvel Observateur* levou os franceses a redescobrir Broch. O senhor fala dele em termos elevados, e mesmo assim também é crítico. No final do ensaio, o senhor escreve: "Todas as grandes obras (justamente por serem grandes) são parcialmente incompletas".

KUNDERA

Broch é uma inspiração para nós não apenas pelo que conseguiu, mas também por tudo o que teve como objetivo e não conseguiu conquistar. A própria incompletude de seu trabalho pode nos ajudar a compreender a necessidade de novas formas de arte, inclusive: 1) despir-se radicalmente das coisas não essenciais — buscando capturar a complexidade da existência no mundo moderno sem perda da clareza arquitetônica; 2) "contraponto novelístico" — para unir filosofia, narrativa e sonho numa única música; 3) o ensaio especificamente novelístico — em outras palavras, em vez de se propor a transmitir uma mensagem apodítica, manter-se hipotético, brincalhão ou irônico.

ENTREVISTADOR

Esses três pontos parecem captar seu programa artístico inteiro.

KUNDERA

Para transformar o romance na iluminação poli-histórica da existência, é preciso dominar a técnica da elipse, a arte da condensação. De outra forma, cai-se na armadilha do comprimento interminável. O livro de Musil, *O homem sem qualidades*, é um dos dois ou três romances de que mais gosto. Mas não me peça para admirar sua gigantesca e inacabada extensão! Imagine um castelo tão grande que o olho não possa abarcá-lo de uma só vez. Imagine um quarteto de cordas com nove horas de duração. Existem limites antropológicos — proporções humanas — que não devem ser ultrapassados, tais como os limites da memória. Quando você acaba de ler, deve ser capaz de se lembrar do começo. Senão, o romance perde sua forma, sua "clareza arquitetônica" fica embaçada.

ENTREVISTADOR

O livro do riso e do esquecimento é composto de sete partes. Se o senhor tivesse lidado com elas de forma menos elíptica, poderia ter escrito sete romances diferentes.

KUNDERA

Mas, se eu tivesse escrito sete romances independentes, teria perdido a coisa mais importante: não teria sido capaz de captar a "complexidade da existência humana no mundo moderno" num único livro. A arte da elipse é absolutamente essencial. Ela requer que sempre se vá diretamente ao centro das coisas. Em relação a isso, sempre penso num compositor tcheco que admiro apaixonadamente desde a infância: Leoš Janáček. Ele é um dos maiores mestres da música moderna. Sua determinação de despir a música para focar o essencial foi revolucionária. É claro que toda composição musical envolve uma grande quantidade de técnica: exposição dos temas, desenvolvimento, variações, trabalho polifônico — muitas vezes automático —, preencher com orquestração, transições etc. Hoje, pode-se compor música com computador, mas o computador sempre existiu na cabeça dos compositores — se precisassem, os compositores eram capazes de escrever sonatas sem uma única ideia original, apenas fazendo expansões "cibernéticas" com base nas regras da composição. O propósito de Janáček era destruir esse computador! Justaposição brutal em vez de transições; repetição em vez de variação — e sempre direto ao centro das coisas: apenas a nota com algo essencial a ser dito tem o direito de existir. É aproximadamente a mesma coisa com o romance. Ele está por demais obstruído pela "técnica", por regras que fazem o trabalho do autor por ele: apresentar o personagem, descrever o ambiente, localizar a ação em seu contexto histórico, completar o histórico de vida dos personagens com episódios inúteis. Toda mudança de cena requer novas exposições, descrições, explicações. Meu propósito é como o de Janáček: libertar o romance do automatismo da técnica novelística, da rotação de mundo novelística.

ENTREVISTADOR

A segunda forma de arte que mencionou foi "contraponto novelístico".

KUNDERA

A ideia do romance como uma grande síntese intelectual quase automaticamente levanta o problema da "polifonia", que ainda precisa ser resolvido. Pegue a terceira parte do romance de Broch, *Sonâmbulos*. Ela é composta de cinco elementos heterogêneos: 1) a narrativa "novelística" baseada nos três personagens principais: Pasenow, Esch, Huguenau; 2) a história pessoal de Hanna Wendling; 3) a descrição factual da vida num hospital militar; 4) uma narrativa parcialmente em verso de uma moça do Exército da Salvação; 5) um ensaio filosófico escrito em linguagem científica sobre a degradação dos valores. Cada segmento é magnífico. Ainda assim, apesar do fato de todos serem tratados simultaneamente, em constante alternância — em outras palavras, de maneira polifônica —, os cinco elementos permanecem desunidos, ou seja, não constituem uma polifonia *verdadeira*.

ENTREVISTADOR

Usando a metáfora da polifonia e aplicando-a à literatura, o senhor não está na verdade fazendo exigências do romance às quais ele não tem possibilidade de corresponder?

KUNDERA

O romance pode incorporar elementos externos de duas maneiras. No decorrer de suas viagens, Dom Quixote conhece vários personagens que lhe contam suas histórias. Assim, histórias independentes são inseridas no todo, encaixando-se na moldura do romance. Esse tipo de composição é frequentemente encontrado nos romances dos séculos XVII e XVIII. Broch, porém, em vez de encaixar a história de Hanna Wendling na história principal de Esch e Huguenau, deixa as duas se desenrolarem *simultaneamente*. Sartre, em *Pena suspensa*, e antes dele Dos Passos também utilizaram essa técnica da simultaneidade. Seu objetivo, porém, era reunir diferentes narrações novelísticas, em outras palavras, elementos homogêneos em vez de heterogêneos, como é o caso de Broch. Além disso, o uso que eles fazem dessa técnica me impressiona como algo mecânico demais e desprovido de poesia. Não consigo pensar em termos melhores do que "polifonia" ou "contraponto" para descrever essa forma de composição; mais ainda, a analogia com a música é útil. Por exemplo, a primeira coisa que me incomoda em relação à terceira parte de *Sonâmbulos* é que os cinco elementos não são equitativos, ao passo que a equivalência de todas as vozes no contraponto musical é a regra básica essencial, o *sine qua non*. Na obra de Broch, o primeiro elemento — a narrativa novelística de Esch e Huguenau — ocupa um espaço físico muito maior do que os outros elementos e, ainda mais importante, um espaço privilegiado na medida em que está ligado às duas partes anteriores do romance e, portanto, assume a função de unificá-lo. Portanto, atrai mais atenção e ameaça transformar os outros elementos em mero acompanhamento. A segunda coisa que me incomoda é que, embora uma figura como Bach não possa existir sem nenhuma de suas vozes, a história de Hanna Wendling ou o ensaio sobre o declínio dos valores poderiam muito bem se sustentar como obras independentes. Tomadas isoladamente, não perderiam nada de seu significado nem de sua qualidade.

A meu ver, os requisitos básicos para o contraponto novelístico são: 1) a equivalência dos vários elementos; 2) a indivisibilidade do todo. Eu lembro que no dia em que terminei "Os anjos", a terceira parte de *O livro do riso e do esquecimento*, estava tremendamente orgulhoso de mim mesmo. Tinha certeza de que havia descoberto a chave para uma nova maneira de reunir uma narrativa. O texto era composto dos seguintes elementos: 1) uma anedota sobre duas estudantes e sua levitação; 2) uma narrativa autobiográfica; 3) um ensaio crítico sobre um livro feminista; 4) uma fábula sobre um anjo e um demônio; 5) uma narrativa onírica de Paul Éluard voando sobre Praga. Nenhum desses elementos podia existir sem os outros, cada um esclarecia e explicava os outros na medida em que todos exploravam um único tema e faziam uma única pergunta: "O que é um anjo?".

A parte seis, também intitulada "Os anjos", é composta de: 1) uma narrativa onírica sobre a morte de Tamina; 2) uma narrativa autobiográfica da morte de meu pai; 3) reflexões musicológicas; 4) reflexões sobre a epidemia de esquecimento que está assolando Praga. Qual é o elo entre meu pai e a tortura de Tamina por crianças? É "o encontro de uma máquina de costura e um guarda-chuva" sobre a mesa de um tema único, tomando emprestada a famosa imagem de Lautréamont. A polifonia novelística é poesia muito mais do que técnica. Não consigo encontrar um exemplo de tal polifonia poética em outra parte da literatura, mas tenho ficado muito admirado com os últimos filmes de Alain Resnais. O uso que ele faz da arte do contraponto é admirável.

ENTREVISTADOR

O contraponto é menos aparente em *A insustentável leveza do ser.*

KUNDERA

Meu objetivo foi esse. Ali, eu quis que sonho, narrativa e reflexão fluíssem juntos numa corrente indivisível e totalmente natural. Mas o caráter polifônico do romance é muito visível na parte seis: a história do filho de Stálin, reflexões teológicas, um acontecimento político na Ásia, a morte de Franz em Bangcoc e o funeral de Tomas na Boêmia estão todos ligados pela mesma e permanente pergunta: "O que é kitsch?". Essa passagem polifônica é o pilar que sustenta toda a estrutura do romance. É a chave do segredo de sua arquitetura.

ENTREVISTADOR

Exigindo um "ensaio especificamente novelístico", o senhor exprimiu várias reservas sobre o ensaio acerca da degradação de valores que aparece em *Sonâmbulos*.

KUNDERA

É um ensaio terrível!

ENTREVISTADOR

O senhor tem dúvidas sobre a forma como ele é incorporado ao romance. Broch não abre mão de nada de sua linguagem científica. Ele expressa suas opiniões de forma direta sem se esconder atrás de nenhum de seus personagens — como fariam Mann ou Musil. Esta não é a real contribuição de Broch, seu novo desafio?

KUNDERA

Isso é verdade, e ele tinha bastante consciência de sua própria coragem. Mas há também um risco: seu ensaio pode ser lido e entendido como a chave ideológica para o romance, sua "Verdade", e isso poderia transformar o resto do romance em mera ilustração de um pensamento. O equilíbrio do romance fica prejudicado, a verdade do ensaio torna-se pesada demais e a arquitetura sutil do romance corre o risco de desabar. Um romance que não teve intenção de expor uma tese filosófica — Broch abominava esse tipo de romance — pode acabar sendo lido exatamente dessa maneira. Como incorporar um ensaio no romance? É importante ter em mente um fato básico: a própria essência da reflexão muda no instante em que é incluída no corpo de um romance. Fora dele, estamos no campo das asserções: todo mundo — filósofo, político, porteiro — tem certeza do que diz. O romance, porém, é um território onde não se fazem asserções: é um território de brincadeiras e hipóteses. A reflexão dele é hipotética por sua própria essência.

ENTREVISTADOR

Mas por que um romancista haveria de se privar do direito de expressar sua filosofia de forma aberta e assertiva em seu romance?

KUNDERA

Porque ele não tem nenhuma! As pessoas geralmente falam da filosofia de Tchékhov, de Kafka ou de Musil. Mas tente achar uma filosofia coerente em suas obras! Mesmo quando exprimem suas ideias em anotações, elas redundam em exercícios intelectuais, brincadeiras com paradoxos, ou improvisações em vez de asserções de uma filosofia. E filósofos que escrevem romances nada mais são do que pseudorromancistas que utilizam essa forma para ilustrar suas ideias. Nem Voltaire nem Camus jamais descobriram "aquilo que só um romance pode descobrir". Eu sei de apenas uma exceção, que é o Diderot de *Jacques, o fatalista*. Que milagre! Tendo cruzado a fronteira do romance, o filósofo sério se transforma num pensador brincalhão. Não há uma única frase séria no romance — tudo está na brincadeira. É por isso que esse romance é escandalosamente desvalorizado na França. De fato, *Jacques, o fatalista* contém tudo o que a França perdeu e se recusa a recuperar. Nesse país, preferem-se ideias a obras. *Jacques, o fatalista* não pode ser traduzido na linguagem das ideias, e portanto não pode ser compreendido na terra natal delas.

ENTREVISTADOR

Em *A brincadeira*, é Jaroslav que desenvolve uma teoria musicológica. O caráter hipotético do seu pensamento é portanto visível. Mas as reflexões musicológicas em *O livro do riso e do esquecimento* são do autor, são suas. Como deve-se entender se são hipotéticas ou assertivas?

KUNDERA

Tudo depende do tom. Desde as primeiras palavras, minha intenção é dar essas reflexões num tom brincalhão, irônico, provocativo, experimental ou questionador. Toda a sexta parte de *A insustentável leveza do ser* — "A grande marcha" — é um ensaio sobre o kitsch que expõe uma tese principal: o kitsch é a negação absoluta da existência da merda. Essa ponderação sobre o kitsch é de vital importância para mim. Baseia-se muito em pensamento, experiência, estudo e até mesmo paixão. No entanto, o tom nunca é sério; é provocador. Esse ensaio é impensável fora do romance, é uma reflexão puramente novelística.

ENTREVISTADOR

A polifonia de seus romances inclui também outro elemento: a narrativa onírica. Ela ocupa toda a segunda parte de *A vida está em outro lugar*, é a base da sexta parte de *O livro do riso e do esquecimento*, e atravessa *A insustentável leveza do ser* por meio dos sonhos de Tereza.

KUNDERA

Essas passagens também são as mais fáceis de serem mal compreendidas, pois as pessoas buscam encontrar uma mensagem simbólica nelas. Não há nada para decifrar nos sonhos de Tereza. Eles são poemas sobre a morte. Seu significado reside em sua beleza, que a hipnotiza. Aliás, você percebe que as pessoas não sabem como ler Kafka simplesmente porque querem decifrá-lo? Em vez de se deixarem carregar por sua inigualável imaginação, procuram alegorias e se saem com nada mais além de clichês: a vida é absurda ou não é absurda, Deus está fora de alcance (ou ao alcance) etc. Você não pode entender nada de arte, especialmente de arte moderna, se não entende que a imaginação é um valor em si. Novalis sabia disso quando exaltava os sonhos. Eles "nos protegem da monotonia da vida", dizia, eles "nos liberam da seriedade mediante o prazer de seus jogos". Ele foi o primeiro a compreender o papel que os sonhos e a imaginação onírica podiam desempenhar num romance. Novalis planejava escrever um segundo volume de seu *Heinrich von Ofterdingen* como uma narrativa na qual sonho e realidade estariam tão entrelaçados que não se poderia mais distingui-los. Infelizmente, tudo o que resta do segundo volume são as anotações nas quais ele descreve sua intenção estética. Cem anos depois sua ambição foi realizada por Kafka. As novelas de Kafka são uma fusão de sonho e realidade; isto é, não são nem sonho nem realidade. Mais que qualquer outra coisa, Kafka fez uma revolução estética. Um milagre estético. É claro que ninguém pode repetir isso. Mas compartilho com ele, e com Novalis, o desejo de trazer sonhos, e a imaginação dos sonhos, para dentro de um romance. Minha forma de fazê-lo é por confrontação polifônica, em vez de uma fusão de sonho e realidade. A narrativa onírica é um dos elementos do contraponto.

ENTREVISTADOR

Não há nada de polifônico na última parte de *O livro do riso e do esquecimento*, e mesmo assim é provavelmente a parte mais interessante do livro. Ela é composta de catorze capítulos que recontam situações eróticas na vida de um homem — Jan.

KUNDERA

Outro termo musical: essa narrativa é um "tema com variações". O tema é a fronteira além da qual as coisas perdem seu significado. Nossa vida se desenrola na vizinhança imediata dessa fronteira, e nós nos arriscamos a cruzá-la a qualquer momento. Os catorze capítulos são catorze variações da mesma situação na fronteira entre o significado e a ausência de significado.

ENTREVISTADOR

O senhor descreveu *O livro do riso e do esquecimento* como "um romance na forma de variações". Mas ele continua sendo um romance?

KUNDERA

Não há unidade de ação, e é por isso que ele não parece um romance. As pessoas não conseguem *imaginar* um romance sem essa unidade. Até mesmo os experimentos do *noveau roman* baseavam-se na unidade de ação ou de não ação. Sterne e Diderot divertiram-se tornando a unidade extremamente frágil. A viagem de Jacques e seu patrão ocupa a menor parte de *Jacques, o fatalista*; nada mais é do que um pretexto cômico em que se encaixam anedotas, histórias, pensamentos. Não obstante, esse pretexto, essa "moldura", é necessária para fazer o romance ter a sensação de um romance. Em *O livro do riso e do esquecimento* não há mais tal pretexto. É a unidade dos temas e suas variações que dá coerência ao todo. É um romance? Sim. Um romance é uma reflexão sobre a existência, vista através de personagens imaginários. A forma é liberdade ilimitada. Ao longo de sua história, o romance jamais soube como tirar proveito de suas infinitas possibilidades. Ele perdeu a oportunidade.

ENTREVISTADOR

Mas, com exceção de *O livro do riso e do esquecimento*, seus romances também se baseiam na unidade de ação, embora seja de fato uma qualidade muito mais independente em *A insustentável leveza do ser.*

KUNDERA

Sim, mas outros tipos importantes de unidade os completam: a unidade de questões metafísicas, de motivos e variações — o motivo da paternidade em *A valsa dos adeuses,* por exemplo. Mas eu gostaria de ressaltar acima de tudo que o romance é basicamente construído sobre algumas palavras fundamentais, como as séries de notas de Schoenberg. Em *O livro do riso e do esquecimento,* a série é a seguinte: esquecimento, riso, anjos, *litost,* a fronteira. No decorrer do romance, essas cinco palavras-chave são analisadas, estudadas, definidas, redefinidas, e assim transformadas em categorias de existência. O livro é construído sobre essas poucas categorias da mesma maneira que uma casa é construída sobre suas vigas. As vigas de *A insustentável leveza do ser* são: peso, leveza, a alma, o corpo, a grande marcha, merda, kitsch, compaixão, vertigem, força e fraqueza. Devido ao seu caráter categórico, essas palavras não podem ser substituídas por sinônimos. Isso sempre precisa ser explicado e reexplicado ao tradutores que — com sua preocupação pelo "estilo" — buscam evitar a repetição.

ENTREVISTADOR

Com referência à claridade arquitetônica, chamou minha atenção o fato de que todos os seus romances, exceto um, são divididos em sete partes.

KUNDERA

Quando terminei meu primeiro romance, *A brincadeira,* não havia razão de ficar surpreso por ele ter sete partes. Aí escrevi *A vida está em outro lugar.* O romance estava quase terminado e tinha seis partes. Eu não me sentia satisfeito. De repente, tive a ideia de incluir uma história que ocorre três anos depois da morte do herói — em outras palavras, fora da moldura de tempo do romance. Essa ficou sendo a sexta parte de sete, e foi intitulada "O quadragenário". Imediatamente a arquitetura do romance ficou perfeita. Depois, percebi que essa sexta parte era estranhamente análoga à sexta parte de *A brincadeira*, "Kotska", que também introduz um personagem externo e abre uma janela secreta na parede do romance. *Risíveis amores* começou como dez contos breves. Ao reunir a versão final, eliminei três deles. A coletânea havia ficado muito coerente, prenunciando a composição de *O livro do riso e do esquecimento*. Um personagem, o doutor Havel, liga a quarta e a sexta história. Em *O livro do riso e do esquecimento*, a quarta e a sexta partes também estão ligadas pela mesma pessoa: Tamina. Quando escrevi *A insustentável leveza do ser*, estava determinado a quebrar o encanto do número sete. Havia muito tinha me decidido por um esquema de seis partes. Mas a primeira parte sempre me deu a sensação de que lhe faltava forma. Finalmente, compreendi que na verdade ela era formada de duas partes. Como irmãos siameses, precisavam ser separadas por uma cirurgia delicada. A única razão de eu mencionar tudo isso é para mostrar que não estou sucumbindo a alguma afetação supersticiosa em relação a números mágicos, nem fazendo um cálculo racional. Não, sou guiado por uma profunda, inconsciente e incompreensível necessidade, um arquétipo formal do qual não consigo escapar. Todos os meus romances são variantes de uma arquitetura baseada no número sete.

ENTREVISTADOR

O uso de sete partes claramente divididas é vinculado à sua meta de sintetizar os elementos mais heterogêneos num todo unificado. Cada parte do seu romance é sempre um mundo em si, distinta das outras devido à sua forma especial. Mas, se o romance é dividido em capítulos numerados, por que as próprias partes também precisam ser divididas assim?

KUNDERA

Os capítulos em si também precisam criar um mundinho próprio; precisam ser relativamente independentes. É por isso que fico atormentando meus editores para se assegurar de que os números estejam visíveis e os capítulos estejam bem separados. Os capítulos são como as divisões de uma partitura musical! Há partes em que as divisões — os capítulos — são longas, outras em que são curtas, e outras ainda em que são de duração irregular. Cada parte poderia ter uma indicação musical de andamento: moderato, presto, andante etc. A parte seis de *A vida está em outro lugar* é andante: de maneira calma, melancólica, ela conta sobre o breve encontro entre um homem de meia-idade e uma jovem que acabou de ser libertada da prisão. A última parte é prestíssimo: é escrita em capítulos muito curtos, com saltos do Jaromil moribundo para Rimbaud, Lermontov e Púchkin. Eu primeiro pensei em *A insustentável leveza do ser* de forma musical. Sabia que a última parte teria de ser pianíssimo e lento: ela focaliza um período relativamente curto, sem acontecimentos, numa locação única, e seu tom é tranquilo. Eu também sabia que essa parte deveria ser precedida de um prestíssimo: é a parte intitulada "A grande marcha".

ENTREVISTADOR

Existe uma exceção à regra do número sete. Há apenas cinco partes em *A valsa dos adeuses*.

KUNDERA

A valsa dos adeuses baseia-se em outro arquétipo formal: é absolutamente homogêneo, trata de um único assunto, é contado num único andamento; é muito teatral, estilizado, e sua forma deriva da farsa. Em *Risíveis amores*, o conto intitulado "O simpósio" é construído exatamente da mesma maneira — uma farsa em cinco atos.

ENTREVISTADOR

A que o senhor se refere como farsa?

KUNDERA

Refiro-me à ênfase no enredo e em toda a sua espiral de coincidências incríveis e inesperadas. Nada ficou mais suspeito, ridículo, obsoleto, banal e sem gosto num romance que o enredo e seus exageros farsescos. De Flaubert em diante, os romancistas têm tentado se livrar dos artifícios do enredo. E por isso o romance tem ficado mais chato do que a mais chata das vidas. No entanto, existe outro meio de rodear o suspeito e gasto aspecto do enredo, que é libertá-lo de sua exigência de probabilidade. Você conta uma história improvável que *opta* por ser improvável! É exatamente assim que Kafka concebeu *América*. A maneira como Karl encontra seu tio no primeiro capítulo é por meio de uma série de coincidências extremamente improváveis. Kafka penetrou no seu primeiro universo "surreal", em sua primeira "fusão de sonho e realidade", com uma paródia do enredo — pela porta da farsa.

ENTREVISTADOR

Mas por que o senhor escolheu a forma de farsa para um romance que não tem a menor intenção de ser um entretenimento?

KUNDERA

Mas *é* entretenimento! Não entendo a aversão que os franceses têm ao entretenimento, por que eles têm tanta vergonha da palavra "*divertissement*"? Eles se arriscam menos a entreter do que a serem chatos. E também se arriscam a cair de amores pelo kitsch, esse doce e falso embelezamento das coisas, a luz rosa que banha obras modernistas como a poesia de Éluard ou o recente filme de Ettore Scola, *O baile*, cujo subtítulo poderia ser: "A história francesa como kitsch". Sim, o kitsch, e não o entretenimento, é a *verdadeira* doença estética! O grande romance europeu começou como entretenimento, e todo romancista de verdade tem nostalgia disso. Na realidade, os temas desses grandes entretenimentos são muito sérios — pense em Cervantes! Em *A valsa dos adeuses*, a questão é: "Será que o homem merece viver nesta terra? Não se deveria livrar o planeta dessas garras humanas?". Minha ambição de vida tem sido unir a seriedade máxima da questão com a leveza máxima da forma. E tampouco se trata de uma ambição puramente artística. A combinação de uma forma frívola e um assunto sério desmascara de imediato a verdade a respeito de nossos dramas — aqueles que ocorrem na nossa cama, bem como os que encenamos no grande palco da história — e sua terrível insignificância. Nós vivenciamos a insustentável leveza do ser.

ENTREVISTADOR

Então o senhor poderia muito bem ter usado o título desse romance para *A valsa dos adeuses*?

KUNDERA

Cada um dos meus romances poderia ser intitulado *A insustentável leveza do ser*, *A brincadeira* ou *Risíveis amores*. Os títulos são intercambiáveis, eles refletem o pequeno número de temas que me obcecam, me definem e, infelizmente, me restringem. Além desses temas, nada mais tenho a dizer ou escrever.

ENTREVISTADOR

Há, então, dois arquétipos formais de composição nos seus romances: 1) a polifonia, que une elementos heterogêneos numa arquitetura baseada no número sete; 2) a farsa, que é homogênea, teatral e rodeia o improvável. Poderia haver um Kundera fora desses dois arquétipos?

KUNDERA

Sempre sonho com uma grande e inesperada infidelidade. Mas ainda não fui capaz de fugir ao meu estado bígamo.

Marguerite Yourcenar

Eu tinha um compromisso marcado com Marguerite Yourcenar no sábado, 14 de novembro de 1987, no seu hotel em Amsterdam. Fui informado de que ela não chegara e havia muita gente procurando por ela, inclusive seu motorista, e de que ninguém sabia onde ela estava. Telefonemas posteriores para sua casa no Maine e para seus editores em Paris revelaram que ela tivera um leve derrame e que não havia motivo de preocupação. Ela, porém, não se recuperou, e morreu em 18 de dezembro. Tinha 84 anos.

Eu a entrevistei pela primeira vez em 11 de abril, em Londres, e mais tarde enviei-lhe a transcrição da fita para correções. O material voltara com uma boa quantidade de emendas, cuidadosamente anotadas no texto e em folhas de papel em separado. Senti-me grata por ela ter se dado a tanto trabalho, mas ainda não estava satisfeita e queria se encontrar comigo novamente, repassar o material e assegurar-se de que tudo estava exatamente como ela pretendia. Eu antecipava alegremente nosso encontro em Amsterdam, mas não era para ele acontecer. A introdução a seguir foi escrita após nosso encontro em Londres. Eu a deixei no presente.

Marguerite Yourcenar tem a imaginação ardente e os olhos azul-claros e intensos de seus ancestrais flamengos. A rica, multicolorida sutileza de seus maiores romances — *Memórias de Adriano*; *A obra em negro*; *Aléxis*; *Golpe de misericórdia*; e outros — nos traz à lembrança suas intrincadas tapeçarias, ao passo que sua apreciação mística da natureza e sua beleza evocam a época de ouro da pintura de paisagens nos Países Baixos. Durante anos, ela foi considerada uma das mais ilustres e originais escritoras da França; todavia, foi apenas em 1981, quando foi a primeira mulher a "juntar-se aos Imortais", sendo eleita para a Academia Francesa, em seus quatrocentos anos de existência, é que foi descoberta pelo grande público.

Marguerite Yourcenar nasceu em 1903 numa família aristocrática franco-belga (Yourcenar é um anagrama incompleto de seu nome real de família, Crayencour). Sua mãe morreu de febre puerperal pouco depois de seu nascimento, e ela foi criada pelo pai, um grande leitor e viajante, que lhe ensinou latim e grego e lia os clássicos franceses com ela. Eles viveram em vários países da Europa, e ela aprendeu inglês e italiano.

Marguerite Yourcenar publicou dois volumes de poesia na adolescência, "que são francamente *oeuvres de jeunesse* que não devem ser republicadas". Suas duas novelas, *Aléxis* e *Golpe de misericórdia*, surgiram em 1929 e 1933, respectivamente (tempo no qual ela viveu na Grécia), e foram aclamadas pela crítica. Em 1938, ela conheceu Grace Frick em Paris, que mais tarde "traduziu admiravelmente" três de seus principais livros. Quando veio a guerra em 1939 e ela não pôde retornar à Grécia, foi-lhe oferecida hospitalidade nos Estados Unidos por Grace Frick, "já que ela não tinha meios de viver em Paris". Para se sustentar, aceitou um emprego de professora na Sarah Lawrence. Começou também a escrever sua obra-prima, *Memórias de Adriano*, que foi publicada em 1954.

Em 1950, Yourcenar e Frick compraram uma casa em Mount Desert Island, na costa do Maine, onde moravam nos intervalos de suas longas viagens ao exterior. Grace Frick morreu em 1979 após uma longa doença, porém Marguerite Yourcenar ainda mora lá, embora viaje por extensos períodos.

Seu recente livro, *Como a água que corre*, foi publicado há pouco na Inglaterra, e ela agora está trabalhando em *O labirinto do mundo*, completando um tríptico autobiográfico que teve início com *Memórias* e *Arquivos do norte*. Ela acabou de escrever um longo ensaio sobre Borges — que foi recentemente apresentado como palestra em Harvard.

A curiosidade e o vigor intelectual de Marguerite Yourcenar ainda são prodigiosos, a despeito da idade e de uma cirurgia cardíaca dois anos atrás. Ela acabou de traduzir para o francês *The amen corner*, de James Baldwin, e *Cinco peças nô modernas*, de Yukio Mishima, ambos dos originais inglês e japonês, auxiliada neste último pelo seu amigo J. M. Shisagi, testamenteiro de Mishima. Marguerite Yourcenar esteve brevemente em Londres para a publicação de *Como a água que corre*, e esta entrevista ocorreu no seu hotel em Chelsea. Ela estava elegantemente trajada de preto e branco e falava um francês requintado, com um acentuado sotaque aristocrático, num tom profundo e doce.

— *Shusha Guppy, 1988*

ENTREVISTADORA

A senhora acabou de passar o dia em Richmond. Só para passear pelo belo parque de lá ou por outra razão?

MARGUERITE YOURCENAR

Bem, teve a ver com o livro que estou escrevendo no momento, que é inteiramente construído sobre memórias, e no presente capítulo eu evoco os catorze meses que passei na Inglaterra quando tinha doze anos e nós moramos em Richmond. Mas exatamente onde, não me recordo. Vi dezenas de pequenas casas em diversas ruas, todas parecidas, com jardins minúsculos, mas não consegui dizer qual era a nossa. Foi durante o primeiro e o segundo ano da Primeira Guerra Mundial — que, diferentemente da Segunda Guerra, não desabou do céu sobre a Inglaterra, então não havia alertas antibombas nem blitze. Eu costumava dar longos passeios no Richmond Park nos dias bonitos, e ia aos museus em Londres quando chovia. Vi os mármores do Pantheon no British Museum e ia com frequência ao Victoria and Albert Museum. Eu costumava jogar papéis de balas dentro de um dragão de porcelana — aposto que ainda estão lá!

ENTREVISTADORA
Como vai se chamar seu novo livro?

YOURCENAR
O título em francês é *Quoi? L'Éternité?*, que é de um poema de Rimbaud: "*Quoi? L'Éternité, elle est retrouvée*". É o terceiro volume de minhas memórias. Os outros dois estão sendo traduzidos para o inglês neste momento. Há certas palavras que não podem ser traduzidas literalmente, e é preciso mudá-las. Por exemplo, o primeiro volume se chama *Souvenirs pieux* em francês, e eu traduzi como *Dear departed*, que contém a mesma ironia. O segundo volume chama-se *Archives du nord*, mas o "norte" em diferentes línguas evoca imagens diferentes: na Inglaterra, refere-se a Manchester, ou até mesmo a Escócia; na Holanda, são as Ilhas Frísias, que não têm nada a ver com o norte da França. Então mudei o

título completamente, pegando o primeiro verso de uma canção de Bob Dylan, "Blowing in the wind". Cito a canção como epígrafe do livro: "How many roads must a man walk down/ Before you can call him a man?".* É lindo, você não acha? Pelo menos define bem a vida do meu pai, e muitas vidas. Mas, voltando ao presente volume, não creio que *Quoi? L'Éternité* funcione em inglês, e vou ter de encontrar outro título. Entre os poetas elisabetanos deve haver muitas citações sobre a eternidade, de modo que penso que posso achar algo por ali.

ENTREVISTADORA

Vamos voltar ao começo. A senhora era muito chegada a seu pai. Ele a incentivou a escrever e publicou seus primeiros poemas. Foi uma edição limitada e acredito que não possa ser obtida atualmente. Em retrospecto, o que a senhora acha desses poemas?

YOURCENAR

Meu pai os publicou à sua própria custa — uma espécie de agrado que ele me fez. E não devia ter feito — os poemas não eram muito bons. Eu tinha só dezesseis anos. Gostava de escrever, mas não tinha ambições literárias. Eu tinha todos aqueles personagens e histórias dentro de mim, mas mal conhecia algo da história e da vida para fazer alguma coisa com isso. Eu poderia dizer que todos os meus livros foram concebidos na época em que eu estava com vinte anos, embora não fossem ser escritos antes de mais vinte ou trinta. Mas talvez isso seja verdade para a maioria dos escritores — o armazenamento emocional é feito muito cedo.

---

* "Quantas estradas um homem precisa percorrer/ Antes de poder ser chamado de homem?" (N. T.)

278

ENTREVISTADORA

Isso se relaciona com aquilo que a senhora uma vez disse: "Livros não são vida, apenas cinzas". A senhora ainda acredita nisso?

YOURCENAR

Sim, mas livros também são um meio de aprender a sentir de forma mais acurada. Escrever é um modo de penetrar fundo no ser.

ENTREVISTADORA

Da morte de seu pai em 1929 até 1939, a senhora publicou somente duas novelas, *Aléxis* e *Golpe de misericórdia*, que disse que se baseavam em pessoas que conhecia. Quem são elas?

YOURCENAR

Meu pai amou uma mulher extraordinária, excepcionalmente livre em sua vida privada, e no entanto de uma moralidade quase heroica. Ela optou por permanecer com o marido embora sua verdadeira atração fosse por um homem que era *Aléxis*. Quanto a *Golpe de misericórdia*, posso dizer agora que Sophie é muito parecida comigo aos vinte anos, e Eric, o jovem ardentemente ligado a seu próprio irmão, por quem ela se apaixona, era alguém que eu conhecia, mas problemas políticos nos separavam. É claro que nunca sabemos o quanto os personagens ficcionais se parecem com pessoas de verdade. No início das minhas memórias eu digo: "*L'être que j'appelle moi*" — a pessoa que chamo de mim —, o que significa que não sei quem sou. Será que alguém sabe?

ENTREVISTADORA

Em seguida, veio *Memórias de Adriano*, que foi imediatamente saudado como obra-prima e se tornou um sucesso de vendas no mundo todo. Por que a senhora escolheu o romance histórico como gênero?

YOURCENAR

Nunca escrevi um romance histórico na vida. Não gosto da maioria deles. Escrevi um monólogo sobre a vida de Adriano, conforme poderia ter sido vista por ele próprio. Posso assinalar que o *tratado-monólogo* era um gênero literário comum nesse período e que outros além de Adriano o fizeram. Adriano é um homem muito inteligente, enriquecido por todas as tradições de seu tempo, enquanto Zênon, o protagonista de *A obra em negro*, também um homem muito inteligente e à frente de seu tempo — na verdade, à frente de todas as outras épocas —, é derrotado no final. Nathanael, o herói do terceiro painel, *Como a água que corre*, é, por contraste, um homem simples, quase sem cultura, que morre aos 28 anos de tuberculose. Ele é inicialmente um marinheiro que naufraga na costa do Maine nos Estados Unidos, casa-se com uma mulher que acaba se revelando uma ladra e prostituta, e é finalmente acolhido por uma holandesa abastada. Pela primeira vez, ele entra em contato com a cultura — escuta música, observa pinturas, vive no luxo. Porém, sua cabeça continua clara e seu olhar, aguçado, pois sabe que enquanto escuta música no hospital, do outro lado de sua casa, homens e mulheres estão sofrendo e morrendo de doença. Ele acaba sendo mandado para uma ilha no norte e morre em paz, cercado pela natureza e por animais selvagens. A questão é: até onde se pode ir sem receber qualquer cultura? A resposta é: para Nathanael, bastante longe, por meio da lucidez de espírito e da humildade de coração.

ENTREVISTADORA

A senhora conheceu Grace Frick, que posteriormente traduziu *Adriano*, em 1938. A senhora se mudou para os Estados Unidos logo em seguida?

YOURCENAR

De início, apenas por alguns meses. Na época, eu estava morando na Grécia, em Atenas. Vim a Paris para uma visita e a guerra estourou. Eu não podia voltar para a Grécia e não tinha dinheiro para viver em Paris. Grace, com infinita delicadeza, pediu-me que fosse para os Estados Unidos por algum tempo. Pensei que seria por seis meses, mas estou lá até hoje!

ENTREVISTADORA

O que a fez escolher Mount Desert Island?

YOURCENAR

Tínhamos um amigo que era professor de teologia em Yale. Em 1940, ele estava tirando um ano sabático. Pegou uma casa no Maine e pediu aos amigos que fossem ficar com ele. Grace e eu fomos visitá-lo, e pensamos que seria gostoso ter uma casa nessa ainda — na época — sossegada ilha. Grace percorreu todos os vilarejos a cavalo e ficou conhecida como "a mulher que está procurando uma casa". Havia casas de luxo, um tipo de chalé para milionários, ou casas de aldeia, sem instalações, e nada no meio termo. Finalmente compramos uma casa simples e a modernizamos, pusemos aquecimento central e outros implementos. Você sabia que Mount Desert foi descoberta pelo marinheiro e explorador francês Champlain? Ele deu o nome de Mount Desert, mas infelizmente agora é qualquer coisa menos deserto, e no verão há barcos carregados de turistas surgindo de todo lado.

ENTREVISTADORA

Um aspecto que chama a atenção em sua obra é que quase todos os seus protagonistas são homens homossexuais: Aléxis, Adriano, Zênon, Mishima. Por que a senhora nunca criou uma mulher que fosse um exemplo de homossexual feminina?

YOURCENAR

Não gosto da palavra *homossexual*, que considero perigosa — já que acentua o preconceito — e absurda. Se tiver que dizer alguma coisa, diga "gay". Em todo caso, a homossexualidade, como você diz, não é o mesmo fenômeno num homem e numa mulher. O amor de uma mulher por mulheres é diferente do amor de um homem por homens. Conheço alguns homens "gays", mas relativamente poucas mulheres abertamente "gays". Mas vamos voltar a uma passagem em *Adriano* quando ele diz que um homem que *pensa*, que está envolvido num problema filosófico ou elabora um teorema, não é nem homem nem mulher, nem mesmo humano. É outra coisa. É muito raro alguém poder dizer isso em relação a uma mulher. Acontece, mas muito raramente; por exemplo, a mulher que meu pai amava era muito sensual e também, para sua época, uma "intelectual", mas o principal elemento de sua vida era o amor, especialmente o amor pelo marido. Mesmo sem alcançar o alto nível de alguém como Adriano, está-se no mesmo espaço mental, e não é importante se é um homem ou uma mulher. Também posso dizer que o amor entre mulheres me interessa menos, porque nunca encontrei um grande exemplo dele.

ENTREVISTADORA

Mas há escritoras, como Gertrude Stein e Colette, que buscaram iluminar a homossexualidade feminina.

YOURCENAR

Acontece que eu não gosto de Colette nem de Gertrude Stein. Colette é completamente estranha para mim; em questões de erotismo, muitas vezes cai ao nível de um zelador parisiense. Você busca um exemplo de uma mulher que esteja apaixonada por outra mulher, mas apaixonada *como*? É uma paixão ardente de alguns meses? Um laço de amizade durante um longo período?

Ou algo intermediário? Quando você está apaixonada, está apaixonada — o sexo da pessoa amada não importa muito. O que importa são os sentimentos, as emoções, as relações entre as pessoas.

ENTREVISTADORA
Entretanto, tendo retratado Adriano de forma tão eloquente, a senhora poderia ter feito algo semelhante com, digamos, Safo? E tem sido muito discreta acerca de sua própria vida, com Grace Frick, por exemplo.

YOURCENAR
Vamos deixar Safo de lado, já que não sabemos praticamente nada sobre ela. Quanto à minha vida: há épocas em que precisamos revelar certas coisas, pois de outro modo elas poderiam ser ditas sem verossimilhança. Por exemplo, como eu disse, a história de Sophie em *Golpe de misericórdia* baseia-se num incidente real. Mas eu sempre fui, como se fala, "mais orientada intelectualmente" do que Sophie. E não fui violentada por um sargento lituano, nem alojada num castelo em ruínas! Quanto à minha relação com Grace Frick, eu a conheci quando ambas éramos mulheres de certa idade, e passamos por vários estágios distintos: primeiro uma amizade apaixonada, depois a habitual história de duas pessoas morando e viajando juntas por conveniência e por terem interesses literários comuns. Durante os últimos dez anos da sua vida, ela esteve muito doente. Nos últimos oito anos, ela não podia viajar, e foi por isso que eu fiquei no Maine durante esses invernos. Procurei ajudá-la até o fim, mas ela não era mais o centro da minha existência, e talvez nunca tenha sido. Isso era recíproco, é claro. Mas o que é amor? Essa espécie de ardor, de calor, que nos propulsiona inexoravelmente em direção a outro ser humano? Por que dar tanta importância ao sistema geniturinário das pessoas? Ele não define um ser total, e isso não é verda-

de nem em termos eróticos. O que importa, como eu disse, são as emoções, os relacionamentos. Mas *por quem* você se apaixona depende muito do acaso.

ENTREVISTADORA

A senhora acha que a ênfase no aspecto físico, sexual, do amor deve-se em parte à psicanálise? Talvez seja a isso que Anna Akhmatova tenha se referido quando disse "Freud arruinou a literatura".

YOURCENAR

Freud transforma a sexualidade numa espécie de metáfora, e numa metáfora não muito bem elaborada. Parece que ele foi um grande inovador, sendo o primeiro a falar da sexualidade com franqueza. Mas isso não torna suas teorias aceitáveis. De toda forma, ele não arruinou a literatura — não tinha o poder de fazê-lo, pois a literatura é algo muito grande. E ninguém pensa em Freud considerando seu tempo e as circunstâncias que o rodeavam. Ele veio de uma família judaica ortodoxa, pobre, que vivia numa pequena cidade provinciana. Naturalmente, como jovem professor, ficou surpreendido com o prazer em Viena. Como resultado, viu o mundo de sua dupla perspectiva.

ENTREVISTADORA

Não é tanto seu trabalho pioneiro como médico que está sendo questionado agora, e sim suas extrapolações filosóficas e psicológicas.

YOURCENAR

É bem isso. Ele faz muitas extrapolações extravagantes a partir de premissas bem pequenas, limitadas e restritas. Daí sua atração pelo mundo moderno. Mas foi o primeiro homem a falar sobre sexualidade com sinceridade e franqueza, quando ainda era tabu. Então todo mundo ficou fascinado. Mas agora podemos dizer a ele: "Agradecemos seu esforço pioneiro, mas para nós não é uma empreitada nova, nem uma descoberta total". Como psicólogo, prefiro Jung. Ele às vezes era estranho, mas havia genialidade em sua loucura. Era quase um poeta, e tinha uma percepção mais ampla da natureza humana. Em suas memórias [*Memórias, sonhos, reflexões*], somos muitas vezes confrontados com o mistério da vida. Por exemplo, o ódio de sua mãe, tão forte que uma mesa se parte em duas quando estão juntos! Um espantoso episódio parapsicológico ou um belo símbolo?

ENTREVISTADORA

O fato de a dicotomia masculino-feminino ser irrelevante para a senhora em certo nível pode explicar por que não se interessou pelo feminismo? Qual tem sido a sua relação com esse movimento nas últimas décadas?

YOURCENAR

Ele não me interessa. Tenho horror a esses movimentos porque acho que uma mulher inteligente vale o mesmo que um homem inteligente — se você conseguir achar algum —, e uma mulher estúpida é exatamente tão maçante quanto sua contraparte masculina. A iniquidade humana está distribuída quase equitativamente entre os dois sexos.

ENTREVISTADORA

Foi por isso que a senhora não quis ser publicada na Inglaterra pela Virago Press?

YOURCENAR

Não quis ser publicada por eles — que *nome*! — porque publicam *apenas* mulheres. Isso me faz lembrar de um daqueles compartimentos exclusivos para senhoras nos trens do século xix, ou de um gueto, ou simplesmente daqueles porões de restaurantes onde você se defronta com uma porta marcada *Mulheres* e outra marcada *Homens*. Mas obviamente existem diferenças sociais e geográficas. A mulher muçulmana sofre mais restrições. Mas mesmo ali. Acabei de passar o inverno no Marrocos, quando vi mulheres andando de braços dados, indo ao *hammam* [banhos públicos], um local que não se parece em nada com os banhos turcos que imaginamos pelos quadros de Ingres, e onde a cada minuto arriscamos nosso pescoço de tão escorregadios que são. Bem, aquelas mulheres muitas vezes pareciam mais felizes que suas irmãs parisienses ou nova-iorquinas. Elas obtêm muita coisa pelas amizades. Havia uma princesa mongol chamada Jahanara, filha do sultão Jahan, um admirável poeta. Descobri muito pouca coisa referente a ela, mas foi iniciada no sufismo pelo irmão, o admirável príncipe Dara, assassinado nos anos 30 por outro irmão, o fanático Aurangzarb. Então você vê que até mesmo mulheres muçulmanas podiam desenvolver eminência apesar das circunstâncias, se a tivessem dentro de si.

ENTREVISTADORA

É porque o sufismo as libera dos limites rígidos do islã ortodoxo. Há outra poeta sufi, Rabe'a. Ela escreveu a maior parte de seus poemas que sobreviveram com seu sangue, quando abriram suas veias num banho quente para que sangrasse até a morte. Pela menos a história é essa. Era uma punição comum para hereges na época, e os sufis em certos períodos foram considerados hereges.

YOURCENAR

Jahanara não foi assassinada, mas o mestre sufi que havia iniciado a ela e seu irmão Dara acabou sendo condenado à morte.

ENTREVISTADORA

Voltando à sua obra, seu livro *Fogos* é uma série de monólogos escritos do ponto de vista de mulheres...

YOURCENAR

O narrador impessoal, que escreve as pequenas sentenças de ligação, evidentemente também é uma mulher, mas suas reflexões sobre o amor são alheias a gênero. Há três monólogos que dizem respeito a homens — de Aquiles, Pátroclo e Fedro —, e com eles estamos no mundo de *Aléxis*. Por outro lado, Fedra, Antígona, Clitemnestra, Safo e Lena são mulheres, variando da suprema grandeza — Antígona — até a vulgaridade — Clitemnestra.

ENTREVISTADORA

A senhora mencionou certa vez que o que queria fazer com sua obra era reviver *le sense du sacré*. Há uma queixa comum de que hoje perdemos a noção do sagrado — mesmo aqueles que contribuíram enormemente para esse estado de coisas se queixam disso. A senhora pode expandir essa questão um pouco mais, em relação a seu trabalho?

YOURCENAR

O sagrado é a própria essência da vida. Ter consciência do sagrado mesmo enquanto seguro este copo é essencial. Quer dizer, este copo tem uma forma, que é linda, e que evoca o grande mistério entre vazio e plenitude que atormenta os chineses há séculos. O copo pode servir de receptáculo, tanto para ambrosia como para veneno. O que importa para os taoistas é o vazio. E o copo foi inventado por alguém que não conhecemos. Conforme digo em *A obra em negro*, quando Zênon está deitado em sua cela monástica, "Os mortos estão muito longe e não podemos alcançá-los, nem mesmo os vivos". Quem fez esta mesa? Se tentássemos descobrir como cada objeto à nossa volta veio a existir passaríamos a vida toda fazendo isso. Tudo está longe demais no passado ou misteriosamente perto demais.

ENTREVISTADORA

A que a senhora atribui essa perda do sagrado? Ela se deve, conforme alguns afirmam, ao desenvolvimento do capitalismo e seu corolário, o consumismo?

YOURCENAR

Certamente, o consumismo responde por grande parte disso. Vivemos numa sociedade comercial contra a qual *temos de* brigar. Mas não é fácil. Tão logo se esteja lidando com a mídia, a pessoa se torna sua vítima. Mas será que perdemos mesmo o senso do sagrado? Eu não sei! Porque, no passado, o sagrado estava intrincadamente misturado com a superstição, e as pessoas passaram a considerar superstição mesmo o que não era. Por exemplo, os camponeses acreditavam que era melhor semear na lua cheia. Mas eles estavam certos: esse é o momento em que a seiva surge, atraída pela gravidade. Assustadora é a perda do sagrado nas relações humanas, particularmente nas sexuais, porque então nenhuma união verdadeira é possível.

ENTREVISTADORA

Talvez esse sentimento pelo sagrado seja o motivo de seu interesse particular por ecologia e conservação?

YOURCENAR

Isso é de máxima importância. Os holandeses gentilmente me elegeram para sua Academia, o Instituto Erasmus de Artes e Letras. Ao contrário de sua contraparte francesa, ela inclui um prêmio substancial, metade do qual a pessoa deve doar para a caridade. Dei meu prêmio para a Organização Mundial da Vida Selvagem. A princípio eles protestaram, dizendo que o instituto era para a promoção das artes e das letras, não de leões e pássaros. Mas eu disse que seria obrigada a recusar o prêmio a menos que pudesse fazer minha doação, e eles aceitaram. Não sei quão sinceros são os partidos verdes e ecológicos, e quanto disso é postura política. Mas algo precisa ser feito antes que seja tarde demais. Já é quase tarde demais, com a chuva ácida destruindo as florestas da Europa e o desmatamento das florestas tropicais na América do Sul.

ENTREVISTADORA

Falando nisso, a senhora foi a primeira mulher em quatrocentos anos a ser eleita para a Academia Francesa. Como isso aconteceu? Pergunto porque tradicionalmente é preciso fazer um investimento e ir arrebanhando votos dos outros membros. É possível ler cartas de partir o coração escritas por candidatos passados, notavelmente Baudelaire, pedindo aos membros que votassem neles.

YOURCENAR

Pobre Baudelaire! Ele tinha sofrido muito pela condenação de alguns de seus poemas, *As flores do mal*, e para ele se tornar membro da Academia seria uma espécie de vingança. No meu caso, Jean d'Ormesson me escreveu perguntando se eu faria alguma objeção a ser nomeada, sem qualquer visita ou esforço de minha parte. Eu disse não, achando que seria descortês recusar. Eu estava errada. Há alguns acadêmicos sérios e interessantes; há também, e sempre houve, escolhas mais medíocres. Além disso, a Academia, como o *Figaro*, onde a maioria dos acadêmicos escreve, representa atualmente um grupo de tendência mais ou menos forte de direita. Eu própria não sou nem de direita nem de esquerda. Eu me recusei a vestir o uniforme da Academia —

minha saia longa de veludo e a pelerine foram desenhadas por St. Laurent. E é claro que recusei o costumeiro presente da espada. Mas recebi uma moeda de Adriano de pessoas que contribuíram voluntariamente.

ENTREVISTADORA

Desde sua eleição para a academia a senhora se tornou muito mais conhecida do grande público e foi celebrada pelo mundo literário. A senhora frequenta a sociedade literária parisiense?

YOURCENAR

Não sei o que significa "celebrada", e detesto todo o mundo literário, porque representa valores falsos. Algumas grandes obras e alguns grandes livros são importantes. Eles estão à parte de qualquer "mundo" ou "sociedade".

ENTREVISTADORA

Eu gostaria de voltar aos primeiros tempos e falar de suas influências. A senhora tem sido comparada a Gide por muita gente. Ele foi uma influência? Por exemplo, dizem que Nathanael, o herói de *Como a água que corre*, foi batizado segundo aparece em *Os frutos da terra*. Isso é verdade?

YOURCENAR

Não gosto muito de Gide. Acho que ele é seco e às vezes superficial. Escolhi Nathanael porque é um nome puritano, e ele é um jovem marinheiro holandês vindo de uma família puritana. Outros membros da família têm nomes como Lázaro ou Eli pela mesma razão. São nomes bíblicos e não têm relação com o livro de Gide. Estamos muito longe do estado de feliz embriaguez apresentado por Gide em *Os frutos da terra*, que não é mais possível na nossa época, em face de tanta loucura e tanto caos.

ENTREVISTADORA

Mas *Aléxis* tem o formato de um *récit* de Gide...

YOURCENAR

Um *récit* no formato de uma carta é uma velha forma literária francesa. Eu disse que a gratidão que os jovens escritores franceses sentiam por Gide era, em grande parte, devida ao seu uso de formas clássicas de prosa. Mas por que escolher um em particular? Há centenas de grandes livros em diferentes línguas pelos quais todos somos ou deveríamos ser influenciados.

ENTREVISTADORA

É claro, mas sempre há certas afinidades com alguns escritores. Quais são eles no seu caso? Baudelaire, Racine, os românticos?

YOURCENAR

Baudelaire certamente; e alguns dos românticos. A Idade Média francesa muito mais, e certamente poetas do século XVII, tais como Ménard, "La belle vieille", e muitos, muitos outros poetas, franceses e não franceses. Racine até certo ponto, mas ele é um caso tão especial que ninguém pode ser comparado a ele.

ENTREVISTADORA

Com exceção de Britânicos, todos os seus protagonistas foram mulheres: Fedra, Berenice, Nathalie, Roxane etc.

YOURCENAR

Proust defendia a ideia de que a Fedra de Racine podia ser identificada com um homem tanto quanto com uma mulher. Mas a Fedra de Racine é muito mais francesa do que grega. Você pode constatar isso quando a compara com a Fedra grega. Seu ciúme apaixonado é um tema típico da literatura francesa, tal como em

Proust. É por isso que em *Fedra*, Racine *teve* de encontrar uma rival para ela, Arícia, que é uma personagem insignificante, como um vestido de noiva comprado numa loja de roupas popular. Em outras palavras, amor como posse, *contra* alguém. E isso é prodigiosamente francês. O ciúme espanhol é bem diferente: é verdadeiro ódio, o desespero de alguém que foi privado de seu alimento. Quanto ao amor anglo-saxão, bem, não há nada mais lindo que os sonetos de Shakespeare, e o amor alemão também produziu poesias maravilhosas.

ENTREVISTADORA

Tenho uma teoria de que os franceses não entendem Baudelaire e nunca entenderam. Eles falam da sua retórica, e no entanto ele é o menos retórico dos poetas. Escreve como um poeta oriental — como um poeta persa, ouso dizer.

YOURCENAR

Baudelaire é um poeta sublime. Mas os franceses não entendem nem Victor Hugo, que também é um poeta sublime. Tenho tirado — como Malraux tirava — títulos dos versos de Victor Hugo: *Le cerveau noir de piranèse* e outros. Sempre que passo pela Place Vendôme em Paris recordo-me do poema em que ele pensa em Napoleão se perguntando se ele preferiria "*la courbe d'Hannibal et l'angle d'Alexandre au carré de César*". Uma estratégia inteira contida num único verso alexandrino! É claro que há ocasiões em que Victor Hugo é ruim e retórico — até mesmo grandes poetas têm seus dias de folga —, mas mesmo assim ele é prodigioso.

ENTREVISTADORA

É isso que Gide quis dizer com: "*Victor Hugo, hélas*"?

YOURCENAR

Ter dito "*hélas*" é prova de certa pequenez em Gide.

ENTREVISTADORA

Ele também rejeitou o manuscrito de *No caminho de Swann*, dizendo: "Eis aí a história de um menininho que não consegue ir dormir".

YOURCENAR

Estávamos falando de ciúme: talvez Gide tivesse ciúme de Proust; ou talvez não conseguisse honestamente gostar do longo e subjetivo início de *Em busca do tempo perdido*. Ele não conhecia, como nós conhecemos, a obra inteira de Proust.

ENTREVISTADORA

Então quem foi uma influência decisiva para a senhora na juventude?

YOURCENAR

Como eu disse no prefácio de *Aléxis*, na época foi Rilke. Mas essa história de influência é enganosa. A gente lê milhares de livros, de poetas modernos e antigos, como a gente conhece milhares de pessoas. O que sobra de tudo isso é difícil dizer.

ENTREVISTADORA

A senhora mencionou poetas modernos. Quais, por exemplo?

YOURCENAR

Há um poeta sueco que eu nunca consegui apresentar aos meus amigos franceses: Gunnard Ekelof. Ele escreveu três pequenos livros chamados *Divans*, eu suponho que influenciado pela poesia persa. E, é claro, Borges e alguns poemas de Lorca, e Pessoa, Apollinaire.

ENTREVISTADORA
Falando de Borges, e quanto a outros escritores sul-americanos e toda a escola do realismo mágico?

YOURCENAR
Não gosto deles. São como produtos industrializados.

ENTREVISTADORA
E quanto à literatura de seu país de adoção, os Estados Unidos?

YOURCENAR
Receio não ter lido muito dela. Li uma porção de coisas não relacionadas à literatura ocidental. No momento estou lendo um livro enorme de um poeta sufi marroquino, livros sobre ecologia, sagas da Islândia e coisas assim.

ENTREVISTADORA
Mas certamente a senhora deve ter lido escritores como Henry James, Faulkner, Hemingway, Edith Wharton?

YOURCENAR
Alguma coisa. Há grandes momentos em Hemingway, por exemplo, "The battler" ou, melhor ainda, "The killers", que é uma obra-prima do conto americano. É uma história de vingança no submundo, e é excelente. Os contos de Edith Wharton me parecem muito melhores que seus romances. *Ethan Frome*, por exemplo, é a história de um camponês da Nova Inglaterra. Nela, a protagonista, uma mulher do mundo, coloca-se no lugar dele e

descreve a vida dessa gente no inverno, quando todas as estradas estão congeladas, isoladas. É uma história curta e muito bonita. Faulkner traz consigo o horror real do sul, o analfabetismo e o racismo dos brancos pobres. Quanto a Henry James, a melhor definição é a de Somerset Maugham, quando disse que ele era um alpinista equipado para conquistar o Himalaia que decidiu subir a Beaker Street! Henry James foi esmagado por seu ambiente sufocante — sua irmã, sua mãe, até mesmo seu irmão, que era um gênio, mas de um tipo mais filosófico e professoral. James nunca contou sua própria verdade.

ENTREVISTADORA

A senhora acabou de traduzir *The amen corner*, e sei que admira James Baldwin e é amiga dele. O que pensa do trabalho dele agora?

YOURCENAR

Baldwin escreveu algumas páginas admiráveis, mas não tem a coragem de ir até o fim em suas conclusões. Ele deveria ter batido com muito mais força. Teve uma vida dura. Foi um entre nove filhos no Harlem, pobre, pregador aos quinze anos, fugitivo aos dezoito, trabalhando como operário, primeiro no Exército durante a guerra, depois nas ruas, mal ganhando para sobreviver. Dá um jeito de chegar a Paris, onde é preso pelo crime de não ter endereço fixo nem profissão. Ele tem agora um problema com bebida, mas muitos escritores americanos têm esse problema; talvez por causa do puritanismo que reinou na alma americana por tanto tempo. Mas, ao mesmo tempo, quando os americanos são generosos, cordiais, inteligentes, o são mais que os europeus. Conheço pelo menos cinco ou seis americanos assim.

ENTREVISTADORA

A senhora se interessa por literatura japonesa e seu livro sobre Mishima é considerado um dos melhores ensaios sobre ele. Quando foi que se envolveu com o Japão?

YOURCENAR

Meu interesse por literatura japonesa remonta a quando eu tinha cerca de dezoito anos e a descobri por meio de certos livros. Eu li Mishima em francês logo quando ele apareceu e achei uma parte de seu trabalho linda. Mais tarde, vi muitos absurdos escritos sobre ele e resolvi escrever meu livro para apresentar um Mishima mais genuíno. Agora até fizeram um filme detestável sobre sua vida. A senhora Mishima foi a Hollywood e tentou impedir, mas foi em vão. Quatro anos atrás, comecei a aprender japonês e, após algum tempo, com a ajuda de um amigo japonês, traduzi *Cinco peças nô modernas* para o francês. São peças lindas.

ENTREVISTADORA

Viajando tanto, como a senhora consegue escrever? Onde acha tanta energia, e qual é sua rotina de trabalho?

YOURCENAR

Escrevo em todo lugar. Poderia escrever aqui enquanto converso com você. Quando estou no Maine ou em outra parte, quando estou viajando, escrevo em qualquer lugar que esteja e sempre que posso. Escrever não requer tanta energia assim — é um relaxamento, um prazer.

ENTREVISTADORA

Olhando para trás na sua vida, a senhora sente que teve uma vida "boa", como se diz?

YOURCENAR

Não sei o que é uma vida boa. Mas como não ficar triste olhando o mundo à nossa volta atualmente? Há também momentos em que sinto — usando uma expressão militar de que meu pai gostava — que "tudo é contado como licença" [*Tout ça compte dans le congé!*]. A felicidade às vezes existe.

ENTREVISTADORA

A senhora também se interessa pelo sufismo e está planejando um ensaio sobre Janahara. O que a atrai nisso? Estou particularmente interessada porque venho dessa tradição.

YOURCENAR

É uma filosofia que lida com o divino como essência da perfeição, o Amigo, algo que os budistas buscam dentro de si, sabendo que vem de dentro de si, que a liberação vem de dentro. Mas não posso dizer que sou budista, nem que sou sufi, nem que sou socialista. Não pertenço a nenhuma doutrina em particular. Mas existem afinidades espirituais.

ENTREVISTADORA

Parece crasso perguntar a alguém tão jovem e cheia de energia como a senhora se às vezes pensa na morte?

YOURCENAR

Penso nela o tempo todo. Há momentos em que me sinto tentada a acreditar que há pelo menos uma parte da personalidade que sobrevive, e outros em que não acredito nisso de jeito nenhum. Sinto-me tentada a ver as coisas como Honda vê, no último livro de Mishima, que ele terminou no dia em que morreu. Honda, o personagem principal, percebe ter sido suficientemente afortunado por ter amado quatro pessoas, que eram todas a mesma pessoa em diferentes formas, em — se lhe agrada — reencarnações sucessivas. Na quinta vez ele comete um erro e o erro lhe custa muito. Ele se dá conta de que a essência dessas pessoas está em algum lugar do universo e que um dia, talvez em dez mil anos ou mais, ele as encontrará de novo, em outras formas, sem sequer reconhecê-las. É claro que reencarnação aqui é apenas uma palavra, uma das muitas palavras possíveis para acentuar *certa* continuidade. Com certeza toda a evidência física aponta para nossa total aniquilação, mas, se considerarmos todos os *dados* metafísicos, somos tentados a dizer que não é tão simples assim.

Martin Amis

Martin Amis nasceu em 25 de agosto de 1949 em Oxford, Inglaterra, onde seu pai, sir Stanley Amis, escritor vencedor do prêmio Booker, era estudante de doutorado. Ele cresceu nas várias cidades em cujas universidades seu pai lecionou literatura: Swansea, Princeton e Cambridge. Seus pais se divorciaram quando ele tinha doze anos.

Aos dezoito anos, um papel no filme *Vendaval na Jamaica* o levou para as Índias Ocidentais. Ele retornou à Inglaterra em 1968 e, após fazer alguns preparatórios para a universidade, matriculou-se no Exeter College, em Oxford. Graduou-se em língua inglesa com honras. Aos vinte e poucos anos escreveu resenhas de livros para o *Observer* de Londres e pouco depois trabalhou como assistente editorial para o *Times Literary Supplement.* Seu primeiro romance, *Os papéis de Rachel,* foi publicado em 1973 e obteve aclamação da crítica, ganhando o prêmio Somerset Maugham (que seu pai também ganhara). Enquanto estava no suplemento literário do *Times,* publicou seu segundo romance, *Dead babies*

(1975), ao qual Auberon Waugh se referiu como "nada menos que brilhante".

De 1977 a 1980, foi editor literário do *New Statesman*, um semanário socialista, e escreveu mais dois romances, *Success* (1978) e *Os outros* (1981). Em 1984, surgiu seu best-seller *Grana*, seguido de uma coletânea jornalística, *The moronic Inferno* (1986), e uma coletânea de contos breves, *Einstein's monsters* (1987), que focalizavam a ameaça nuclear e continham um elemento polêmico nunca visto em sua ficção. *Campos de Londres* (1990) mais uma vez confrontava o holocausto nuclear e a morte do planeta. Um crítico descreveu o romance como "ferozmente impressionante". Amis publicou outra coletânea jornalística na sequência, *Visiting Mrs. Nabokov*, e um romance, *A seta do tempo* (1992).

Logo em seguida, na época de seu divórcio, Amis descobriu-se foco de um feudo literário. Ao se separar de sua agente de longa data, Pat Kavanagh, esposa de seu amigo e colega escritor Julian Barnes, para assinar com Andrew Wylie, A. S. Byatt o acusou de estar se vendendo para pagar seu divórcio e um longo tratamento dentário. Sua resposta ao escândalo foi: "A inveja nunca vai ao baile vestida de inveja; vai vestida como padrões morais elevados ou desgosto pelo materialismo".

Desde então, ele escreveu dois romances: *A informação* (1995) e *Trem noturno* (1997), um romance policial que é um sucesso de vendas e se passa numa cidade dos Estados Unidos que não tem nome.

A entrevista a seguir resulta de diversos encontros, o primeiro tendo ocorrido no verão de 1990, num antigo rancho de perus próximo a Wellfleet, Massachusetts, onde ele estava passando férias. Trajando roupa de tênis, bronzeado e relaxado, Amis bebeu café e enrolou seus próprios cigarros com uma frequência que fazia lembrar John Self (em *Grana*), que explica ao leitor: "A não ser que eu lhe informe algo diferente, estou sempre fumando outro cigarro". Amis vive agora no nordeste de Londres.

— *Francesca Riviere, 1998*

ENTREVISTADORA

Quando o senhor escreve um romance, por onde começa? Pelo personagem ou pelo tema? Ou existe outra coisa que venha primeiro?

MARTIN AMIS

A concepção comum de como os romances são escritos parece-me a descrição exata de um bloqueio de escritor. O ponto de vista comum é que nesse estágio o escritor está tão desesperado que fica sentado com uma lista de personagens, uma lista de temas e um arcabouço para sua trama, procurando ostensivamente mesclar os três elementos. Na verdade, nunca é assim. O que ocorre é o que Nabokov descreveu como um palpite. Um palpite ou um lampejo, um ato de reconhecimento por parte do escritor. Nesse estágio, o autor pensa: "Eis aqui algo sobre o que posso escrever um romance". Na ausência de reconhecimento, não sei o que alguém faria. Pode ser que nada acerca dessa ideia — ou lampejo, ou palpite — atraia você a não ser o fato de que é seu destino, de que esse é seu próximo livro. Você pode até ficar secretamente estarrecido, deslumbrado ou decepcionado com a ideia, mas é mais do que isso. Você simplesmente se sente seguro de que há outro romance para você escrever. A ideia pode ser muito delgada — uma situação, um personagem em certo lugar e em certo momento. Com *Grana*, por exemplo, eu tive a ideia de um cara enorme e gordo em Nova York, tentando fazer um filme. Isso era tudo. Às vezes, um romance pode vir de forma bastante ininterrupta, e é praticamente como uma viagem que você vai fazendo; a trama, tal como é, vai se desenrolando e você segue seu faro.

Você tem que decidir entre duas estradas de terra aparentemente idênticas, ambas parecendo absolutamente irremediáveis, mas mesmo assim precisa decidir qual seguir.

ENTREVISTADORA

À medida que prossegue, o senhor se preocupa que aquilo que já escreveu não corresponda às expectativas?

AMIS

Você tenta pensar aonde está indo, e não de onde vem, embora o que aconteça de vez em quando é que você fica encalhado, e não é o que realmente está prestes a fazer que o impede de avançar, é algo que você já fez e não está em ordem. Você precisa voltar e consertar. Meu pai descrevia um processo no qual era como se ele tivesse que pegar a si mesmo pela mão, de maneira delicada porém firme, e dizer: "Muito bem. Acalme-se. O que é que está preocupando você?". E o diálogo continuaria assim: "Bem, na verdade é a primeira página". "O que há com a primeira página?" Ele poderia dizer: "A primeira sentença". E percebia que era apenas uma coisinha minúscula que o estava retendo. Na verdade, meu pai, acho, sentava-se e escrevia o que considerava ser a versão final logo de cara, porque dizia que não há sentido em colocar uma sentença se você não a sustentar depois.

ENTREVISTADORA

Então presume-se que ele sabia aonde estava indo.

AMIS

Ele sabia bem mais que isso. O que pode vir com a experiência no ofício. Tendo a ser mais precipitado.

ENTREVISTADORA

Qual é a importância da trama para o senhor?

AMIS

As tramas realmente só têm importância em livros de suspense. Nas obras mais gerais, a trama é... o quê? Um gancho. O leitor vai se surpreender com o rumo que as coisas tomam. Sob esse aspecto, *Grana* foi um livro muito mais difícil de escrever do que *Campos de Londres,* por ser essencialmente um romance sem trama. É o que eu chamaria de romance de voz. Se a voz não funciona, você está ferrado. *Grana* tinha uma só voz, ao passo que *Campos de Londres* tinha quatro. Os ovos não estavam num único cesto. Estavam em quatro. Eu tinha bastante confiança de que o gancho, essa ideia de uma mulher arranjar seu próprio assassinato, aguçava a curiosidade. Então, apesar de não acontecer muita coisa em quinhentas páginas, ainda assim as pessoas vão querer saber como termina. Sob esse aspecto é um romance provocativo.

ENTREVISTADORA

O senhor leu ou ouviu em algum lugar que certas pessoas são predispostas a serem assassinadas?

AMIS

Sim. Não consigo nem lembrar quando a ideia ou a coceirinha na mente ocorreu. Não foi nem sequer um livro que li; foi uma resenha de livro que li ou de que ouvi falar, ou uma conversa que escutei num bar ou no metrô. Em todo caso, eu precisava apenas de uma frase, que foi essa que você acabou de mencionar. Naquele momento eu estava pensando em uma novela bem curta, sobre o assassino, o assassinado e sua eventual conjunção. Então a introdução de um terceiro personagem, Guy, o contraste, abriu o romance para um tipo mais amplo de sociedade, e o narrador teve suas próprias exigências de espaço a serem atendidas. Finalmente, o tempo e o lugar tomaram conta, isto é, Londres, uma cidade moderna no final do século, no final do milênio. Isso reuniu todos os tipos de interesse e preocupação. Mais uma vez, deve-se ressaltar que não temos os temas presos na parede como alvos para lançamento de dardos. Quando as pessoas perguntam: "O que você quis dizer com esse romance?". A resposta a essa pergunta é, obviamente: "O *romance*, todas as quatrocentas e setenta páginas dele". Não é um trocadilho que você pode imprimir numa faixa ou numa camiseta. É uma fraqueza humana reduzir as coisas a um chavão ou a uma única personalidade, mas parece que eu me mantive aberto a isso — a personalidade ficando no caminho do romance.

ENTREVISTADORA
De onde o senhor conclui isso?

AMIS
A julgar por tudo o que recebo, de resenhas a cartas, acho que as pessoas tomam as coisas que escrevo de forma bastante pessoal. É interessante quando você está em sessões de autógrafos com outros autores, então olha as filas em cada mesa e vê tipos humanos definidos se juntando em cada uma.

ENTREVISTADORA
Que tipo de gente fica na sua fila?

AMIS
Bem, fiz uma sessão com Roald Dahl e divisões humanas bastante previsíveis podiam ser observadas. Para ele, uma porção de crianças, uma porção de pais de crianças. Já a fila de Julian Barnes parecia formada de tipos bastante profissionais, em posição comfortável. Minha fila, sabe, é sempre um bando de perdidos de olhar selvagem, que ficam me observando intensamente, como se eu tivesse uma mensagem particular para eles. Como se

eu devesse saber que eles me leem, que essa díade ou simbiose entre leitor e autor é tão intensa que eu deveria, de alguma forma, saber dela.

ENTREVISTADORA

Quando o senhor soube que queria escrever, ou quando passou a se considerar escritor?

AMIS

Bem, posso falar do meu pai aqui.

ENTREVISTADORA

Claro.

AMIS

Não tenho relutância nenhuma em falar do meu pai, já que ficou mais claro para mim que se trata mais ou menos de um caso especial. Em primeiro lugar, não parece que a habilidade literária seja fortemente herdada. Pelo que sei, meu pai e eu somos o único "time" de pai e filho em que ambos têm uma obra de corpo ou, como diria meu pai, somos "um pouco bons". E, sabe, Auberon Waugh e David Updike podem ter aparecido com um romance ou dois, aqui e ali, mas não dois núcleos sólidos de trabalho, seja em sequência, seja simultaneamente, como meu pai e eu. Quero deixar claro que isso não foi nada mais do que um auxílio para mim. Talvez tenha sido mais difícil para ele, o que é bem engraçado; levei um longo tempo para me dar conta disso. Não sei como me sentiria se um dos meus filhos pequenos começasse a escrever, mas sei que geralmente tenho ressentimento em relação a escritores mais jovens.

ENTREVISTADORA

O senhor tem ressentimento?

AMIS

Ninguém fica muito entusiasmado de ver um talento brilhante surgindo em seu flanco. Antipatia e ressentimento em relação a escritores mais jovens é algo bastante comum entre os autores, e pode incomodar ainda mais, sabe, quando é seu próprio filho. Além disso, parece-me bastante natural que eu devesse admirar o trabalho de meu pai e que ele tenha sido desconfiado em relação ao meu trabalho e tenha se envolvido apenas parcialmente nele. Meu pai me disse que, quando um escritor de 25 anos coloca a caneta sobre o papel, ele está dizendo ao escritor de cinquenta que não é mais daquele jeito, é *deste* jeito. O escritor mais velho, em algum ponto, vai perder contato com a sensação dos momentos contemporâneos, embora alguns façam um impressionante trabalho para se manter em dia, sendo Saul Bellow um bom exemplo. Quando meu pai começou a escrever, estava dizendo aos escritores mais velhos — por exemplo, Somerset Maugham —: não é daquele jeito, é deste. É claro que houve reação. Uma das edições em brochura de *Lucky Jim* traz uma citação de Somerset Maugham que diz algo sobre as universidades de hoje estarem se enchendo com uma nova geração que surgiu depois da guerra, e que as observações do senhor Amis são tão agudas, seu ouvido é tão aguçado, que ele captou suas maneiras e hábitos com exatidão. A citação na capa do livro termina aí, mas o texto original continua — eles são escória, não têm respeito pelos valores, pela cultura etc. Então, um pouquinho do "eles são escória" é inevitável na avaliação de um escritor mais jovem.

De qualquer modo, para voltar ao começo. Todo mundo gosta bastante da ideia de ser escritor ou pintor aos treze ou catorze anos, mas só aqueles que são bem-sucedidos têm que responder à pergunta de quando tiveram inicialmente a ideia. Eu disse que naquela idade tinha consciência de que meu pai era escritor, mas

306

não tinha certeza de que tipo de livro ele escrevia. Pelo que eu sabia deles, podiam tanto ser faroestes quanto romances eróticos.

ENTREVISTADORA

O senhor não os lia?

AMIS

Não, não lia. Na verdade, eu era jovem demais e não lia ninguém.

ENTREVISTADORA

O senhor chegou a discutir com ele sobre escrever quando começou?

AMIS

Na verdade, não. Ele foi de uma indolência brilhante: nunca me deu qualquer incentivo. Mais tarde me dei conta do quanto isso foi valioso e necessário. Conheço um ou dois escritores que incentivaram seus filhos a escrever, mas essa é uma promessa completamente vazia, porque, voltando à situação mais ou menos única do meu pai e eu, talento literário não é algo que se herda. Quando um escritor-pai diz a um escritor-filho — e todos os filhos, todas as pessoas são escritores por um breve período de tempo — você pode ser eu, pode ser escritor, pode ter a minha vida, essa é uma oferta complicada. Certamente não será mantida. Assim, talvez por uma indolência natural mais do que um pressentimento, ele nunca me incentivou, e eu nunca apelei para o incentivo dele. O que torna você um escritor? Você desenvolve um sentido extra que o exclui parcialmente da experiência. Quando o escritor vivencia as coisas, ele na verdade não as está vivenciando cem por cento. Ele sempre se retrai e se pergunta qual é o significado daquilo, ou como seria aquilo no papel. Sempre

307

essa atitude de desinteresse... Como se não tivesse a ver com você, certa imparcialidade fria. Essa faculdade, acho, estava plenamente desenvolvida em mim bastante cedo. Um dia, quando eu ainda morava em casa, meu pai entrou no meu quarto e eu coloquei as mãos protetoramente sobre a folha de papel na máquina de escrever. Não queria que ele visse. Mais tarde, ele disse que foi a primeira vez que suspeitou. Mas então eu de fato anunciei que estava escrevendo um romance; saí de casa, e um ano depois o romance estava pronto. Deixei as provas em cima da mesa dele e saí de férias. Quando voltei, *ele* tinha saído de férias. Mas deixou uma nota, breve e encantadora, dizendo que tinha achado agradável, engraçado e tudo mais. Acho que esse foi o último romance meu que ele leu do começo ao fim.

ENTREVISTADORA

O romance era *Os papéis de Rachel?*

AMIS

Sim, *Os papéis de Rachel*. Acho que ele se obrigou a ler até o fim meu terceiro romance, *Success*, e comentou: "O começo e o fim funcionam, mas o meio não". Quanto aos livros posteriores, lia cerca de vinte páginas e desistia. Levou um tempinho para eu me acostumar a isso, porque me sentia filho *e* colega escritor. Não houve nenhum sentimento de mágoa, em parte porque eu estava habituado, mas também porque vi que era impossível para ele dizer mentiras deslavadas como os escritores costumam fazer com seus amigos. Prefiro melhorar minha opinião sobre o livro de um amigo a colocar em risco a amizade. Mas ele não era assim; sob esse aspecto, era muito mais duro do que eu.

ENTREVISTADORA

O senhor sentia que estava carregando o manto do legado

de seu pai ou que estava competindo com ele? Houve alguma intimidação no início, ou o senhor simplesmente quis escrever e pronto?

AMIS

Acho que foi bacana saber que, por pior que fosse o primeiro romance, ele provavelmente teria sido publicado por curiosidade mercenária. Foi como ter um lastro; serviu para dar segurança. Quanto mais eminente fui me tornando, mais seguro fui me sentindo. Para começar, as pessoas foram muito generosas comigo, com base num sentimento errôneo de que devia ter sido muito difícil para mim. O único lançamento na coluna das perdas veio depois, porque pessoas que haviam sido generosas comigo por algum tempo provavelmente esperavam que eu escrevesse alguns romances e me calasse, como fazem geralmente os filhos de escritores. Há uma sensação de que foi um pouco demais eu ter seguido mais e mais adiante e estar aqui até hoje. "Por que fomos tão simpáticos com ele no começo?" É interessante, só há pouco tempo me dei conta de que foi muito mais difícil para meu pai do que para mim. Não *muito* difícil; acho que lhe deu bastante prazer, a maior parte do tempo, eu ter virado escritor. Mas ele ficou bem mais incomodado. Nunca fiquei incomodado. É natural admirar os mais velhos e desprezar os mais jovens. O mundo é assim. Houve um breve período em que meu pai me atacou na imprensa e me usou como exemplo de como a prosa moderna era incompreensível e desinteressante. Obrigado pela cutucada, pai. Mas na verdade foi divertido, era bem o jeitão dele. E eu revidei.

ENTREVISTADORA

Li que quando ele deparou com seu nome em um personagem de *Grana*, atirou o livro pela sala.

AMIS

Tenho quase certeza de que foi a introdução de um personagem sem importância chamado Martin Amis que fez meu pai arremessar o livro girando pelo ar. Porque eu havia rompido o contrato entre escritor e leitor, que reza que não se deve misturar as coisas, não se deve brincar com o nível da realidade. Uma vez eu o pressionei e perguntei quais eram os autores de prosa que ele *admirava* — como sempre, no jantar, ele menosprezava grandes nomes da literatura, um depois do outro. Uma vez ele foi convidado a contribuir com um artigo numa série chamada Sacred Cows. Meu pai disse: "Que tal eu falar sobre literatura americana?". Eles disseram: "Ótimo, tudo bem". Meu pai perguntou: "Quantas palavras?". Eles disseram: "Oitocentas". Meu pai disse: "Ah, não acho que eu vá precisar de *tanto* espaço assim". Quando confrontado, ele disse que tinha gostado de um livro de Evelyn Waugh, de alguns livros de Anthony Powell, e após trinta segundos ficou reduzido a Dick Francis. Ele não gostava de Jane Austen, não gostava de Dickens, nem de Fielding, nem de Lawrence, nem de Joyce, não gostava de nenhum americano. E estava mal equipado para julgar qualquer um dos russos, franceses, sul-americanos etc. Então comecei a me sentir um pouco melhor por ele não gostar das minhas coisas.

ENTREVISTADORA

Em boa companhia.

AMIS

Exatamente.

ENTREVISTADORA

Há alguém que o senhor tenha lido cujo trabalho tenha sido fundamental ou um ponto de virada?

AMIS

A primeira literatura que li foi Jane Austen.

ENTREVISTADORA

Ela influenciou o senhor?

AMIS

Eu diria que os escritores de quem gosto e em quem confio têm na base de sua prosa algo chamado "sentença inglesa". Uma quantidade terrível de escritos modernos me parece um uso deprimido da linguagem. Uma vez chamei isso de "prosa do voto de pobreza". Não, tragam-me o rei com toda a sua meticulosidade. Tragam-me Updike. Anthony Burgess disse que há dois tipos de escritores, os escritores A e os escritores B. Os escritores A são contadores de histórias, os escritores B são utilizadores da linguagem. E eu tendo a fazer parte do grupo B. Na prosa de Nabokov, na prosa de Burgess, na prosa de meu pai — em sua prosa dos primeiros tempos, não em sua prosa mais recente —, a sentença inglesa é como uma métrica poética. É um ritmo básico a partir do qual o escritor é livre para espiar em direções inesperadas. Mas a sentença continua lá. Grosseiramente falando, é como dizer que não confio num pintor abstrato a menos que eu saiba que ele é capaz de desenhar mãos.

ENTREVISTADORA

A experimentação deles se baseia numa estrutura ou num conhecimento...

AMIS

Eles se baseiam na habilidade de escrever uma boa sentença inglesa. Grande parte da prosa moderna é elogiada por sua concisão, por evitar escrupulosamente circunvoluções etc. Mas não sinto um ritmo mais profundo ali. Não creio que esses escritores estejam sendo concisos por opção. Acho que estão sendo concisos por ser a única maneira como sabem escrever.

ENTREVISTADORA

Por limitação.

AMIS

Por limitação. Assim, se a prosa não está lá, você fica reduzido a interesses meramente secundários, tais como história, trama, caracterização de personagens, percepção psicológica e forma. Eu me interesso cada vez menos pela forma, embora tenha o vício do escritor inglês por ela. A mim a forma parece a decoração de um restaurante. Ela é fácil. Você pode criar romances bem formados, em que tudo funciona como um relógio bem-feito. Você pode fazer todos aqueles atos de equilíbrio e esquemas de cores — como um romance de faculdade, no sentido de um romance escrito *na* faculdade, e não *sobre* a faculdade. Um romance de escrita criativa. O importante é escrever livre e apaixonadamente, com todos os recursos que a linguagem provê. Não estou interessado em limitar a linguagem às capacidades — ou às capacidades óbvias, aceitas — dos meus narradores. Não estou interessado em escrever um romance realisticamente estúpido. Alguns dos meus personagens são semianalfabetos, mas de uma maneira ou outra eu corrijo isso de modo a poder escrever com absoluta liberdade a partir da voz deles. Nabokov disse algo como "Eu penso como um gênio, escrevo como um distinto homem das letras, falo como um idiota". A primeira e a terceira proposições são verdadeiras para todo mundo. Como muitos escritores mostraram, pessoas supostamente comuns, inarticuladas, não educadas, têm pensamentos místicos e poéticos que simplesmente não conseguem expressar. Que tarefa melhor para um romancista do que fazer isso por essas pessoas? Dizem que todo mundo tem um romance dentro de si que geralmente não é escrito. Se escrever esse romance por elas com o máximo de sua capacidade, você não acaba com um romance realisticamente estúpido, um romance que começa, sabe, com "Eu levanto de manhã".

ENTREVISTADORA

Cite uma coisa que seria realmente difícil para o senhor escrever.

AMIS

Cheguei a ter a ideia de escrever — pode ser que ainda o faça, quando a coisa engrenar — um conto narrado por uma criança de dois anos. Mas mesmo aí eu acho que tentaria corrigir, de modo a escrever livremente. Gosto muito dessas imposições de dificuldade. Em *Os outros*, usei a terceira pessoa localizada, então tudo é narrado do ponto de vista da heroína. Ela não só é mulher, como também sofre de uma amnésia tão absoluta que não sabe o que é uma cadeira, uma pia ou uma colher. Em *Grana*, eu tinha um alcoólatra semianalfabeto. Em *A seta do tempo*, tenho uma espécie de narrador superinocente vivendo num mundo onde o tempo corre para trás. A gente sempre está procurando um jeito de ver o mundo como se nunca o tivesse visto antes. Como nunca se acostumasse a viver neste planeta. Você ouviu falar da escola marciana de poetas?

ENTREVISTADORA

Não, não ouvi.

AMIS

Tudo remonta a um poema escrito por Craig Raine, chamado "A martian sends a postcard home" [Um marciano manda um cartão-postal para casa]. O poema consiste em pequenas charadas sobre o que o marciano vê da vida na Terra. Tais como: de noite eles se escondem aos pares e assistem a filmes sobre si próprios com as pálpebras fechadas; só os pequenos têm permissão de sofrer abertamente; os adultos vão para uma sala de castigos, apenas com água e nada para comer, onde eles se sentam e sofrem em silêncio, e a dor de cada um tem um cheiro diferente.

ENTREVISTADORA
Opa!

AMIS
É um poema maravilhoso. Como em todas as escolas, o rótulo "marciano" significa tudo e nada, já que eu acho que todos os escritores são marcianos. Eles vêm e dizem: você não tem visto este lugar do jeito certo; ele não é *daquele* jeito, é *deste*. Ver o mundo de maneira nova, como se fosse novo, é tão antigo quanto escrever. É o que todos os pintores tentam fazer, ver o que está aí, ver de um modo que o renove. E vai ficando mais e mais urgente à medida que o planeta é gasto e destruído, que floresta após floresta são eliminadas para produzir o papel sobre o qual serão rabiscadas as impressões das pessoas. Vai ficando mais e mais difícil ser original, ver as coisas com um olhar inocente. A inocência está muito relacionada a isso. À medida que o planeta vai ficando cada vez menos inocente, você precisa de um olhar mais inocente para vê-lo.

ENTREVISTADORA
Como o senhor responderia a esta citação de Paul Valéry: "Esconda o seu deus, os homens precisam esconder seus verdadeiros deuses com muito cuidado"?

AMIS

Os escritores raramente falam de seus deuses no sentido a que Valéry se refere, porque é algo misterioso, mesmo para eles. Eles não sabem o que os faz escrever; não sabem, em nenhum sentido psicanalítico, o que os faz escrever. Não sabem por que, quando deparam com uma dificuldade e saem para dar uma volta, retornam com a dificuldade resolvida. Não sabem por que introduzem um personagem sem importância no começo de um romance, que acaba tendo uma função específica mais adiante. Quando as coisas vão bem, você de fato tem a sensação de que, de alguma maneira, aquilo que está escrevendo lhe está sendo dado. Auden comparou escrever um poema com limpar uma velha placa de pedra até as letras começarem a aparecer. O único meio de poder revelar seu deus talvez seja a hipnose. Ele é sagrado e secreto, mesmo para o escritor.

ENTREVISTADORA

O senhor pode falar sobre a influência de outros escritores ou poetas? Sei que um deles é Saul Bellow.

AMIS

Eu diria que eles são mais *inspirações* do que influências. Quando fico encalhado numa frase que não nasceu plenamente, que ainda não está lá, às vezes eu penso: "Como Dickens atacaria esta frase, ou como Bellow ou Nabokov faria?". O que você espera é que venha à tona a maneira como *você* enfrentaria a frase, mas recebe um empurrãozinho pensando nos escritores que admira. Uma vez eu estava levando uma conversa com Saul Bellow e ele disse: "Bem, agora volte ao seu trabalho", e eu disse: "Tudo bem"; e ele disse: "Dê uma dura neles". Isso é Dickens falando, "Dê uma dura neles". Dê uma dura no leitor. Exija o máximo dele.

ENTREVISTADORA

A que o senhor se refere quando diz "Exija o máximo dele"?
Tornar as coisas difíceis para o leitor?

AMIS

Sim, acho que você deixa de lado todo o recato e o cuidado
e diz que o leitor é você. Inevitavelmente, você escreve o tipo de
coisa que gostaria de ler, que lhe daria o máximo de prazer ler.
Olhar retrospectivamente seu trabalho, se tiver mais de dez ou
cinco anos, em geral é bastante doloroso.

ENTREVISTADORA

O senhor seguiu em frente.

AMIS

Você seguiu em frente. Mas mesmo quando lê a página com
olhos semidistantes, acaba vendo alguma coisa e pensa: Este parágrafo ainda tem vida. Da mesma forma que poderia pensar
num eu seu mais jovem que, qualquer coisa que você enfrentas-
se, tinha vigor.

ENTREVISTADORA

O senhor diria que existe certa continuidade no corpo de
trabalho de um escritor, que pode ziguezaguear um pouco, mas
na verdade, no longo prazo, segue uma sequência?

AMIS

Acho que os romances tratam da voz do autor, e talvez seja por
isso que eu não tenha muito tempo para um romance que imite
laboriosamente a voz do pedreiro ou mesmo do etimologista ou
de quem quer que seja. A mim interessa aquilo que dá para a voz
seu timbre próprio e sua própria ressonância, e isso está sempre lá,

desde o início. Tem a ver com aquilo que é inimitável no escritor. Isso tende a ser confundido com o que é parodiável no escritor.

ENTREVISTADORA

A voz do escritor é o estilo dele?

AMIS

É tudo o que ele tem. Não é a reviravolta súbita, o clímax abrupto ou a sequência de eventos descosturados que caracteriza um escritor e o torna único. É um tom, um modo de olhar as coisas. É um ritmo, é o que em poesia se chama de "ritmo espontâneo". Em vez de uma batida forte a cada tantas batidas, há uma batida forte após outra após outra. A gente se preocupa um pouco em dar ênfase a cada sentença. Como é mesmo aquela frase sobre uma pintura que consiste inteiramente de assinaturas? É claro que isso é algo a ser evitado, mas jamais me inibiria. Nunca penso: "Vamos escrever um texto em prosa que seja inconfundivelmente meu". Na realidade, é um processo interno, um processo de diapasão. Você diz a sentença ou a escreve repetidamente, até que o diapasão entre em sintonia, até que se satisfaça.

ENTREVISTADORA

O senhor diz a sentença em voz alta quando está escrevendo?

AMIS

Não, inteiramente na cabeça. Ah, a gente pode tentar umas investidas e então, quando relê, alguma coisa se embaralha, algo... o ritmo não parece certo, há uma palavra suspeita, e então a gente reformula totalmente a frase, até aparar todas as arestas, se você me entende, até ela parecer completamente confortável. O que cada escritor sente como confortável varia. Até que sirva para você, e então você não precisa fazer mais nada com ela.

ENTREVISTADORA

O senhor faz um primeiro esboço direto, com começo, meio e fim?

AMIS

Um primeiro esboço. Aí a sequência começa a se inserir, e você faz a transferência para um texto mais mão-olho, como na pintura, em vez da escrita usual. Se eu lhe mostrasse um caderno meu, haveria montes de rabiscos, transposições e uma porção de trechos levemente riscados, de modo que é possível ver como era o original. Você passa disso para o texto datilografado, que parece de imediato mais convincente e impossível de mover. Aliás, esse negócio de dizer que os computadores são maravilhosos porque podemos ficar trocando o texto de lugar é tudo balela. Nada se compara à fluidez da escrita à mão. Você troca as coisas de lugar sem trocar de lugar, na medida em que apenas indica a possibilidade enquanto seus pensamentos originais ainda estão lá. O problema do computador é que aquilo que acaba saindo não possui memória, origem ou história — o cursorzinho, ou seja lá como se chama, que fica piscando no meio da tela dá a falsa impressão de que você está pensando. Mesmo quando não está.

ENTREVISTADORA

Alguém datilografa a versão final para o senhor?

AMIS

Não, não. Quando acabo um romance, penso mesmo que, independentemente de eu ganhar ou não um prêmio por ter escrito o livro, deveria ganhar um prêmio por datilografá-lo. O prêmio Booker de datilografia. Mesmo ao passar do segundo esboço para o esboço final, dificilmente uma página sobrevive sem ser reescrita por completo. Você sabe que o mero ato de datilografar novamente o envolve em trinta ou quarenta pequenas melhorias por página. Se você não datilografa, você nega essas melhorias àquela página.

ENTREVISTADORA

Há mais cinética no datilografar.

AMIS

Com toda a certeza. Aquilo começa a ter cara de livro, e não mais de uma coleção de rabiscos.

ENTREVISTADORA

O que é um bom dia de trabalho em termos de escrita? Quantas horas, quantas páginas?

AMIS

Todo mundo presume que eu seja um tipo de pessoa sistemática e aplicada no trabalho. Mas, na verdade, tenho a sensação de um trabalho de período parcial, então escrever continuamente das onze à uma é um dia de trabalho muito bom. Então posso ler e jogar tênis ou bilhar. Duas horas. Acho que a maioria dos escritores ficaria muito feliz com duas horas de trabalho concentrado. Quando o livro vai chegando ao fim, à medida que você vai ficando mais confiante e também mais histérico em relação a tirar essa coisa de dentro de você, então pode trabalhar seis ou sete horas. Mas isso significa que está trabalhando com energia histérica.

Quero limpar minha mesa de novo — não que ela alguma vez esteja limpa; quero esses cinco anos de preocupação fora da minha escrivaninha. Por ter começado a escrever relativamente jovem, todo romance que escrevo contém tudo o que sei, de modo que ao acabar estou completamente esgotado. Quando termino um romance, sou um idiota. Está tudo *ali* e não sobrou nada *aqui*.

ENTREVISTADORA

O senhor disse que depois de *Campos de Londres* sentiu um vazio muito grande.

AMIS

Eu me senti um idiota clínico. Meu Q.I. estava em sessenta e cinco. Durante semanas fiquei zanzando de um lado para outro, incapaz até de amarrar os sapatos. E também ligeiramente feliz e orgulhoso.

ENTREVISTADORA

Em seu trabalho, o senhor se sente mais afetado por estímulos visuais, auriculares ou outra coisa?

AMIS

Provavelmente pelo ouvido. Minha mente, como a de todo mundo, é repleta de vozes tagarelando. Tenho uma tendência de considerar que qualquer frase que grude na minha cabeça tem sonoridade e deve ser usada. Os estímulos visuais não são processados por mim de forma tão natural. Para uma descrição visual, tenho que arregaçar as mangas.

ENTREVISTADORA

O senhor escreve muitos textos jornalísticos.

AMIS

O jornalismo, especialmente as resenhas de livros, traz consigo dificuldades de outra magnitude. Escrever ficção é basicamente o que eu quero fazer quando me levanto de manhã. Se não escrevi nada o dia todo, fico insatisfeito. Se acordo sabendo que tenho um texto jornalístico para escrever, então já vou ao banheiro com o andar pesado — sem sabor, e por muitas e óbvias razões. Não tenho mais o controle completo.

ENTREVISTADORA

O senhor acha que é uma boa base de treino?

AMIS

Acho que a gente tem o dever de contribuir, de continuar contribuindo para aquilo que Gore Vidal chama de "papo de livro". Por certas razões de interesse próprio, você quer manter os padrões elevados, de modo que quando seu próximo livro sair as pessoas captem o sentido dele. Não tenho nenhuma admiração por escritores que acham que a certa altura podem lavar as mãos no que se refere ao "papo de livro". Você deve fazer parte do debate contínuo.

ENTREVISTADORA

Quanto da sua ficção provém de fatos reais?

AMIS

Tom Wolfe escreveu aquele texto — foi na *Harper's*, não foi? — onde diz que os escritores estão negligenciando o mundo real; que está tudo aí e é muito interessante, e que os romancistas deviam estar escrevendo sobre isso. Ele sugere uma proporção de setenta por cento de pesquisa, trinta por cento de inspiração. Mas o problema é que o mundo real provavelmente não vai caber no romance. Em certo sentido, é melhor fazer a pesquisa dentro da sua cabeça. Você precisa de detalhes, precisa de pinos para manter as coisas no lugar, mas não quer verdade demais, não quer fatos demais. Eu inverteria a proporção — trinta por cento de pesquisa, setenta por cento de inspiração. Talvez até trinta por cento de pesquisa seja demais. Você quer alguns lampejos do mundo real, mas precisa passá-los por sua psique, reimaginá-los. Não transcreva, reimagine. Meros fatos não têm chance de ser formalmente perfeitos. Truncarão a passagem, serão cheios de arestas. Isso me faz lembrar de uma coisa que eu disse uma vez acerca do romance de não ficção — *A sangue-frio*, *A canção do carrasco*, e assim por diante. Há uma boa dose de talento artístico nesse formato. A primeira centena de páginas de *A canção do carrasco*, onde Mailer reimagina o ambiente e os personagens, é magnificamente artística. Mas o problema com a não ficção ficcional é que os fatos estão ali. O assassinato está ali. Isso é dado a você. E é isso que torna a não ficção ficcional muito limitada do ponto de vista artístico. O ato de transformação maior não pode ocorrer porque você está atado pela verdade.

ENTREVISTADORA

Podemos conversar sobre como o senhor desenvolve seus personagens?

AMIS

Gosto muito de citar dois comentários. E. M. Forster disse que costumava alinhar seus personagens, por assim dizer, na linha de largada de seu romance, e dizer a eles: "Muito bem. Não quero ver nenhuma bobagem". Nabokov costumava dizer que seus personagens se prostravam servilmente quando ele passava com seu açoite, e que ele tinha visto avenidas inteiras com árvores imaginárias perdendo as folhas aterrorizadas quando ele se aproximava. Não creio que seja assim. Acho que personagem é destino dentro do romance e fora dele... que os personagens que você inventa contribuirão de forma vital para o tipo de romance que você vai escrever. Sinto que, se eles estiverem vivos na sua mente, vão ter suas próprias ideias e levar você a lugares aonde você talvez não fosse. Em *Campos de Londres*, o personagem dinâmico na minha cabeça era certamente a moça. Enquanto o narrador, Sam, fica pedindo que ela apimente uma cena ou dê um pouquinho de forma, ela fazia isso para *mim*. Era vigorosa o bastante e suficientemente flexível para que eu recorresse a ela para me ajudar. Corrija isso, me conduza para a próxima página. Acho que resisto muito à ideia de personagens sendo peões num jogo formal. Quase chego a provocá-los para que se manifestem de uma forma que me surpreenda.

ENTREVISTADORA
Então o senhor lhes dá permissão.

AMIS
Um pouco de permissão, sim. Mas o patrão *sou eu*. Sou o patrão, mas eles fazem parte da equipe. São "o meu pessoal", no sentido que um político pode ter seu pessoal — seu respaldo sólido. Estou sempre disposto a ouvir as ideias deles, embora me reserve o direito de um veto absoluto, claro; eu os mantenho em seus lugares, mas quero escutar o que eles têm a dizer.

ENTREVISTADORA
Como os personagens são apresentados?

AMIS
Acho que eles têm um gancho físico, uma base física de algum tipo, e um modelo humano. Mas a gente não quer conhecer o modelo bem demais. É melhor basear o personagem em alguém que você tenha conhecido por dez minutos do que em alguém que você conhece há dez anos, porque você quer que eles sejam plásticos, maleáveis.

ENTREVISTADORA
Parece que grande parte daquilo a que o senhor está se referindo é intuição.

AMIS

Bem, a gente também se torna um profissional velho e tarimbado, e o ofício de escrever vai ficando cada vez mais fácil e natural. Você sabe melhor a que está se propondo, e sabe melhor o que não precisa dizer. Você faz seus personagens circularem com mais economia, faz com que entrem e saiam dos lugares sem muita agitação. Você aprende mais sobre modulação. Após uma cena dominada por diálogo, na cena seguinte você não quer diálogo demais. Vira uma espécie de norma. Então, se for quebrar a norma, precisa ter uma boa razão para isso. Porém, de outro lado, você confia inteiramente em seu instinto. Ele é tudo o que você tem. Bloqueio de autor, desintegração do escritor, tudo isso tem a ver com falta de confiança.

ENTREVISTADORA

Com que frequência o senhor escreve?

AMIS

Todo dia útil. Tenho um escritório onde trabalho. Saio de casa e fico ausente em horário comercial. Dirijo meu potente Audi por Londres por pouco mais de um quilômetro até meu escritório. E ali, a menos que tenha outra coisa a fazer, eu me sento e escrevo ficção pelo máximo de tempo que conseguir. Como disse antes, a sensação nunca é de um dia inteiro de trabalho, embora possa ser. Parece que eu gasto uma porção de tempo fazendo café, zanzando de um lado para outro, arremessando dardos, jogando fliperama, cutucando o nariz, cortando as unhas, olhando o teto.

Você conhece aquela artimanha dos correspondentes estrangeiros... Na época em que a profissão era mencionada no passaporte, eles colocam *writer* [escritor]; então, quando iam para alguma região problemática, para ocultar a identidade, simplesmente trocavam o *r* por *a*, e virava *waiter* [garçom]. Sempre achei que aí reside uma grande verdade. Escrever é esperar,* certamente para mim. Eu não me incomodaria nem um pouco de não escrever uma única palavra de manhã. Simplesmente pensaria, sabe: "Ainda não". A tarefa parece ser tornar-se receptivo ao que quer que surja naquele dia. Fiquei muito surpreso quando li sobre o pavor que meu pai sentia ao chegar perto da máquina de escrever pela manhã.

ENTREVISTADORA

Sim, ele literalmente se esgueirava até ela.

AMIS

Raramente tenho esse tipo de melindre. Qualquer fumante vai entender quando eu disser que depois da primeira xícara de café parece que o pulmão implora, soluça, roga pelo primeiro cigarro do dia; o meu desejo de escrever é mais ou menos assim. É praticamente físico.

ENTREVISTADORA

A atividade física equilibra o propósito mental.

AMIS

Tudo sob o título genérico de um jogo.

ENTREVISTADORA

O senhor tem alguma superstição em relação a escrever?

---

* O verbo "to wait" muda de significado conforme a preposição que o acompanha: "to wait on" significa servir, que é a função do garçom, e "to wait for" significa esperar. (N. T.)

AMIS

É impressionante — às vezes eu me sinto tentado a usar computador até perceber que prazer delicioso é ter um novo estojo.

ENTREVISTADORA

Um novo estojo?

AMIS

Um estojo, sabe? Um estojo de canetas esferográficas. O prazer que se tem com um novo conjunto de canetas que funcionam. A gente tem o prazer infantil de usar caneta e papel.

ENTREVISTADORA

Novas ferramentas.

AMIS

Novas ferramentas. Superstições.... Acho que em algum momento devem ter me dito que escrevo muito melhor quando estou fumando. Tenho certeza de que, se parasse de fumar, eu começaria a escrever frases como "Estava amargamente frio". Ou "Estava quente como um forno".

ENTREVISTADORA

O senhor precisa de isolamento completo para escrever ou é mais maleável que isso?

AMIS

Eu consigo escrever no meio de — não de forma muito conveniente —, mas consigo fazer progresso em meio ao clamor familiar habitual. Mas é preciso que se diga, talvez com um pouco de arrependimento, que a primeira coisa que distingue um escritor é que ele fica mais vívido quando está sozinho, fica mais

326

plenamente vívido quando está sozinho. Tolerância à solidão está muito longe de descrever completamente o que se passa de fato. As coisas mais interessantes acontecem quando se está sozinho.

ENTREVISTADORA

O senhor faz a si mesmo rir ou chorar...?

AMIS

Sim.... do escritório se ouve a risada do cientista maluco, aquela risada que o cientista usa para dizer que criou vida a partir de um tubo de ensaio.

ENTREVISTADORA

De um estojo.

AMIS

Sim. É bem isso. Quando eu trabalhava em casa no meu primeiro livro, meu quarto ficava em cima do escritório do meu pai, e com frequência eu ouvia não a risada do cientista maluco, mas aquela espécie de riso em que os ombros se sacodem, vindo do andar de baixo. E eu continuo essa tradição. Acho que não são só as cenas cômicas que fazem você rir, mas qualquer coisa que funcione direito. De fato, o riso é a serendipidade bem-sucedida de todo o negócio.

ENTREVISTADORA

Qual é a importância do ego, da autoconfiança?

AMIS

Os romancistas têm dois jeitos de falar sobre si mesmos. No primeiro, saem-se muito bem fingindo ser indivíduos razoavelmente modestos com opiniões bastante realistas de suas próprias capacidades e pouco generosos, mas nunca atrozes, em suas avaliações de seus contemporâneos. A segunda linha de pensamento é a do egomaníaco interior: seus contemporâneos imediatos não passam de minhocas cegas num fosso, remexendo-se inutilmente sem chegar a lugar nenhum. Você supera toda a geração com seu formidável talento. A única coisa que seus contemporâneos estão fazendo — mesmo os mais eminentes entre eles — é desvalorizar a eminência literária. Basicamente, estão apenas fazendo tudo feder. Você abre as páginas e não consegue entender por que não é tudo a seu respeito. Ou, na verdade, por que todo o jornal não é sobre você. Acho que, sem esse tipo de sentimento, você não conseguiria funcionar. O ego precisa ser mais ou menos desse tamanho. Não tenho certeza se é verdade, mas um amigo poeta me disse que William Golding pode até chegar numa festa literária às seis e meia e fazer uma boa imitação de um homem das letras discreto, mas às nove a sala toda fica em silêncio enquanto ele grita: "Eu sou um gênio!". Basta lhe dar um megafone. Todos podem dar seus sorrisinhos, ter suas exceções, parecer figuras brincalhonas e tratáveis, mas realmente... "Existe algo que você gostaria de acrescentar?" "Sim. *Eu sou um gênio!*" Fim da entrevista.

Há também um lado inseguro — uma terrível vulnerabilidade, acessos de choro, buscar a posição fetal após uma crítica ruim e esse tipo de coisa. Uma das vantagens de ser um escritor filho de escritor é que eu acho que tenho muito disso — um amor próprio *gigantesco*. Ou talvez veja com clareza porque escrever nunca me pareceu um jeito pouco habitual de ganhar a vida ou passar o tempo. Ao passo que amigos meus, Julian Barnes, filho de professores escolares, Ian McEwan, filho de militar, precisam ficar ébrios de poder quando se sentam à máquina de escrever; eu acho que posso viver disso porque o que penso tem interesse universal, ou semiuniversal, interesse suficiente para pagar meu aluguel. Deve ser gratificante de muitas maneiras. Parece-me que seria necessário superar muita coisa. Nunca tive esse prazer intoxicante, mas talvez tampouco tenha tido sofrimento. Simplesmente me parecia um jeito muito natural de levar a vida, e não me senti escolhido por causa disso. Para mim, tudo gira em torno de percepções, percepções sobre a natureza humana, sobre a aparência de alguma coisa ou sobre como algo soa. Duas ou três percepções numa página de caderno, é disso que estamos falando. Tirar o suficiente delas para dar vida a cada página de um romance, como a luz. Quer dizer, é errado chamá-las de *felicidades*. Você precisa ter uma formulação mais grosseira, algo como gotículas de originalidade, coisas que sejam essencialmente suas, que sejam você. Se eu morrer amanhã, bem, pelo menos meus filhos, que estão se aproximando enquanto conversamos, pelo menos eles terão uma boa ideia de como eu era, ou de como era a minha cabeça, porque poderão ler meus livros. Então, talvez haja em funcionamento algum princípio imortalizador nem que seja só para os seus filhos. Mesmo que eles tenham se esquecido de você fisicamente, nunca poderão dizer que não sabem como era o pai.

Hunter S. Thompson

Em uma carta de outubro de 1957, escrevendo a um amigo que lhe recomendara ler *A nascente*, de Ayn Rand, Hunter S. Thompson escreveu: "Apesar de eu não sentir que seja absolutamente necessário dizer-lhe como me sinto em relação ao princípio da individualidade, sei que vou ter de passar o resto da minha vida expressando-o de uma maneira ou outra, e acho que vou conseguir mais expressando-o nas teclas de uma máquina de escrever do que deixando que se expresse em explosões súbitas de violência frustrada...".

Thompson descobriu seu nicho bem cedo. Ele nasceu em 1937, em Louisville, Kentucky, onde sua ficção e sua poesia lhe valeram a indicação para a Atheneum Literary Association local quando ainda estava no colégio. Thompson prosseguiu em suas buscas literárias na Força Aérea dos Estados Unidos, escrevendo uma coluna de esportes semanal para o jornal da base. Após dois anos de serviço, ele enfrentou uma série de empregos em jornais — tendo todos terminado de forma ruim — antes de se dedicar ao trabalho como freelancer em Porto Rico e na América do Sul para diversas publicações. Sua vocação rapidamente evoluiu para uma compulsão.

Thompson escreveu *Rum: Diário de um jornalista bêbado*, seu único romance, antes de completar 25 anos; comprado pela Ballantine Books, finalmente foi publicado — com críticas resplandecentes — em 1998. Em 1967, Thompson publicou seu primeiro livro de não ficção, *Hell's Angels*, uma investigação em primeira mão, áspera e incisiva, sobre a infame gangue de motociclistas que na época deixava preocupado o coração da América.

Medo e delírio em Las Vegas, que surgiu primeiramente na revista *Rolling Stone*, em novembro de 1971, selou a reputação de Thompson como estilista excepcional, destroçando com êxito a linha entre o jornalismo e a ficção. Como o subtítulo adverte, o livro narra "uma jornada selvagem ao coração do sonho americano" em completo e absoluto estilo gonzo — a hilariante abordagem de Thompson na primeira pessoa — e é reforçado pelos apropriados desenhos do ilustrador Ralph Steadman.

Seu livro seguinte, *Fear and loathing on the campaign trail '72*, aborda de maneira brutalmente perceptiva a campanha presidencial Nixon-McGovern de 1972. Um *junkie* político confesso, Thompson relatou a campanha presidencial de 1992 em *Better than sex* (1994). Seus outros livros incluem *The curse of Lono* (1983), um relato bizarro dos mares do sul, e três volumes da coleção Gonzo Papers: *A grande caçada aos tubarões* (1979), *Generation of swine* (1988) e *Songs of the doomed* (1990).

Em 1997, *The proud highway: saga of a desperate Southern gentleman, 1955-1967*, o primeiro volume da correspondência de Thompson com todos, desde sua mãe até Lyndon Johnson, foi publicado. O segundo volume de cartas, *Fear and loathing in America: the brutal odyssey of an outlaw journalist, 1968-1976*, acabou de ser lançado.

* * *

Localizada na vizinhança mais badalada de Woody Creek Canyon, no oeste do Colorado, a uns quinze quilômetros de Aspen, descendo o vale, Owl Farm é um rancho rústico com o charme antigo do Velho Oeste. Embora os adorados pavões de Thompson vaguem livremente pela propriedade, são as flores em torno que proporcionam uma inesperada tranquilidade campestre. Jimmy Carter, George McGovern e Keith Richards, entre dúzias de outros, atiraram em pombos de barro e outros alvos estáticos na fazenda, chamada de Rod and Gun Club e faz limite com a Floresta Nacional de White River. Quase diariamente, Thompson deixa Owl Farm no seu conversível Great Red Shark ou na sua Grand Cherokee para se enfiar na Woody Creek Tavern, que fica nas vizinhanças.

As pessoas que visitam a casa de Thompson são recebidas por uma série de esculturas, armas, caixas de livros e uma bicicleta antes de penetrar no centro nervoso de Owl Farm, o posto de comando óbvio de Thompson do lado da cozinha de um balcão que a separa da sala, dominada por uma TV Panasonic sempre ligada nos canais de esportes ou no noticiário. Um piano antigo está coberto de pilhas de livros altas e espessas, suficientes para ocupar qualquer leitor por uma década. Acima do piano está pendurado um enorme retrato feito por Ralph Steadman — "Belinda", a piranha deusa do polo. Em outra parede coberta de buttons políticos há uma bandeira de Che Guevara, adquirida durante a última viagem de Thompson a Cuba. Sobre o balcão, uma máquina de escrever IBM Selectric — há um computador Macintosh montado num escritório na parte de trás da casa.

O mais surpreendente na casa de Thompson é que não é a esquisitice o que se nota primeiro: são as palavras. Elas estão por toda parte — escritas à mão em sua elegante caligrafia, em sua maior parte com uma caneta vermelho-claro porosa, no polvilho de pedacinhos de papel que salpica cada parede e superfície (grudados no luzidio refrigerador preto, presos ao gigantesco aparelho de TV, colados nas cúpulas das lâmpadas); inscritas por outros em fotos emolduradas com dizeres como: "Para Hunter, que não viu apenas medo e delírio, mas esperança e alegria em 72 — George McGovern"; datilografadas em tipos da IBM Selectric em montes de originais e cópias em grossas pastas pardas que escorregam em pilhas de cada balcão e tampo de mesa; e anotadas por muitas mãos e tintas ao longo do interminável emaranhado de páginas.

Thompson solta sua enorme figura numa cadeira de trabalho ergonômica em frente à TV e move-se com lentidão e graça para providenciar um caloroso aperto de mão ou beijo a cada visitante, conforme o gênero, tudo com confortável facilidade, de um inesperado jeito antigo, que de algum modo deixa claro quem está no comando.

Conversamos com Thompson por doze horas seguidas. Para o anfitrião, não foi nada de extraordinário: Owl Farm opera como um salão do século XVIII, onde gente de todos os ramos se congrega nas horas disponíveis para livre intercâmbio de tudo, desde física teórica a direitos sobre a água local, dependendo de quem lá esteja. Walter Isaacson, editor-administrativo da *Time*, esteve presente em partes desta entrevista, como ocorreu com um constante fluxo de amigos. Dadas as horas tardias em que Thompson opera, é apropriado que a citação mais proeminente na sala, escrita à mão por ele, distorça um pouco o último verso do poema de Dylan Thomas, "Do not go gentle into that good night": "Rage, rage against the coming of the light".*

---

* Ruja, ruja contra a luz que nasce. (N. T.)

Durante a maior parte do meio dia que conversamos, Thompson ficou sentado em seu posto de comando, fumando um cigarro Dunhill atrás do outro com uma piteira de bocal dourado alemã, balançando para a frente e para trás em sua cadeira giratória. Por trás da personalidade *sui generis* dele oculta-se furtivamente um humorista mordaz com aguda sensibilidade moral. Seu estilo exagerado pode desafiar a facilidade de categorização, porém a autópsia da morte do sonho americano, que ocupa toda a sua carreira, situa-o entre os mais empolgantes escritores do século xx. A selvageria cômica de seu melhor trabalho continuará a eletrificar leitores durante gerações por vir.

— *Douglas Brinkley, 2000**

"...roubei mais citações, pensamentos e pequenos trechos escritos puramente elegantes do Livro da Revelação do que de qualquer outra coisa da língua inglesa — e não porque eu seja um erudito em Bíblia, nem porque tenha alguma fé religiosa, mas porque adoro o poder selvagem da linguagem e a pureza da loucura que a governa e a transforma em música."

— *Generation of swine*

ENTREVISTADOR

Lendo *The proud highway*, tive a impressão de que você sempre quis ser escritor.

HUNTER S. THOMPSON

Bem, querer e precisar são duas coisas bem diferentes. Inicialmente eu não tinha pensando em escrever como uma solução para os meus problemas. Mas tive uma boa base em literatura no colégio. A gente matava aula e ia até um café na Bardstown Road

* Material adicional fornecido por Terry McDonell e George Plimpton.

onde tomava cerveja e discutia a parábola da caverna de Platão. Tínhamos uma sociedade literária na cidade, a Athenaeum; nós nos reuníamos de paletó e gravata aos sábados à noite. Eu não tinha me ajustado muito bem à sociedade — estava na cadeia na noite da minha formatura do colégio —, mas aos quinze anos aprendi que para dar certo você precisa achar aquela coisa que sabe fazer melhor do que ninguém... pelo menos no meu caso foi assim. Eu descobri isso cedo. Era escrever. Para mim, era sopa. Mais fácil que álgebra. Sempre dava trabalho, mas era um trabalho que valia a pena. Fiquei fascinado cedo ao ver minha assinatura impressa. Era de arrepiar. Ainda é.

Quando entrei na Força Aérea, escrever me livrou de apuros. Fui indicado para o treinamento de pilotos na Base Aérea de Eglin, perto de Pensacola, no noroeste da Flórida, mas me mudaram para eletrônica... um curso de oito meses, avançado, intensivo, cheio de caras brilhantes... Eu gostei, mas queria voltar para o treinamento de pilotos. Além disso, tenho medo de eletricidade. Então um dia fui até o escritório de educação da base e me inscrevi para alguns cursos na Florida State University. Me dei bem com um sujeito chamado Ed e lhe perguntei sobre as possibilidades literárias. Ele me perguntou se eu sabia alguma coisa de esportes, e eu disse que tinha sido editor do jornal do meu colégio. Ele disse: "Bom, pode ser que a gente esteja com sorte". Acontece que o editor de esportes do jornal da base, um sargento do comando, tinha sido preso em Pensacola e posto na cadeia por embriaguez pública e por mijar na parede de um prédio. Era a terceira vez e não iam deixá-lo sair.

Então fui para a biblioteca da base e achei três livros sobre jornalismo. Fiquei ali lendo até a biblioteca fechar. Jornalismo básico. Aprendi sobre manchetes, lides: quem, quando, o que, onde, esse tipo de coisa. Naquela noite, eu mal consegui dormir. Foi minha passagem de partida, minha passagem para sair daquele maldito lugar. Então comecei como editor. Cara, que prazer. Eu escrevia longas histórias tipo Grantland Rice. O editor de esportes do jornal da minha cidade, o *Louisville Courier Journal*, sempre teve uma coluna, à esquerda da página. Então comecei uma.

Na segunda semana eu tinha tudo esquematizado: podia trabalhar à noite, usava trajes civis, ficava fora da base, não tinha horário, mas trabalhava constantemente. Não escrevia apenas para o jornal da base, *The Command Courier*, mas também para o jornal local, *The Playground News*. Eu punha no jornal local coisas que não podia pôr no jornal da base. Era uma porra realmente inflamatória. Eu escrevia para um informativo de luta livre profissional. A Força Aérea ficou muito brava com isso. Eu sempre fazia coisas que violavam os regulamentos. Escrevi uma coluna crítica sobre como Arthur Godfrey, que tinha sido convidado para a base para ser mestre de cerimônias de uma demonstração de poder de fogo, fora criticado por atirar do ar em animais no Alasca. O comandante da base me disse: "Porra, filho, por que você tinha de escrever desse jeito sobre o Arthur?".

Quando saí da Força Aérea, sabia que podia me dar bem como jornalista. Então fui me candidatar a um emprego na *Sports Illustrated*. Eu tinha meus clippings, meus créditos de autoria e achava que isso era mágico... meu passaporte. O diretor de recursos humanos simplesmente riu de mim. Eu disse: "Espere aí, eu fui editor de esportes de *dois* jornais". Ele me disse que seus redatores eram julgados não pelo trabalho que tinham feito, mas por onde o tinham feito. Disse: "Nossos redatores são todos ganhadores do prêmio Pulitzer pelo *New York Times*. Aqui é um lugar bom demais para você *começar*. Vá lá pegar no batente e trate de se aprimorar".

Fiquei chocado. Afinal, eu tinha dado o furo da história do Bart Starr.

ENTREVISTADOR

O que foi isso?

THOMPSON

Na base aérea de Eglin sempre tivemos grandes times de futebol americano. Os Eagles. Times campeões. Éramos capazes de vencer a Universidade da Virginia. Nosso coronel Sparks não era apenas um técnico de fachada. Recrutávamos jogadores. Tínhamos uns muito bons fazendo serviço militar no CPOR. Tínhamos Zeke Bratkowski, *quarterback* do Green Bay. Tínhamos Max McGee, dos Packers. Violento, selvagem, maravilhoso bêbado. No início da temporada, McGee saiu sem autorização, apareceu no campo do Green Bay e nunca voltou. De certa forma, fui culpado pelo abandono dele. O sol caiu do firmamento. Aí veio o boato de que teríamos Bart Starr, o All-American do Alabama. Os Eagles iam fazer a festa! Mas então o sargento do outro lado da rua veio e disse: "Tenho uma história terrível para você. Bart Starr não vem". Eu consegui invadir um dos escritórios e pegar os arquivos. Imprimi a ordem que mostrava que ele estava sendo dispensado por motivos médicos. Era uma vazamento muito sério.

ENTREVISTADOR

Mas a história de Bart Starr não bastou para impressionar a *Sports Illustrated*?

THOMPSON

O cara do recursos humanos disse: "Bom, nós temos esse programa de treinamento". Então eu virei uma espécie de garoto das cópias.

ENTREVISTADOR

Você acabou indo para San Francisco. Com a publicação em 1967 de *Hell's Angels*, sua vida deve ter dado uma guinada.

THOMPSON

De repente eu tinha um livro publicado. Na época eu tinha 29 anos e não conseguia nem um emprego de motorista de táxi em San Francisco, muito menos de escritor. Tudo bem, eu tinha escrito artigos importantes para *The Nation* e *The Observer*, mas apenas alguns poucos bons jornalistas conheciam meu nome. O livro me permitiu comprar uma BSA 650 Lightning novinha em folha, a motocicleta mais veloz já testada pela revista *Hot Rod*. Isso validou tudo pelo que eu tinha trabalhado até então. Se *Hell's Angels* não tivesse acontecido eu nunca teria podido escrever *Medo e delírio em Las Vegas* ou qualquer outra coisa. Ser capaz de ganhar a vida como escritor freelancer neste país é duro pra caramba; há muito pouca gente que consegue isso. De repente *Hell's Angels* me provou que, santo Deus, talvez eu consiga fazer isso. Eu sabia que era bom jornalista, sabia que era bom escritor, mas senti que passei pelo vão da porta no momento exato em que ela estava se fechando.

ENTREVISTADOR

Com uma onda de energia criativa fluindo por toda San Francisco na época, você interagiu com outros escritores ou foi influenciado por eles?

THOMPSON

Ken Kesey, por exemplo. Seus romances *Um estranho no ninho* e *Sometimes a great notion* tiveram grande impacto sobre mim. Eu olhava para eles como enormidades, me sentia pequenininho. Um dia fui a uma estação de TV para uma mesa-redonda com outros escritores, como Kay Boyle, e Kesey estava lá. Depois do programa, fomos a um bar do outro lado da rua e tomamos algumas cervejas juntos. Eu lhe contei sobre os Hell's Angels, que eu pretendia encontrar mais tarde naquele dia e disse: "Bom, por que você não vem junto?". Ele disse: "Uau, eu *gostaria* de conhecer esses caras". Aí pensei melhor, porque nunca é uma boa ideia levar estranhos para conhecer os Angels. Mas considerei que era Ken Kesey e resolvi tentar. No final da noite Kesey tinha convidado todos eles para ir a La Honda, seu retiro silvestre nas cercanias de San Francisco. Era uma época de extrema turbulência — uma desordem violenta tomava conta de Berkeley. Ele vivia sendo assediado pela polícia — dia e noite, de modo que La Honda era como uma zona de guerra. Mas ele tinha um enorme grupo intelectual, literário, ali, inclusive gente de Stanford, editores em visita, e os Hell's Angels. O retiro de Kesey era um verdadeiro vórtice cultural.

ENTREVISTADOR

Alguma vez você alimentou a ideia de escrever um romance sobre toda a área da baía durante esse período, os anos 60, na linha de *O teste do ácido do refresco elétrico*, de Tom Wolfe?

THOMPSON

Bem, eu pensei em escrever sobre isso. Para mim, na época, era óbvio que a ação de Kesey estava num continuum com *Hell's Angels*. Durante um tempo me pareceu que eu devia escrever um livro, provavelmente o mesmo que Tom Wolfe escreveu, mas na verdade não mergulhei na ideia. Eu não podia produzir outro texto jornalístico.

ENTREVISTADOR

Você chegou a ter contato com Tom Wolfe durante o auge de San Francisco?

THOMPSON

É interessante. Eu quis resenhar o livro de Tom Wolfe, *The kandy-kolored tangerine-flake streamline baby*. Eu tinha lido um pouco na *Esquire*, consegui um exemplar, dei uma olhada e fiquei muito, muito impressionado. Naquela época, *The National Observer* tinha me tirado da seção de política, de modo que resenhas de livros eram mais ou menos a única coisa que eu podia fazer que eles não achavam controvertida. Eu queria ter feito a cobertura de Berkeley e o ácido, e tudo aquilo, mas eles não queriam esse tipo de coisa. Então peguei o livro de Wolfe e escrevi uma brilhante resenha e mandei para o *Observer*, e meu editor, Clifford Ridley, gostou bastante. Passou-se mais ou menos uma semana e não ouvi nada sobre o assunto. Aí ele me ligou e disse: "Nós não vamos publicar a resenha". Foi a primeira que eles recusaram; até aquele ponto minhas resenhas tinham sido textos de página inteira, como na *Times Book Review*, e eu fiquei chocado. Perguntei: "Por que vocês estão recusando? O que há de errado com vocês?". É claro que o cara estava se sentindo culpado, então me informou que havia um editor no *Observer* que tinha trabalhado com Wolfe em algum lugar e não gostava dele, aí matou minha resenha. Então peguei o texto e o mandei para Tom Wolfe com uma carta dizendo: "O *Observer* não vai publicar porque alguém lá tinha uma birra com você, mas eu queria que você lesse de qualquer maneira, já que trabalhei duro nela, e seu livro é brilhante. Acho que você deve ter essa resenha mesmo que não a publiquem". Então peguei minha cópia carbono da carta e mandei para o *Observer*. Eles disseram que isso foi desleal. Foi aí que me exterminaram. Eu simplesmente achei importante não só que Tom Wolfe soubesse, mas que os editores do *Observer* soubessem que eu os tinha dedurado. Isso soa meio perverso, mas eu faria de novo. E foi assim que Tom e eu nos conhecemos. Ele me ligava pedindo orientação ou conselhos quando estava trabalhando em *O teste do ácido*.

ENTREVISTADOR

Essa amizade e o jornalismo de Wolfe tiveram muito impacto sobre sua escrita?

THOMPSON

Wolfe provou que era possível passar ao largo de tudo aquilo. Eu via em mim mesmo uma tendência a desatar nós — como em Kesey —, e Wolfe também parecia abraçar isso. Éramos um tipo novo de escritor, eu sentia que era como uma gangue. Fazíamos coisas diferentes, mas era um vínculo natural.

ENTREVISTADOR

Posteriormente Wolfe incluiu você no livro dele, *O novo jornalismo.*

THOMPSON

Na verdade, fui o único com duas entradas. Ele apreciava o que eu escrevia e eu apreciava o que ele escrevia.

ENTREVISTADOR

Ao explorar a cena do ácido, o que você achou de Timothy Leary?

THOMPSON

Eu conhecia o desgraçado bastante bem. Naqueles dias volta e meia dava de cara com ele. Na verdade, recebi um postal de um negócio chamado Futique Trust em Aptos, Califórnia, me convidando para participar do quarto Piquenique Anual do Pote da Sorte e Celebração Memorial Thimothy Leary. O convite era impresso em letras alegres, com o símbolo da paz ao fundo, e eu senti uma explosão de ódio no coração quando vi aquilo. Toda vez que penso em Tim Leary fico bravo. Ele era um mentiroso e charlatão, e um ser humano pior que Richard Nixon. Durante os últimos vinte e seis anos da sua vida, ele trabalhou como informante do FBI dedurando amigos para a polícia e traindo o símbolo da paz atrás do qual se escondia.

ENTREVISTADOR

A cena de San Francisco reuniu muitos pares improváveis — você e Allen Ginsberg, por exemplo. Como veio a conhecê-lo durante esse período?

THOMPSON

Eu conheci Allen em San Francisco quando fui procurar um vendedor de maconha no varejo. Eu lembro que custava dez dólares quando comecei a ir até o apartamento dele, e aí já estava custando quinze. Acabei indo lá com bastante frequência, e Ginsberg — era em Haight-Ashbury — sempre estava lá também, atrás da erva. Fui até ele e me apresentei, e acabamos batendo o maior papo. Contei sobre o livro que estava escrevendo e perguntei se ele me daria uma ajuda. Ele me ajudou por vários meses; foi assim que ficou conhecendo os Hell's Angels. Também íamos juntos para a casa de Kesey em La Honda. Num sábado, eu desci de carro pela estrada costeira de San Francisco a La Honda e peguei Juan, meu filho de dois anos, para levá-lo comigo. Havia lá aquela magnífica mistura de gente diferente. Allen estava lá, os Hell's Angels — os tiras também, para prevenir quebra-quebra dos Hell's Angels. Sete ou oito carros de polícia. A casa de Kesey ficava do outro lado da enseada em relação à estrada, uma espécie de construção de dois andares, um lugar esquisito. Acontece que havia enormes amplificadores montados entre as árvores, alguns presos por arames do outro lado da estrada, de modo que estar na estrada significava estar no meio de um terrível vórtice de som, aquela batida constante, a gente mal conseguia ouvir os próprios pensamentos — rock'n'roll no maior volume. Naquele dia, mesmo antes de os Angels chegarem, os tiras começaram a prender qualquer um que saísse do lugar. Eu estava chegando na casa; Juan dormia tranquilamente no banco traseiro do carro. Era uma coisa revoltante: os tiras estavam dando porrada nas pessoas. Eles ficavam a cem metros de distância, mas aí eles agrediam alguém acintosamente, então Allen disse: "Sabe, a gente precisa fazer alguma coisa em relação a isso". Eu concordei, e então, com Allen no banco do passageiro, Juan atrás dormindo, e eu guiando, fomos atrás dos guardas que tinham acabado de arrebentar outra pessoa que conhecíamos, que simplesmente estava saindo para ir até o restaurante da esquina. Aí os guardas vieram atrás de *nós*. Allen, na hora que os viu, começou a murmurar o *"Om"* dele, tentando afastá-los com o murmúrio. E eu falava com eles como um jornalista faria: "O que está acontecendo, policial?". O *"Om"* murmurado de Allen deveria funcionar como uma barreira budista contra as más vibrações geradas pelos tiras, e ele foi aumentando o volume, recusando-se a falar com eles, era simplesmente *"Om! Om! Om!"*. Eu tive de explicar aos guardas quem ele era e por que estava fazendo aquilo. Eles olharam o banco de trás e disseram: "O que é aquilo ali no banco traseiro? Uma criança?". E eu disse: "Ah, é, é sim. É o meu filho". E com Allen insistindo em seu *"Om"*, eles nos deixaram ir. Era um policial razoável, eu acho — verificando um poeta, um jornalista e uma criança. No entanto, não conseguiu entender Ginsberg. Era como o zumbido de uma abelha. Foi uma das cenas mais estranhas que já presenciei, mas quase toda história com Ginsberg era estranha de um modo ou de outro.

ENTREVISTADOR

Outro autor da geração beat influenciou seu jeito de escrever?

THOMPSON

Jack Kerouac me influenciou razoavelmente como escritor... no sentido árabe de que o inimigo do meu inimigo é meu amigo. Kerouac me ensinou que a gente podia se dar bem escrevendo sobre drogas e ser publicado. Isso era *possível*, e de forma simbólica eu esperava que ele aparecesse em Haight-Ashbury pela causa. Ginsberg estava lá, então era meio natural esperar que Kerouac também aparecesse. Mas não. Foi a época em que Kerouac voltou para sua mãe e votou em Barry Goldwater, em 1964. Foi quando rompi com ele. Eu não tentava escrever como ele, mas conseguia ver que podia ser publicado como ele, e ir adiante rompendo o gelo do establishment do Leste. É a mesma coisa que senti em relação a Hemingway quando fiquei sabendo sobre ele e as coisas que escreveu. Eu pensei: "Jesus, algumas pessoas conseguem *fazer* isso". É claro que Lawrence Ferlinghetti me influenciou — tanto com sua maravilhosa poesia quanto com a seriedade de sua livraria City Lights em North Beach.

ENTREVISTADOR

Você deixou a Califórnia e San Francisco perto do auge. O que o motivou a voltar ao Colorado?

THOMPSON

Ainda sinto agulhadas nas costas quando penso no terrível desastre que teria desabado sobre mim se eu tivesse me mudado permanentemente para San Francisco e alugado uma casa grande, entrado no esquema, me tornado editor de assuntos nacionais de alguma revista presunçosa — esse era o plano por volta de 1967. Mas teria significado trabalhar regularmente, tipo das nove às cinco, num escritório — eu precisei cair fora.

ENTREVISTADOR

Warren Hinckle foi o primeiro editor que lhe permitiu escrever e buscar o jornalismo gonzo — como vocês se conheceram?

THOMPSON

Eu o conheci por meio da sua revista, *Ramparts*, antes ainda de a *Rolling Stone* existir. *Ramparts* era um cruzamento do meu mundo em San Francisco, uma versão mais polida do *Nation* — com capas cintilantes e coisas assim. Warren tinha um gênio para conseguir histórias que podiam ser publicadas na primeira página do *New York Times*. Tinha um olho magnífico para identificar histórias com um jeito especial, superior. Sabe, arrasar com o Departamento de Defesa — a *Ramparts* era realmente de esquerda, radical. Eu prestava muito atenção neles e acabei sendo colunista. *Ramparts* era *o* lugar, até que algum maníaco deixou de dar a verba e a revista foi por água abaixo. Jann Wenner, que fundou a *Rolling Stone*, na verdade trabalhou ali, na biblioteca — fazia cópias ou algo assim.

ENTREVISTADOR

Qual é a atração do escritor "fora da lei", como você?

THOMPSON

Em geral sigo meu próprio gosto. Se gosto de alguma coisa e acontece de ela ser contra a lei, aí posso ter algum problema. Mas um fora da lei pode ser definido como alguém que vive fora da lei, além da lei, não necessariamente contra ela. É algo bastante antigo. Remonta à história da Escandinávia. As pessoas eram declaradas fora da lei e eram expulsas da sociedade e mandadas para países no exterior — exiladas. Elas funcionavam fora da lei e viviam em comunidades por toda a Groelândia e Islândia, onde quer que caíssem. Fora da lei nos países de onde vinham — não creio que elas *se esforçassem* para ser fora da lei... Nunca me esforcei para ser um fora da lei. Simplesmente foi o lugar onde me encontrei. Quando comecei a escrever *Hell's Angels* eu andava de moto com eles e estava claro que já não era possível para mim voltar a viver dentro da lei. Entre o Vietnã e a erva — toda uma geração foi criminalizada naquela época... Você percebe que está sujeito a ser agredido. Um monte de gente cresceu com essa atitude. Havia muito mais foras da lei do que eu. Eu era apenas um escritor. Não estava me esforçando para ser um escritor fora da lei. Nunca ouvi esse termo; alguém o inventou. Mas nós éramos todos fora da lei: Kerouac, Miller, Burroughs, Ginsberg, Kesey. Eu não tinha uma medida para saber quem era o pior. Só reconhecia aliados, a minha gente.

ENTREVISTADOR

A cultura da droga. Como você escreve quando está sob o efeito dela?

THOMPSON

Minha teoria tem sido por anos escrever depressa e seguir adiante. Em geral escrevo cinco páginas por noite e as deixo para meu assistente datilografá-las de manhã.

ENTREVISTADOR

Isso depois de uma noite de bebedeira e coisa assim?

THOMPSON

Ah, sim, sempre. Descobri que existe apenas uma coisa sob o efeito da qual eu não consigo trabalhar, e é a maconha. Até com ácido eu trabalhava. A única diferença entre o sadio e o insano é que o sadio tem o poder de trancafiar o insano. Ou você funciona, ou não. Funcionalmente insano? Se você é pago para ser louco, se consegue ser pago para pirar e escrever sobre isso... eu chamo isso de sadio.

ENTREVISTADOR

Quase sem exceção, os escritores que entrevistamos ao longo dos anos admitem que não conseguem escrever sob efeito de bebida ou drogas — ou ao menos dizem que aquilo que fizeram precisa ser reescrito sob a frieza do dia. Qual é o seu comentário a esse respeito?

THOMPSON

Eles estão mentindo. Ou talvez vocês tenham entrevistado uma gama muito estreita de escritores. É como dizer: "Quase sem exceção as mulheres que entrevistamos ao longo dos anos juram que nunca toparam sodomia" — sem dizer que vocês fizeram todas as suas entrevistas num convento. Vocês entrevistaram Coleridge? Entrevistaram Poe? Scott Fitzgerald? Mark Twain? Fred Exley? Faulkner lhes contou que o que ele bebia o tempo todo era chá gelado e não uísque? Ora, faça-me o favor. Quem você acha que escreveu o Livro da Revelação, caralho? Um bando de padres sóbrios?

ENTREVISTADOR

Em 1974, você foi para Saigon cobrir a guerra...

THOMPSON

A guerra tinha feito parte da minha vida até então. Por mais de dez anos eu tinha levado porrada e gás. Queria ver o fim dela. De certa forma, senti que estava pagando uma dívida.

ENTREVISTADOR

A quem?

THOMPSON

Não tenho certeza. Mas ser tão influenciado pela guerra por tanto tempo, tê-la como parte da minha vida, tomar tantas decisões por causa dela, e aí não estar nela, bem, parecia impensável.

ENTREVISTADOR

Por quanto tempo você ficou lá?

THOMPSON

Fiquei lá mais ou menos um mês. Não era realmente uma guerra. Já tinha acabado. Nada parecido com a guerra que David Halberstam, Jonathan Schell e Philip Knightley tinham coberto. Ainda dava para ser morto. Um fotógrafo de combate, amigo meu, foi morto no último dia da guerra. Caras malucos. Foi onde tive a maior parte da minha ajuda. Eles eram os fumadores de ópio.

ENTREVISTADOR

Você esperava entrar em Saigon com os vietcongues?

THOMPSON

Escrevi uma carta aos vietcongues, ao coronel Giang, na esperança de que me deixassem entrar em Saigon no alto de um tanque. Eles tinham um acampamento perto do aeroporto, duzentas pessoas preparadas para as tropas que avançavam. Não havia nada de errado nisso. Era bom jornalismo.

ENTREVISTADOR

Você chegou a pensar em permanecer em Saigon em vez de entrar em um tanque vietcongue?

THOMPSON

Sim, mas eu tinha de me encontrar com minha mulher em
Bali.

ENTREVISTADOR

Muito bom motivo. Você é famoso por ter viajado a trabalho
com excesso de bagagem. Você levava livros?

THOMPSON

Eu tinha alguns livros comigo. *O americano tranquilo*, de
Graham Greene, com toda certeza. *The first casualty*, de Phil
Knightley. *In our time*, de Hemingway. E carregava todos aqueles documentos seminais. Ler *O americano tranquilo* deu um
significado novo à experiência do Vietnã. Eu tinha todo tipo de
equipamento eletrônico — um exagero. Rádios transmissores.
Carregava um gravador de fita. E cadernos. Por causa do suor
eu não podia escrever com as canetas que em geral usava porque
elas borravam o papel todo. Eu levava um caderno enorme — do
tamanho de folhas de desenho. Carregava tudo isso no ombro,
numa sacola de fotógrafo. E também levava uma calibre quarenta
e cinco automática. Era para os soldados bêbados esquisitos que
perambulavam e entravam no nosso hotel. Eles davam tiros na
rua... Alguém simplesmente atirava debaixo da sua janela. Acho
que Knightley também levava uma dessas. Consegui a minha com
um sujeito que estava tentando contrabandear órfãos para fora
do país. Não consegui saber se ele trabalhava no mercado de escravos brancos ou no da compaixão.

ENTREVISTADOR

Por que ficou só um mês em Saigon?

349

THOMPSON

A guerra tinha acabado. Eu tinha querido ir a Saigon em 1971. Tinha acabado de começar a trabalhar para a *Rolling Stone*. Numa reunião com todos os editores para definir estratégias naquele ano, em Big Sur, eu argumentei que a *Rolling Stone* devia cobrir política nacional. Cobrir a campanha. Se era para cobrir cultura, era besteira não incluir política. Jann Wenner foi a única pessoa que concordou comigo. Os outros editores acharam que eu estava doido. Eu era uma espécie de criatura selvagem. Sempre aparecia de roupão. Durante três dias fiz discursos inflamados para o grupo. No fim, acabei tendo que dizer: "Fodam-se, *eu* vou fazer a cobertura. Eu faço". Momento dramático, quando penso hoje.

Bem, não se pode cobrir política nacional de Saigon. Então me mudei de mala e cuia para Washington. Levei os cachorros. Sandy, minha esposa, estava grávida. O único sujeito disposto a me ajudar foi Timothy Crouse, que na época ocupava a posição mais baixa no totem da *Rolling Stone*. Ele tinha uma gagueira séria, quase debilitante, e Jann gozava dela o tempo todo, era realmente cruel com ele, o que fazia com que eu o apoiasse mais e mais. Ele nunca tinha escrito mais do que um texto de trezentas palavras sobre algum concerto de rock. Foi o único que se apresentou como voluntário para ir a Washington. "O.k., Timbo. Somos você e eu. Vamos arrasar." A vida apronta tantas coisas estranhas... engrenagens, cascas de banana... repórter político em vez de correspondente de guerra.

ENTREVISTADOR

Crouse acabou escrevendo um best-seller sobre a imprensa e a campanha — *The boys on the bus*.

THOMPSON

Ele era a base da *Rolling Stone* em Boston. Havia se formado em Harvard e tinha um apartamento no meio de Cambridge. Só gostava de música na época. Ele foi a única pessoa que ergueu a mão em Big Sur. Nós cobrimos a campanha de 1972. Eu escrevia o corpo da matéria e Tim, as informações adicionais. Então houve a noite em Milwaukee, quando eu disse a ele que estava doente demais para escrever o corpo da matéria. Eu disse: "Bom, Timbo, detesto lhe dizer, mas você vai ter de escrever o corpo da matéria esta semana e eu vou escrever os adicionais". Ele entrou em pânico. Uma gagueira só. Terrível. Senti que precisava lidar com aquilo. Disse a ele para parar de gaguejar. Disse que aquilo não era construtivo. "Porra, fale logo!"

ENTREVISTADOR
"Não é construtivo?" Fácil de dizer.

THOMPSON
Bem, eu vi que lhe faltava confiança. Então o fiz escrever a matéria de Wisconsin, e foi lindo — de repente ele passou a ter confiança.

ENTREVISTADOR
Na sua introdução de *A generation of swine*, você afirma que passou metade da vida tentando fugir do jornalismo.

THOMPSON
Sempre senti que o jornalismo era simplesmente um meio de seguir minha viagem, que eu estava destinado a coisas mais elevadas. Romances. Há mais status em ser romancista. Quando estive em Porto Rico nos anos 60, William Kennedy e eu discutíamos sobre isso. Ele era o diretor administrativo do jornal local; ele era o jornalista. Eu era o escritor, o chamado mais elevado. Eu sentia isso com tanta força que quase não fazia jornalismo.

Imaginava que para ser um verdadeiro escritor precisava escrever romances. Foi por isso que escrevi primeiro *Diário de um jornalista bêbado*. *Hell's Angels* começou simplesmente como outra tarefa do dia a dia. Então superei a ideia de que o jornalismo era um chamado menor. O jornalismo é bom porque proporciona trabalho imediato. Você é contratado e pelo menos pode cobrir a porra da Prefeitura. É empolgante. É uma chance garantida de escrever. É um lugar natural para se refugiar se você não está vendendo romances. Escrever romances é um trabalho muito mais solitário.

Minha revelação veio nas semanas que se seguiram ao fiasco do Kentucky Derby. Eu tinha ido a Louisville a trabalho para a *Scanlan's*, de Warren Hinkle. Um maluco da Inglaterra chamado Ralph Steadman estava lá — foi quando eu o conheci — fazendo desenhos para a minha história. A história principal. Os dias mais deprimentes da minha vida. Ficava deitado na minha banheira no Royalton. Achava que tinha fracassado completamente como jornalista. Pensei que provavelmente seria o fim da minha carreira. Os desenhos do Steadman estavam no lugar. Eu só conseguia pensar no espaço branco onde deveria estar meu texto. Finalmente, desesperado e constrangido, comecei a arrancar as páginas do meu caderno e dá-las a um garoto para levar a um fax do outro lado da rua. Quando fui embora, eu era um homem arrasado, totalmente fracassado, e convencido de que ficaria exposto quando a matéria saísse. Era só uma questão de quando eu levaria a martelada. Eu tive minha grande chance e a desperdicei.

ENTREVISTADOR

Como a *Scanlan's* utilizou as páginas do caderno?

THOMPSON

Bem, o artigo começa com um lide organizado sobre a chegada no aeroporto e o encontro com um sujeito a quem eu conto sobre a vinda dos Panteras Negras. Aí a coisa desanda, se desintegra em flashes e cortes, um monte de pontos.

ENTREVISTADOR

E a reação?

THOMPSON

Aquela onda de elogios. Isso é maravilhoso... puro gonzo. Ouvi isso de amigos — Tom Wolfe, Bill Kennedy.

ENTREVISTADOR

Então o que você aprendeu de fato com a experiência?

THOMPSON

Compreendi que havia algo na minha frente: talvez a gente possa ter um pouco de prazer com esse tal de jornalismo... talvez não seja essa coisa inferior. É claro que reconhecia a diferença entre mandar uma cópia e arrancar as páginas do caderno.

ENTREVISTADOR

Uma escolha editorial interessante — a *Scanlan's* ter topado usar o que você mandou.

THOMPSON

Eles não tinham escolha. Havia todo aquele espaço em branco.

ENTREVISTADOR

Qual é a sua opinião sobre os editores?

THOMPSON

Há menos bons editores do que bons escritores. Algumas das minhas lições mais sombrias sobre escritores e editores vieram de ficar levando matérias editadas pelos corredores da *Time-Life*. Eu lia a cópia antes de subir e depois lia de novo após a edição. Eu ficava curioso. Vi algumas das ações mais brutais cometidas contra os escritores. Havia um cara, Roy Alexander, editor administrativo... Ah, meu Deus, Alexander cortava com um X lides inteiros. E isso depois que outros editores já tinham trabalhado no texto.

ENTREVISTADOR
Alguém chegou a fazer isso com seus textos?

THOMPSON
Não por muito tempo. Bem, é muito fácil eu ser convencido de que estou errado em algum ponto. Você não fica sentado num quarto de hotel em Milwaukee e olha pela janela e vê o lago Superior, que é o que eu escrevi por engano. E também, o editor é uma pessoa que me ajuda a fazer o que eu escrevi ser impresso. Existem males necessários. Se alguma vez eu fiz algo dentro do prazo, o que significa que saiu desta casa e eu *gostei*... bom, isso nunca aconteceu na minha vida... eu nunca mandei um texto de nada que estivesse acabado... *Medo e delírio em Las Vegas* não tem nem um final decente. Eu tinha diversos finais na cabeça, mais um ou dois capítulos, um que incluía ir comprar um doberman. Mas aí foi impresso — dividido em duas partes para a *Rolling Stone*.

ENTREVISTADOR
Você poderia ter acrescentado um final apropriado quando o texto foi publicado em forma de livro?

THOMPSON
Eu poderia ter feito isso, mas teria sido errado. Como reescrever as cartas em *The proud highway*.

ENTREVISTADOR

Teria adiantado escrever o final primeiro?

THOMPSON

Eu costumava acreditar nisso. A maior parte das coisas que escrevo é apenas uma série de lides falsos. Abordo uma história como tema e aí traço um monte de linhas diferentes no início. Todos são textos de boa qualidade, mas não se conectam. Então eu acabo tendo que amarrar os fios.

ENTREVISTADOR

Por lides, você se refere aos parágrafos.

THOMPSON

O primeiro parágrafo. O último parágrafo. É por aí que a história vai, e como ela chega até o final. Senão, você acaba se perdendo numa centena de direções diferentes.

ENTREVISTADOR

E não foi isso que aconteceu com *Medo e delírio*?

THOMPSON

Não. Esse é muito bom jornalismo.

ENTREVISTADOR

Seu editor de livros na época dos primeiros estágios do que viria a ser *Medo e delírio em Las Vegas* era Jim Silberman, na Random House. Houve um bocado de correspondência entre vocês dois.

THOMPSON

A tarefa que ele me deu para fazer era praticamente impossível: escrever um livro sobre a morte do sonho americano, que era o título de trabalho. Eu primeiro procurei a resposta na Convenção Nacional do Partido Democrata em Chicago, em 1968, mas só fui achar em 1971 no Circus-Circus Cassino de Las Vegas. Silberman foi uma boa e sagaz caixa de ressonância para mim. Ele acreditava em mim e isso significava muito.

ENTREVISTADOR

Medo e delírio em Las Vegas é um de seus grandes títulos. Ele veio de repente para você ou alguém sugeriu?

THOMPSON

É uma frase boa. Eu a notei em uma das minhas cartas de 1969 na noite passada. Nunca a tinha visto antes, nem ouvido. As pessoas me acusam de tê-la roubado de Kierkegaard ou Stendhal. Simplesmente me pareceu a frase certa. Uma vez que você registra esse tipo de título, uma vez que você o vê no papel, não há meio de mudá-lo.

ENTREVISTADOR

E em relação a Raoul Duke? Como surgiu o alter ego, por que e quando?

THOMPSON

Comecei a utilizá-lo primeiro naquilo que eu escrevia para a *Scanlan's*. Raoul vem do irmão de Castro, e Duke, só Deus sabe. Provavelmente comecei usando em algum registro falso de hotel. Descobri no Kentucky Derby que era extremamente proveitoso ter um homem direito comigo, alguém em quem provocar reações. Fiquei fascinado com Ralph Steadman porque ele ficava horrorizado com a maioria das coisas que via neste país. Tiras horríveis, caubóis e coisas que ele nunca tinha visto na Inglaterra. Usei isso na matéria do Derby e aí comecei a ver que era um recurso extremamente valioso. Às vezes eu introduzia Duke porque queria usar a mim mesmo para outro personagem. Acho que isso começou em *Hell's Angels*, quando eu sabia que precisava que algo fosse dito da forma correta e não conseguia fazer nenhum dos porras dos Angels dizer direito. Então atribuía a fala a Raoul Duke.

ENTREVISTADOR

As melhores coisas são escritas com o prazo estourando?

THOMPSON

Receio que seja verdade. Eu não seria capaz de imaginar, e não tenho orgulho de dizer, mas eu realmente não poderia imaginar escrever sem um prazo desesperador.

ENTREVISTADOR

Você pode dar um exemplo?

THOMPSON

Havia muito tempo eu tinha concordado em escrever um epitáfio para Allen Ginsberg. Eu deveria ir à cerimônia memorial em Los Angeles. Então pensei que seria uma boa ideia fazer Johnny Depp ir e dizer o texto. Ele concordou. Uma situação de prazo final péssima. O que eu escrevi chegou apenas um tantinho antes de Depp subir ao palco. Ele me ligava desesperado de um telefone público no saguão do Wadsworth Theater, em Los Angeles. Então Depp vai e lê o que tinha acabado de receber, meia hora antes...

[*Thompson nos pergunta se gostaríamos de ver o resultado. Ele liga o grande aparelho de TV. Johnny Depp é apresentado e fala atrás de um pódio.*]

Isto é... do bom Doutor... acabou de ser escrito:

O doutor Thompson envia seu pesar. Ele está sofrendo de uma dolorosa contusão nas costas, resultado de um encontro fatídico com Allen Ginsberg três anos atrás num motel vagabundo em Boulder, Colorado, quando o falecido supostamente empurrou Thompson de costas numa piscina vazia após uma discussão pública sobre drogas. Ginsberg, que tinha 69 anos na época, acusou Thompson, em documentos jurídicos agora permanentemente lacrados devido à morte recente do poeta, de "destruir minha saúde e matar minha fé nas drogas". Ele estava histericamente zangado, segundo fontes, pelo fato de Thompson, de forma deliberada e ardilosa, tê-lo induzido a uma orgia de abuso de substâncias e sexo casual que se encerrou após três dias e três noites, quando o poeta foi esmagado contra a parede por uma mulher robusta de patins em uma taverna noturna de Boulder. Admitido então num hospital local, com tratamento para psicose aguda e grande inalação de fumaça, Ginsberg alega também que Thompson "destruiu de modo malévolo minha última chance de ser introduzido no hall da fama da poesia", humilhando-o em público, injetando drogas secretamente nele e acabando por levá-lo a ser preso por resistir à prisão e à imposição sexual grosseira. O doutor Thompson negou as acusações, como sempre, e usou a ocasião da morte de Ginsberg para denunciá-lo como perigoso agressor sexual com cérebro de uma ferida aberta e a consciência de um vírus. O famoso autor disse que Ginsberg dera em cima dele numerosas vezes, e era um viciado incorrigível. "Ele ficava forte demais com toda aquela excentricidade", disse Thompson. "Quando ficava daquele jeito, estar na frente dele era como estar na frente de uma enchente indomável... Allen tinha magia", ele disse. "Ele podia falar com a voz de um anjo e dançar aos seus olhos como um fauno. Eu o conheci por trinta anos e toda vez que o via era como escutar música novamente." Thompson acrescentou que ficou chocado pelas cruas acusações e conduta violenta de Ginsberg, e preferiria ter os supostos documentos jurídicos enterrados mais fundo que o baço de Ginsberg. "Ele era um monstro", disse. "Era louco, bicha e pequeno. Ele nasceu errado e sabia disso. Era esperto, mas absolutamente impossível de empregar. A primeira vez que o vi em Nova York ele me disse que até mesmo gente que o amava acreditava que ele devia cometer suicídio, porque as coisas jamais melhorariam para ele. E seu professor de poesia na Columbia o aconselhara a fazer uma lobotomia pré-frontal porque seu cérebro o estava atrapalhando. 'Não se preocupe', eu disse, 'o meu também. Estão me dando o mesmo conselho. Talvez devêssemos juntar forças. Droga, se somos loucos e perigosos, acho que podemos nos divertir um pouco...' Eu conversei com Allen dois dias antes de ele... morrer. Ele foi gracioso como sempre. Disse que daria as boas-vindas ao anjo da morte... porque sabia que era capaz de se colocar no lugar dela."

[*Após aplausos e perguntas sobre como a plateia no teatro reagiu a essa elegia um tanto estranha — "Eles gostaram" —, a entrevista continuou.*]

ENTREVISTADOR

O início de *Medo e delírio em Las Vegas*, "Estávamos em algum lugar perto de Barstow, na beira do deserto, quando as drogas começaram a bater"... Quando foi que você escreveu isso? Antes de tudo?

THOMPSON

Não, eu tenho um rascunho... outra coisa foi escrita primeiro, cronologicamente, mas quando escrevi isso... bem, são *momentos*... Muitos deles ocorrem quando nada mais dá certo... Quando você é mandado embora do hotel em Nova York um dia antes ou acabou de perder sua namorada em Scottsdale. Sei quando estou acertando. Sei quando estou bem sintonizado. Em geral posso dizer com certeza, porque o texto é limpo.

ENTREVISTADOR

A maioria das pessoas... que perde a namorada em Scottsdale, ou seja lá onde for, iria beber em algum lugar, ficaria doida. Isso deve ter algo a ver com disciplina.

THOMPSON

Eu nunca me sento de camisa branca, gravata borboleta e paletó preto e penso: "Bom, agora é hora de escrever". Eu simplesmente entro no espírito.

ENTREVISTADOR

Você pode descrever um dia de trabalho típico?

THOMPSON

Eu diria que num dia normal eu levanto ao meio-dia ou à uma. Você precisa se sentir meio pressionado, eu acho, para começar. Foi isso que o jornalismo de fato me ensinou... que não existe história a menos que você a tenha escrito.

ENTREVISTADOR

Há algum recurso mnemônico que faz você funcionar uma vez estabelecido um prazo — apontar o lápis, escutar uma música, sentar num lugar especial?

THOMPSON

Filmes de zoofilia.

ENTREVISTADOR

Que instrumento utiliza para redigir? Você é um dos poucos

escritores que eu conheço que ainda usa uma máquina de escrever elétrica. O que há de errado com o computador?

THOMPSON

Eu tentei. Há tentação demais de rever o texto e reescrever. E eu acho que nunca me acostumei com o toque silencioso, sem estalar, das teclas e das palavras temporárias colocadas na tela. Gosto de pensar que quando datilografo alguma coisa nisto aqui [*aponta para a máquina de escrever*] está bom ao terminar. Num processador de texto, nunca consegui passar do segundo parágrafo. Nunca volte e reescreva enquanto está trabalhando. Atenha-se ao texto como se fosse definitivo.

ENTREVISTADOR

Você escreve para uma pessoa específica quando se senta diante daquela máquina?

THOMPSON

Não, mas descobri que o formato carta é um bom jeito de deslanchar. Escrevo cartas só como aquecimento. Algumas são apenas "Foda-se, eu não venderia nem por mil dólares", ou algo como, "Coma merda e morra", e mando por fax. Encontro o estado de espírito ou o ritmo por meio de cartas, ou às vezes simplesmente leio algo ou escuto alguém lendo — é só uma maneira de captar a música.

ENTREVISTADOR

Por quanto tempo você escreve seguidamente?

THOMPSON

Sou conhecido por ser capaz de emendar cinco dias e cinco noites.

ENTREVISTADOR

Isso por causa dos prazos ou por estar inspirado?

THOMPSON

Geralmente, prazos.

ENTREVISTADOR

Você põe música quando escreve?

THOMPSON

Durante todo o processo em Las Vegas eu só toquei um álbum. Acabei com quatro fitas inteiras. O disco dos Rolling Stones ao vivo, chamado *Get Yer Ya-Ya's Out* com a versão em concerto de "Sympathy for the Devil".

ENTREVISTADOR

A certa altura, Sally Quinn, do *Washington Post* criticou-o por você escrever a respeito de fatos específicos, mas apenas quarenta e cinco por cento ser realmente verdade... como você concilia jornalismo com isso?

THOMPSON

Essa é dura. Tenho dificuldades com isso. Desde o começo. Eu me lembro de uma reunião de emergência uma tarde na Random House com meu editor sobre *Medo e delírio em Las Vegas*. "O que devemos dizer ao *New York Times*? Deve ir para a lista de ficção ou não ficção?" Em muitos casos... Isso pode ser um pretexto técnico para me eximir, mas acho que em quase todo caso há uma dica de que se trata de fantasia. Eu realmente nunca consegui sacar como o leitor deve saber a diferença. É como você ter senso de humor ou não. Agora, tenha em mente que eu não estava tentando escrever jornalismo objetivo, pelo menos não objetivo segundo eu mesmo. Nunca vi ninguém, talvez David Halberstam seja quem tenha chegado mais perto, escrever jornalismo objetivo.

ENTREVISTADOR

Você consegue escrever em qualquer lugar, não é? Há algum lugar que prefira?

THOMPSON

Bem, este lugar aqui é onde prefiro agora. Criei aqui este centro de controle eletrônico.

ENTREVISTADOR

Se você pudesse construir um escritor, que atributos lhe daria?

THOMPSON

Eu diria que dói quando você está certo e dói quando está errado, mas dói bem menos quando você está certo. Você precisa estar certo em seus julgamentos. Isso provavelmente equivale ao que Hemingway disse sobre ter um detector de merda à prova de choque.

ENTREVISTADOR

Num sentido menos abstrato, disciplina seria algo que você sugeriria?

THOMPSON

Você precisa ser capaz de ter páginas escritas pela manhã. Eu meço minha vida em páginas. Se tenho páginas ao nascer do sol, a noite foi boa. Não existe arte até ela estar no papel, não existe arte até ser vendida. Se eu tivesse fundos, se tivesse alguma renda de qualquer outra coisa... até mesmo uma pensão ou indenização por incapacidade de guerra... eu não tenho nada disso, nunca tive.

Então, é claro, você precisa ser pago pelo seu trabalho. Eu invejo gente que não precisa...

ENTREVISTADOR
Se você tivesse essa fortuna guardada no banco, ainda assim escreveria?

THOMPSON
Provavelmente não, provavelmente não.

ENTREVISTADOR
O que você faria?

THOMPSON
Ah... Eu andaria por aí que nem o rei Farouk ou algo assim. Eu *diria* ao editores que escreveria algo para eles, e provavelmente não o faria.

Louis Begley

Louis Begley era advogado na distinta e tradicional firma Debevoise & Plimpton quando surpreendeu os colegas — e o mundo literário — publicando seu primeiro romance, *Infância de mentira*, sobre um jovem judeu polonês apanhado no inferno do Holocausto. O romance foi lançado em 1991, quando Begley tinha 57 anos, e teve grande sucesso, ganhando o prêmio PEN/ Fundação Ernest Hemingway para primeira obra de ficção e o Irish Times-Aer Lingus International Fiction Prize. Na década seguinte, Begley publicou cinco romances: *O homem que se atrasava* (1992), *O olhar de Max* (1994), *Sobre Schmidt* (1996), *Despedida em Veneza* (1998) *e Schmidt libertado* (2000). Uma das características mais impressionantes de seu trabalho é a rapidez com que ele desenvolveu, relativamente tarde na vida, uma voz literária singular e segura de si.

Nascido em Stryj, Polônia, em 1933, Begley — então Ludwik Begleiter — sobreviveu ao Holocausto em circunstâncias próximas às provações enfrentadas por Maciek, o protagonista de *Infância de mentira*. Separado de seu pai, um médico, o jovem Begley, de olhos azuis e pele clara, e sua mãe conseguiram sobreviver à guerra se passando por arianos. Reunidos após o conflito, os Begley emigraram para Nova York, onde adotaram um novo nome e uma nova língua. Louis Begley passou dois anos na Erasmus Hall High School, no Brooklyn, a *alma mater* de Bernard Malamud e muitos outras crianças judias que adquiriram fama mais tarde na vida. Em Harvard, onde se graduou em 1954, foi membro da *Harvard Advocate*, a revista literária universitária mais antiga do país.

Foi na função de presidente — e, por um tempo, tesoureiro — da diretoria da *Advocate* que fui conhecer Begley; entrei para a revista em 1990, um ano antes de sua estreia literária. Quando nos conhecemos, ele era um advogado conhecido entre os amigos e associados pelo gosto literário apurado — mas não era um escritor. Educado, de fala suave, impecavelmente trajado em ternos escuros, ele irradiava uma calma advocatícia; somente um traço ínfimo de um sotaque impossível de se distinguir (ou seria apenas uma elocução refinada?) sugeria que ele não saíra de uma novela de Louis Auchincloss.

Todavia, nada há de auchinlossiano na obra de Begley. Seu ambiente externamente civilizado é com frequência palco de corrupção, traição, exercício de apetites irrefreáveis — em seu primeiro livro, até mesmo barbárie. Proustianos em sua ligação com o passado, seus romances demonstram um robusto conhecimento do mundo tal como é. Sua absorção na mecânica das altas finanças — mercado de opções, trustes, acordos de participação — me faz recordar Balzac. A longa experiência de Begley como advogado ativo serviu-lhe bem em sua nova carreira; entre outras coisas, *Sobre Schmidt* é um envolvente tratado sobre como evitar taxas imobiliárias.

Como toda grande ficção, a obra de Begley segue os contor-

366

nos de seu tempo; em seus trabalhos, seria possível reconstituir, em estilo arqueológico, as correntes e os eventos culturais e políticos das últimas quatro décadas — a afetada simplicidade da era Eisenhower; o Vietnã, os protestos antiguerra e a revolução cultural dos anos 60 ("1965! O ano do orgasmo vaginal!"); a desgraça de Nixon; o declínio de velhas formas e a ascensão de novos homens e novas fortunas nos anos 80 e 90. Ele registra em crônica os lugares onde viveram certos tipos sociais, as roupas que usavam, os alimentos que comiam e os vinhos que bebiam. E todavia — mais uma vez, como toda grande ficção — sua obra opera contra as tendências intelectuais dominantes de sua época.

Pessoalmente, Begley é uma presença reservada, mas que se impõe com tranquilidade. Ele prefere não falar de si, expressando as complexidades ocultas de sua personalidade em seu trabalho. Embora seja agora um escritor estabelecido, bem como um proeminente e ocupado advogado, por fora pouca coisa mudou em sua vida; ele mantém um árduo horário de trabalho, despendendo longas horas no escritório da firma na Terceira Avenida. Escreve nos fins de semana, durante o mês de férias de verão na sua casa em Sagaponack e durante sua visita anual de primavera a Veneza.

Nossa primeira entrevista ocorreu no escritório de Begley, num dia em que os corredores da Debevoise & Plimpton estavam particularmente silenciosos; os advogados estavam fora num piquenique da empresa. Alguns meses depois, nós nos encontramos na sala de estar de seu elegante duplex na Park Avenue, numa ensolarada manhã de domingo, cercados por objetos belíssimos: um gabinete estilo chinês, uma escrivaninha Luís XVI, um retrato a óleo cômico de Proust. Espalhadas sobre aparadores, fotografias de sua família em molduras de prata. Begley é casado com a biógrafa Anka Muhlstein, e tem três filhos adultos de um casamento anterior: Adam, editor de literatura do *New York Observer*;

Peter, um pintor e escultor que mora em Roma; e Amey, uma historiadora da arte e romancista. Begley estava vestido de forma casual naquele dia: calça folgada e camisa de flanela, e fumava uma cigarrilha enquanto conversávamos. Estava preocupado por termos dedicado atenção demais à sua vida, e não o bastante ao seu trabalho, de modo que nos concentramos no ofício da ficção — como ele elabora seus romances.

Ao longo do ano seguinte, trocamos várias versões da entrevista. No final dos trabalhos, provoquei em Begley uma apaixonada explosão ao sugerir que Schmidt era um "mau caráter", possibilitando assim sua mais longa e eloquente resposta. Não me arrependi.

— *James Atlas, 2002*

ENTREVISTADOR

O senhor publicou seu primeiro livro, *Infância de mentira*, quando tinha 57 anos. Como explicar um início tão tardio?

LOUIS BEGLEY

Não estou muito seguro de conseguir explicar, e não tenho tanta certeza, na verdade, de ter sido um início tão tardio. Penelope Fitzgerald, por exemplo, cuja obra admiro muito, especialmente *A flor azul*, era ainda mais velha que eu quando escreveu seu primeiro romance. Pode ser simplesmente que alguns romancistas necessitem de um período mais longo de desenvolvimento do que outros, mais precoces. Também julgo provável que, se a pessoa não escreveu um romance numa explosão de entusiasmo quando era muito jovem, por exemplo, na casa dos vinte, ela se torna cautelosa, talvez em excesso. Cautela e autocrítica funcionam então como freio.

ENTREVISTADOR

Deve ter havido algum momento em que o senhor agarrou uma caneta e decidiu escrever.

BEGLEY

Não agarrei uma caneta. Digitei *Infância de mentira* no meu laptop. Lembro-me exatamente de como aconteceu. Em 1989, eu resolvi tirar uma licença sabática de quatro meses da firma de advocacia, e comecei o livro em 1º de agosto, o primeiro dia sabático. Não anunciei à minha esposa, Anka, nem a mim mesmo, que era isso que eu ia fazer. Porém, justo uma semana antes de a licença começar, sob uma chuva torrencial, fui a uma loja de computadores e comprei um laptop. Agora, por que teria comprado um laptop se não era para usá-lo? Então, eu devia estar com o livro na cabeça. Eu me sentei no primeiro dia e escrevi, e aí fui escrevendo a cada dia que se passava. Ficamos em Long Island até meados de setembro; depois, fomos a Veneza, e aí a Granada e Sevilha. Passamos novembro em Paris. Terminei o primeiro rascunho no último dia da nossa estada em Sevilha, e acabei as revisões durante o mês em Paris.

ENTREVISTADOR

O senhor sabia que era bom o bastante para ser publicado?

BEGLEY

Eu sabia que parte do livro era muito boa. Anka lê tudo o que eu escrevo. Ela disse que era muito bom. Meu filho mais velho, Peter, que ficou algum tempo conosco quando estávamos na Europa, leu e disse que era bom. Eu não tinha muita dúvida em relação a ser um bom livro; tinha um terrível problema moral. Um dilema, porque se, conforme eu temia, escrever memórias acuradas sobre a Polônia na guerra fosse o único meio admissível de escrever sobre aquela época e os fatos que ocorreram, então era claro que eu não ia escrever sobre isso. Eu não achava que conseguiria escrever memórias, e não queria. Não sou historiador. Então pensei que talvez tivesse feito uma coisa ruim transformando em ficção aquele material da guerra, transformando-o num romance. Considerei a possibilidade de enfiar *Infância de mentira* em alguma caixa ou gaveta e esquecer. Anka achou que eu estava completamente doido. Michael Arlen leu os originais e me disse que eu estava doido. Tenho um respeito enorme por Michael — e pela minha esposa também! —, de maneira que eu disse "Que seja", e mandei os originais para Georges Borchardt, que já era o agente de Anka e Adam. Adam é meu filho mais novo. Georges agora é o agente da nossa família.

ENTREVISTADOR
Por que o livro se chama *Infância de mentira?**

BEGLEY
Porque o protagonista, o garotinho Maciek, e sua tia e seu avô sobrevivem de mentiras, negando e falsificando sua identidade. Pouco a pouco, a quantidade de mentiras vai crescendo; a autenticidade e a validade de praticamente tudo se tornam suspeitas. Pelo menos para Maciek. Não pretendo sugerir por um segundo que a família estava errada em mentir, que as mentiras não eram completamente justificadas, mas viver numa identidade inventada não deixa de ter suas consequências. Maciek não só é privado de uma infância — o tipo de infância que se pode imaginar que ele teria se Hitler não tivesse chegado ao poder, se os alemães não tivessem invadido a Polônia, e assim por diante — mas também do seu eu. Algo fabricado assume seu lugar. Uma invenção

* No original, *Wartime lies*. (N. T.)

370

salva-vidas. É claro que Tania, a linda, escandalosa e heroica tia, também é privada do tipo de vida que teria como mulher jovem, a vida a que ela certamente sentia que tinha direito. Mas para um adulto, em especial um adulto de personalidade forte, totalmente formado, as mentiras e distorções são menos corrosivas. Em todo caso, minha teoria é essa.

ENTREVISTADOR

Tania é baseada em sua mãe.

BEGLEY

Ela tem muitas coisas em comum com minha mãe. E tem alguns traços que eu gostaria que minha mãe tivesse tido, mas não tinha. Talvez nenhuma mulher real pudesse tê-los.

ENTREVISTADOR

A cena na estação de Varsóvia, quando ela convence o oficial a tirá-la junto com Maciek do trem para Auschwitz, é imaginada ou verdadeira?

BEGLEY

Não vou responder a essa pergunta.

ENTREVISTADOR

Ou o que o senhor viu o oficial alemão fazer — tirar um bebê da fila de marcha e jogá-lo num esgoto.

BEGLEY

Isso foi uma coisa que eu vi.

ENTREVISTADOR

Sei que esta é uma pergunta muito difícil, mas como o senhor lidou com o elemento autobiográfico em seu livro? É claro que hoje em dia é moda ler todos os livros como autobiografia pura, e algumas são mais puras que outras. Mas quão autobiográfico é o seu trabalho?

BEGLEY

Infância de mentira? Eu jamais teria escrito esse romance se não tivesse vivido as experiências de guerra que vivi, mas, continuo insistindo, é um romance, não um livro de memórias. Deixando de lado a barreira criada pela minha modéstia — no sentido de pudor —, eu não tinha memórias suficientes para escrever uma história da minha vida. A invenção foi necessária para preencher a história e sustentar seu desenrolar. Se não tivesse havido invenção, se eu tivesse anotado simplesmente o que lembrava, teria feito um texto enfadonho, de umas quarenta e cinco páginas. Talvez até mais curto. Vou tentar mais uma vez me fazer claro. Não tenho interesse em escrever confissões, em me desnudar deliberadamente aos meus leitores. Prefiro permanecer atrás da tela. O romance como forma é uma tela muito conveniente, e eu preciso dela. Tenho a intenção de permanecer atrás.

ENTREVISTADOR

Por que o senhor não respondeu à outra pergunta?

BEGLEY

Porque não acredito em desmexer ovos mexidos. É contrário aos melhores interesses de um romance contar ao leitor "Veja, isso eu imaginei, aquilo eu realmente vivi". Estou disposto a fazer isso numa medida muito restrita, como no caso do incidente com o bebê, porque envolve fatos simples, embora particularmente horripilantes. A cena da estação ferroviária sobre a qual você indagou é muito mais complexa, e eu precisaria considerá-la pedaço a pedaço. Não quero fazer isso. Não quero fazer isso em relação a nenhuma cena e nenhum incidente que sejam importantes e nos quais eu tenha usado tanto experiências reais, por mais modificadas que estivessem, quanto material inventado. Em vez disso, vou lhe dar uma resposta genérica: não há uma única coisa em *Infância de mentira*, inclusive as inventadas, que não seja sustentada por minhas experiências pessoais, mas minhas experiências pessoais foram alteradas, com adições e subtrações, de uma maneira que me permitiu utilizá-las no romance.

ENTREVISTADOR

Voltando cinquenta anos atrás... O senhor veio para este país com seus pais após a guerra. Estudou literatura inglesa em Harvard?

BEGLEY

Minha graduação foi em literatura inglesa. Mas fiz cursos como "Dante", com John Singleton, "Proust, Joyce e Mann", com Harry Levin, e "Poetas Simbolistas", com Renato Poggioli. Fiz todo curso de literatura francesa em que consegui me enfiar. Se existisse em Harvard um diploma de literatura comparada para estudantes de graduação, eu certamente teria ido nessa direção.

ENTREVISTADOR

E o senhor esteve na *Advocate*, a revista literária de graduação de Harvard, então tinha uma inclinação literária. O senhor queria escrever.

BEGLEY

Queria. Mas na primavera do meu penúltimo ano, enquanto assistia ao curso de redação criativa de Albert Guerard, cheguei a acreditar que deveria parar de tentar escrever ficção. O motivo foi muito simples. Eu achava que não tinha nada de significativo para dizer, ou, mais importante ainda, que eu quisesse dizer. Essa crença permaneceu comigo por quase quarenta anos.

ENTREVISTADOR

Por que aconteceu isso?

BEGLEY

Quando fui para o Harvard College, em 1950, tinha apenas dezesseis anos. Meus pais e eu chegamos aos Estados Unidos em março de 1947, quando eu tinha treze. Havíamos deixado a Polônia alguns meses antes, em 1946. Portanto, minha decisão de não escrever, quando estava com dezoito anos, veio numa época em que para mim era razoável acreditar que o único material que eu possuía, e mais ou menos compreendia, e que podia ser utilizado em ficção provinha das minhas experiências na Polônia durante a Segunda Guerra. Mas eu estava ocupado tentando me tornar um americano e muito determinado a viver no presente. Concentrar-me em material polonês e escrever sobre aquilo me dava a impressão de que interferiria nessas ambições. Certa ou errada, era essa a sensação que eu tinha. E eu não pensava que podia escrever sobre meu presente americano. Acreditava que não o entendia. E o que eu entendia me despertava ambivalência. É claro que se eu tivesse sido mais esperto ou mais audaz, ou se alguém tivesse feito a sugestão de forma convincente, suponho que teria tentado escrever sobre não compreender minha identidade, meu novo ambiente ou meu lugar nesse ambiente. Essa ideia não me ocorreu.

Talvez também houvesse outra coisa em funcionamento — minha crença de que o material do tempo da guerra seria opaco e indigesto para o público americano. Que ninguém se importava. Não esqueça que os estudos do Holocausto ainda não tinham sido inventados. Na verdade, a palavra Holocausto não tinha adquirido seu significado atual. A palavra genocídio não existia. Nada no meu ambiente me encorajava a continuar escrevendo histórias sobre um menino judeu na Polônia ocupada pelos alemães, que era o que eu fazia no curso de Guerard, e o que eu fizera antes disso.

ENTREVISTADOR

O que o deixou finalmente apto a tratar desse tema?

BEGLEY

Com toda certeza não foi o surgimento da literatura do Holocausto como gênero. Na verdade, li muito pouco sobre isso: Primo Levi, mas só nos anos 80; *O pássaro pintado*, de Jerzy Kosinski, e um romance de um escritor francês, André Schwarz-Bart, *O último justo*, uma obra maravilhosa que parece ter sido esquecida. Nada mais pelo caminho das *belles lettres*. Acho que foi o passar do tempo que tornou possível escrever *Infância de mentira*. Eu amadurecera emocional e intelectualmente. Tornara-me infinitamente mais seguro de mim mesmo. Enfim era capaz de construir uma história que julgava valer a pena para narrar as experiências das quais às vezes eu falara, mas que, num sentido mais profundo, mantivera trancadas a sete chaves, encontrar uma voz para *Infância de mentira* com a qual me sentia confortável, e colocar-me a suficiente distância da história. Não gosto de autopiedade e sentimentalismo. Não creio que teria sabido como evitá-los se tivesse tentado escrever algo desse tipo cedo demais.

ENTREVISTADOR

Uma das coisas mais surpreendentes em *Infância de mentira* é que não se trata de uma história lacrimosa. Na verdade, dada a natureza trágica do material, nem provoca muito choro. E ainda assim, ao lê-la, eu ficava pensando: "Será que o conhecimento dessa experiência, do terror e da brutalidade humana que o senhor viu, que testemunhou, que são descritos no livro, provocou uma separação intransponível do mundo que o senhor habitou desde então?".

BEGLEY

Provocou. Certamente senti, desde que a guerra terminou, desde que pude parar de fingir ser alguém que eu não era — um polonês católico em vez de um judeu polonês, o que foi necessário para sobreviver à guerra — que, a despeito de todos os meus esforços para me tornar normal, para ser como todo mundo — esses esforços, devo acrescentar, cessaram algum tempo atrás —, permaneci irremediavelmente diferente. Sempre tive consciência de uma desconfortável distância me separando das outras pessoas. Talvez também uma distância separando o eu real de outro eu aparente com quem, por exemplo, você está conversando neste momento. Preocupava-me que essa distância se manifestasse numa falta de espontaneidade, numa tendência a ser arredio e me colocar à parte. Algumas vezes, meio de brincadeira, eu chamo isso de ser um zumbi.

Agora estou falando do que chamo de minha vida pessoal. Estranhamente, nunca tive essas preocupações na minha vida como advogado. Pratico advocacia há mais de quarenta anos. Na prática do direito, ao representar clientes, sempre me senti profundamente envolvido, sereno, e nem um pouco inclinado a me colocar à parte. Sempre fiz tudo o que precisava ser feito, em geral com sucesso. Talvez isso seja assim porque quando atuo como advogado sou capaz de parar de pensar em mim mesmo. Uma das razões de eu gostar da prática do direito pode ser simplesmente porque você não precisa levar as coisas para o nível pessoal.

376

ENTREVISTADOR

E sua vida emocional?

BEGLEY

Pensei que estávamos falando da minha vida emocional. Porém, mesmo na minha vida pessoal, não sou sempre um zumbi. De alguma forma, consegui um amor profundo e feliz por Anka, minha segunda esposa — estamos casados há quase vinte e oito anos —, e tenho um relacionamento muito próximo e amoroso com os três filhos do meu primeiro casamento, bem como com meus dois enteados.

ENTREVISTADOR

Isso com todo o efeito incapacitante da guerra.

BEGLEY

Talvez não soe tanto como um efeito. E certamente não foi "incapacitante" no que concerne a eu me arranjar na vida. Mas posso lhe assegurar que o sentimento de ser diferente, de não conseguir chegar perto das pessoas, teve um peso muito grande sobre mim. Você também pode se perguntar por que eu haveria de ficar incapacitado num nível maior. Se me comparar com outros garotos judeus que sobreviveram à guerra na Polônia, nada de muito grave aconteceu comigo. Nunca estive num gueto ou num campo de concentração. Não levei surras. Nunca fui separado da minha mãe. Quando fiquei doente, nunca foi nada pior do que as doenças normais de criança, talvez um pouco agravadas pela vida confinada que eu levava e pela falta de cuidados médicos apropriados.

ENTREVISTADOR

Mas o senhor levou um tiro...

BEGLEY

Você está se referindo às aventuras do pequeno Maciek, em *Infância de mentira*. Como tenho repetido vezes e mais vezes, *Infância de mentira* não é minha autobiografia. O que eu tentei passar é que minhas feridas de guerra foram psicológicas: temer pela minha vida, imaginar como seria ser torturado, negar minha identidade, mentir e ter vergonha das mentiras. Coisas muito piores poderiam ter me acontecido.

ENTREVISTADOR

Mas não é como se nada lhe tivesse acontecido, porque, deixando de lado os elementos autobiográficos contra os ficcionais do livro, certamente é preciso ter a premissa de que uma verdade, uma verdade narrativa, uma verdade biográfica que ressoa ao longo de todo o livro, é a necessidade de ocultar sua identidade. Isso foi algo que lhe aconteceu. O senhor foi caçado por ser quem era e então precisou criar uma identidade falsa. Até aí podemos afirmar, certo?

BEGLEY

Sim, e isso se liga ao que estávamos discutindo antes, minha decisão em Harvard de parar de escrever. Eu tinha forte relutância a expor o medo e a vergonha que senti durante a guerra mais do que já expusera, na forma de contos que eu escrevia e às vezes dava para garotas que eu cortejava. Não queria ser diferente. Queria muito ter uma vida normal e uma persona compreensível normal.

ENTREVISTADOR

Seu pai se reuniu a vocês após a guerra?

BEGLEY

Sim. Um reencontro desconcertante e jubiloso: esses são os

378

dois adjetivos que me vêm à cabeça em relação ao retorno do meu pai.

Veja, não havia nenhum motivo particular para acreditar que ele voltaria. Minha mãe ouvira rumores, o que agora eu recordo apenas vagamente, de que ele estava morto — talvez tivesse sido assassinado durante o recuo russo, talvez tivesse simplesmente morrido. Pensamos que ele podia ter sido mandado para um campo na Sibéria. Mas ele apareceu, muito vivo, na realidade com uma aparência ótima e bem-disposto. Não estivera na Sibéria e em nenhum tipo de campo. Tampouco num hospital da linha de frente. Ele passara aqueles anos na Rússia em Samarkand, praticando medicina. Não me lembro se foi num hospital civil ou militar.

Na época, para mim foi impossível não sentir inveja dele. Ele tivera tanta sorte. Além disso, havia o aspecto romântico de ele ter vivido na Ásia Menor, o que foi possibilitado pelo seu bigode e pelo uniforme do Exército soviético. Eu jamais o tinha visto de bigode. Como ele tinha conseguido voltar tão depressa para a Polônia — mal tinham se passado dois ou três meses desde o fim da guerra na Europa, talvez até menos — eu não me recordo, e não tenho certeza de algum dia ele ter me contado. Suponho que, quando percebeu que o front alemão estava ruindo e que o exército soviético ia empurrar os alemães para fora da Polônia, ele simplesmente veio, acompanhando o Exército Vermelho que avançava. Acho admirável que tenha conseguido, pois não era tão aventureiro. Você não diria que ele era calejado. Deve ter sido impulsionado por um instinto irresistível: como um salmão nadando rio acima.

Acrescentada ao desconcerto e júbilo inicial, havia a diferença entre a experiência dele da guerra e a minha e da minha mãe. Por mais que ele nos amasse, por mais que tentasse, parecia-me que ele não conseguia realmente entender o que se passara conosco. Hoje sei que não havia razão para ter entendido. Não era algo que um homem são e moral pudesse imaginar. Na época, não havia essa abundância de depoimentos de sobreviventes e testemunhas que, por assim dizer, popularizaram a vida sob a ocupação alemã: campos de concentração, o gueto, ter de se passar por ariano, e assim por diante.

ENTREVISTADOR

Impressionante. Então vocês decidiram ir para Paris?

BEGLEY

Não, minha mãe e meu pai decidiram. Eu era apenas a afortunada bagagem que eles carregaram junto. Deixamos Paris em fevereiro de 1947 para vir para os Estados Unidos. Minha mãe tinha um tio rico em Nova York. Ela deu um jeito de entrar em contato com ele. Ele nos enviou dinheiro e nos ajudou a conseguir vistos de entrada. Não tenho certeza de que esse tio tenha ficado muito empolgado com a nossa chegada. Mas ele fez a coisa necessária, decente.

ENTREVISTADOR

O senhor e Conrad, outro grande escritor nascido na Polônia, compartilham o fato de o inglês ser sua segunda língua. Quando foi que o senhor aprendeu inglês?

BEGLEY

Comecei a estudar inglês em Cracóvia, logo depois que a guerra terminou, com um professor particular. Ele e seus sucessores devem ter me ensinado bem, porque na época em que cheguei na Erasmus Hall, que é a escola de ensino médio onde acabei estudando no Brooklyn, eu falava e escrevia inglês corretamente. Na verdade, durante o meu último ano na Erasmus Hall, em

1950, ganhei um concurso municipal de contos organizado pela Universidade de Nova York.

ENTREVISTADOR

Como isso afeta seu estilo? Como é ter chegado tão tarde a uma língua e desenvolvido um estilo próprio?

BEGLEY

Acho que tenho menos segurança quando escrevo em inglês do que teria se escrevesse na minha primeira língua. Tenho de experimentar cada oração repetidas vezes para me assegurar de que está certa, de que não introduzi algum elemento que não seja inglês.

ENTREVISTADOR

Talvez seja isso que o torne tão lapidar?

BEGLEY

Sim, ou pode ser a falta de espontaneidade que me caracteriza sob todos os aspectos.

ENTREVISTADOR

Por que o senhor escolheu Dante como seu guia em *Infância de mentira*?

BEGLEY

Às vezes eu achava que ia sufocar enquanto escrevia o livro. Eu precisava de alívio, de algum jeito de sofrer menos. Adoro *A divina comédia*, então meus pensamentos se voltaram para Dante, como para um amigo. E também, paradoxalmente, o sistema penitenciário que Dante criou explicava e justificava analogias elaboradas sobre as quais eu podia me apoiar. Acho que as minhas digressões sobre o Inferno me possibilitaram mover minha história para um nível moral diferente, talvez mais elevado.

ENTREVISTADOR

Escrever *Infância de mentira* foi fácil?

BEGLEY

Fácil? Não sei. Duvido muito. Chorei muitas vezes enquanto escrevia.

ENTREVISTADOR

Quem são seus modelos literários, suas fontes de inspiração?

BEGLEY

Não tenho modelos. Não creio que meu trabalho seja inspirado em nenhum dos escritores que admiro.

ENTREVISTADOR

Mas seguramente há um gênero ou período que o senhor admira, que de algum modo tenha sido sugado para seu trabalho.

BEGLEY

Essa é uma pergunta bem diferente. Há muitos romancistas que admiro. Alguns deles eu admiro apaixonadamente. A lista, se eu fosse fazer uma, não seria muito original. Proust, Flaubert, Stendhal e Balzac estariam no topo entre os escritores franceses; entre os autores que escrevem em inglês, seguramente Conrad, Henry James, Trollope, Dickens, Melville, F. Scott Fitzgerald, Anthony Powell e, sim, Hemingway e Waugh; tanto Dostoiévski como Tolstói; Kafka, e Thomas Mann, e Thomas Bernhard, quando penso em escritores que escrevem em alemão; Witold Gombrowicz, o genial escritor polonês. Aí há romances — em contraposição a um obra inteira — que significaram muito para mim. *A princesa de Cléves*, de Madame de La Fayette; *Le monde désert* e *Hécate*, de Pierre-Jean Jouve. É impossível ler e reler esses autores sem aprender com eles. Talvez você se refira a aprender com outro escritor quando fala em algo que possa ter sido "sugado" para o meu trabalho. Mas o fato de eu achar que *Em busca do tempo perdido* é o maior romance já escrito não se traduz em eu tentar escrever como Proust, para dar um exemplo óbvio.

Na verdade, Proust, assim como James, me ensinou acerca da distância entre o que se passa ostensivamente num romance — e na vida — e a ação mais importante que ocorre sem ser vista, e acerca dos mistérios da memória. Tomando outros exemplos, eu sem dúvida me enriqueci pela forma como Powell maneja os diálogos. Kafka, Gombrowicz e Bernhard são particularmente instrutivos no que se refere a fazer uso da intoxicante liberdade do romancista: a habilidade de ordenar o que acontece num romance exatamente da forma como você deseja, de impor seu ponto de vista.

Suponho que deva mencionar que, quando escrevi *Infância de mentira* e tentava arduamente manter minha voz no tom que eu achava que a história cabia, com frequência me vinha à cabeça *A princesa de Cléves*, junto com *A divina comédia*. É claro que não porque as aventuras de Tania e Maciek tivessem algo a ver com os episódios na corte de Henrique II, mas porque fui seduzido pela castidade da narrativa de Madame de La Fayette e pensei que deveria tentar algo análogo nas circunstâncias absolutamente distintas dos meus personagens. De maneira similar, a velocidade da narrativa de Jouve, sua ousadia — em *Le monde désert* ele simplesmente deixa de fora da história qualquer coisa que não lhe interesse — e a notável mistura de crueldade e delicadeza com a qual ele considera seus três personagens principais, Jacques de Todi, Pascal e Baladine, me incentivaram quando eu estava escrevendo *O homem que se atrasava*. Eu reconheço essa dívida no meu romance pelas referências que faço à obra de Jouve.

ENTREVISTADOR

Após *Infância de mentira*, seus romances parecem bem diferentes, e poderiam ser chamados de "romances da vida doméstica", pelo fato de tratarem de casamentos e casos amorosos, filhos e pais, amigos e sócios nos negócios. O que provocou essa mudança radical de perspectiva?

BEGLEY

O que realmente me surpreendeu após *Infância de mentira* foram as expectativas de certas pessoas de que eu continuaria a escrever o mesmo tipo de livro. Como é possível? Se *Infância de mentira* fosse uma autobiografia, o que não era, eu poderia ter escrito outra autobiografia cobrindo o mesmo período da minha vida? Eu tinha seis anos quando a guerra estourou, e onze quando acabou. Escritores como eu escrevem romances sobre suas experiências. Este é seu único capital. Quanta experiência pode uma criança de seis anos acumular? Certamente não o bastante para criar todo um universo de romance e calcar-se nele livro após livro. Agora eu tenho um universo desses. Consiste nas experiências que acumulei na minha mais longa e mais rica vida americana.

ENTREVISTADOR

Como o senhor explica o fato de que, embora tenha se tornado escritor relativamente tarde na vida, agora escreve livros com regularidade?

BEGLEY

Acho que para mim foi necessário escrever primeiro *Infância de mentira*. Com frequência tenho sido indagado se teria sido uma maneira de exorcizar meus demônios. Não foi; os demônios ainda estão aí me atormentando, especialmente quando sonho. Seria mais preciso dizer que escrevi o livro para tratar de situações pendentes. Não creio que teria escrito sobre outros assuntos, derivados da minha vida americana, sem ter primeiro lidado com a questão da Polônia.

ENTREVISTADOR

O senhor ficou infeliz por não ter escrito nada entre a faculdade e 1989, cerca de trinta e cinco anos?

BEGLEY

Não, fiquei infeliz por uns dois meses por ter desistido do curso de redação criativa de Guerard, de tê-lo abandonado no meio do semestre, por sentir que não podia nem devia prosseguir. Eu nunca fizera uma coisa dessa antes e jamais voltei a fazer.

ENTREVISTADOR

Como o senhor equilibra escrever com seu trabalho como advogado?

BEGLEY

Não equilibro. Meu trabalho como advogado e meu trabalho como escritor coexistem. Pratico direito durante a semana e me dedico a escrever nos fins de semana e feriados, se não for interrompido por algum trabalho do escritório. Naturalmente, tive de desistir de dar minhas cochiladas, de ir ao cinema, mesmo quando há algum filme que eu queira muito ver, e, o que dói mais, de ler tanto quanto gostaria.

ENTREVISTADOR

O senhor escreve muito depressa?

385

BEGLEY

Num dia bom consigo fazer de cinco a seis páginas. Isso é depressa? Num dia medíocre posso fazer três páginas. Num dia ruim, com muita sorte, faço uma.

ENTREVISTADOR

O senhor revisa?

BEGLEY

Reviso incessantemente a primeira versão, do começo ao fim, porque não consigo ir adiante a menos que me sinta à vontade com o que já escrevi. Faço isso no laptop. Aí, quando julgo ter um texto limpo na tela, imprimo e corrijo o texto impresso. Minha secretária faz as alterações, e eu começo a revisar novamente.

ENTREVISTADOR

O senhor fica empacado às vezes?

BEGLEY

Claro que sim. Pelo fato de interromper o que escrevo tão constantemente para cuidar do trabalho de advocacia, às vezes perco o fio da história ou a sensação de excitamento que estava me impulsionando para a frente. O remédio em geral é reescrever parte do que eu já tinha feito. Ou, se meu gás acabar no meio de um dia em que estou escrevendo, deito e durmo meia hora.

ENTREVISTADOR

Quando o senhor termina um livro, a ideia para o livro seguinte se apresenta de imediato?

BEGLEY

Tem acontecido desse jeito, sim.

ENTREVISTADOR

Ao começar um livro, o senhor o tem todo na cabeça de antemão?

BEGLEY

Eu tenho uma imagem bastante clara do protagonista e da situação em que ele está enredado. Sei também como essa situação vai se resolver, que é outra maneira de dizer que eu sei como será o final. Não entro no meu barquinho para atravessar o oceano sem uma bússola e um quadrante. Talvez eu deva ser mais claro. Quando penso em iniciar um romance, não tenho em mente temas gerais que quero discutir. E não preparo um esboço da trama. O ponto de partida é, em vez disso, o protagonista e a situação que ele vive. É por isso que sei como a história deve começar e também o final. O que vem no meio é o trabalho duro da invenção. É aí que eu invento, palavra por palavra, sentença por sentença, usando como material minhas observações e a experiência de pessoas no meio em que tenho vivido, suas muitas paisagens, os incidentes que me conduzem até a linha de chegada e me permitem cruzá-la.

ENTREVISTADOR

Falando em barcos, em *Despedida em Veneza* o senhor sabia desde o início como o livro ia terminar?

BEGLEY

Sim. Eu sabia a estrutura do livro e o final, embora — como acontece em cada um dos meus romances, inclusive *Infância de mentira* — não estivesse totalmente claro para mim como ia percorrer o caminho desde o início — que eu conhecia — até o fim, que também era conhecido.

ENTREVISTADOR

O senhor sabia, ao começar, a forte imagem do que acontece na última cena?

BEGLEY

No clube marítimo? Sim. Eu queria colocar aquela construção extraordinária no meu romance, e sabia que observar o prédio com os esquifes de corrida faria um homem como Mistler pensar em como pegar um barco de um remador e remar com toda a força para dentro da noite e da perdição.

ENTREVISTADOR

Em *O homem que se atrasava*, o senhor sempre teve a cena final da ponte como sua visão de que Ben ia acabar consigo mesmo?

BEGLEY

Ah, sim, sem sombra de dúvida. Pensei na história que viria a se tornar *O homem que se atrasava* por muitos anos antes de escrevê-la. Na época que eu ainda não escrevia romances, nem sequer planejava escrever, às vezes inventava histórias e ficava carregando na minha cabeça. A história de Ben é uma delas. Ela tem sua origem numa experiência relacionada com Genebra, uma experiência que me deixou desesperadamente infeliz. Lembro-me de atravessar a ponte caminhando e pensar como seria conveniente se eu me matasse bem ali — se eu tivesse certeza de que funcionaria. Não que eu tivesse alguma intenção de saltar — nunca quis cometer suicídio —, mas achei irreprimível a ideia de que, se eu resolvesse dar um fim ao meu sofrimento, tinha aquele meio à mão. Então sabia o fim da história de Ben.

ENTREVISTADOR

Ben cai numa *herse*. É a última palavra do livro, uma palavra bastante incomum.

BEGLEY

Herse é outra palavra para rastelo. Eu estava pensando no gerador de eletricidade no Pont de la Machine, no Rhône, como sendo uma *herse* — um rastelo — e que os dentes rasgariam a carne de Ben quando caísse sobre ele. Aí há uma ligeira conexão com *Na colônia penal.*

ENTREVISTADOR

O senhor fez uma brincadeira com seus leitores para que fossem procurar a palavra no dicionário?

BEGLEY

Não. Eu conhecia a palavra. Eu a considero uma palavra linda. Não me parecia que rastelo fosse assim bonita. Nunca me passou pela cabeça que estivesse mandando os leitores para o dicionário. Escrevi *herse* com toda a inocência.

ENTREVISTADOR

E Véronique, de *O homem que se atrasava?* Ela tem algum modelo na vida real?

BEGLEY

Ela é uma mistura de várias mulheres. Não é nenhuma pessoa em particular; eu jamais, nem mesmo para criar um personagem sem importância, copiei alguma pessoa conhecida.

ENTREVISTADOR

Ela faz coisas que o surpreendem?

BEGLEY

Ah, sem dúvida.

ENTREVISTADOR

O senhor ficou surpreso, por exemplo, por ela estar sentada num avião, ser molestada e ir para cama com o sujeito terrível que a molestou?

BEGLEY

Não. Isso não me surpreendeu.

ENTREVISTADOR

Por que aconteceu de verdade?

BEGLEY

Vamos dizer simplesmente que essa sequência de acontecimentos não me surpreendeu.

ENTREVISTADOR

Não conheço escritores que escrevam sobre sexo melhor do que o senhor.

BEGLEY

Obrigado. Eu gosto de fazer isso.

ENTREVISTADOR

Por que os escritores têm dificuldade em escrever sobre essas coisas?

BEGLEY

Suponho que seja por inibição. Parto do princípio de que eles sabem escrever. Se sabem, mas não conseguem escrever sobre sexo, é porque nunca superaram sua educação puritana — o tipo de educação que eu não tive. Ajuda o fato de que, quando estou no estado de espírito certo, eu digo — e escrevo — qualquer coisa que me venha à cabeça.

ENTREVISTADOR

Creio que é a franqueza que torna tudo tão sexy.

BEGLEY

Pode ser. Concordo que essas cenas são boas. Não tenho vergonha de admitir que algumas vezes me senti excitado com minha própria descrição do sexo.

ENTREVISTADOR

Como o senhor compararia seus últimos quatro livros, em termos de tom? Quer dizer, eles compartilham alguma linguagem? Têm alguma característica "begleyana"?

BEGLEY

Acho que eles têm um elemento unificador, que sou eu!

ENTREVISTADOR

Em que ordem o senhor classifica seus romances?

BEGLEY

Em termos de mérito? Procuro evitar fazer isso. É como dizer a alguém qual é o filho que você mais ama, que é uma coisa que nunca se deve fazer. Posso lhe falar da minha relação com meus livros, que é algo diferente.

ENTREVISTADOR

Qual é sua relação com eles?

BEGLEY

Sob alguns aspectos, acho que estou mais distante de *Infância de mentira*. Para mim foi muito difícil escrever esse romance e ainda é muito difícil pensar nele. Ele existe como um livro em fita gravada, que eu não sou capaz de escutar.

Eu me sinto muito próximo de *O homem que se atrasava*. Eu me dei bastante liberdade nesse livro, mais do que em qualquer outro que tenha escrito, com a possível exceção do meu romance mais recente, *Schmidt libertado*.

ENTREVISTADOR

O homem que se atrasava foi o livro que veio depois de *Infância de mentira*.

BEGLEY

Sim. Após aquela história "casta", eu queria muito escrever um livro patife, e acho que consegui.

ENTREVISTADOR

O que o senhor quer dizer com "patife"?

BEGLEY

Talvez a palavra esteja errada. Escrevi *O homem que se atrasava* ressentindo-me amargamente do que havia acontecido com o protagonista, Ben, meu coração inundado de amor por Véronique, a mulher que Ben ama, mas não o suficiente, ou, em todo caso, com audácia suficiente. Eu não quis ser complacente com ninguém, nem por um instante. Nem Jack, o decente e arrogante típico americano, nem suas relações, tão seguras em suas vidas privilegiadas, nem Rachel, a herdeira de Boston devoradora de homens. Dessa vez, pensei, vou dizer em voz alta o que andei sussurrando.

ENTREVISTADOR

E os romances seguintes?

BEGLEY

O olhar de Max, Sobre Schmidt, Despedida em Veneza e *Schmidt libertado*, cada um trata de uma situação conflituosa muito importante para mim. Acho que eles deram certo. Quando leio passagens em turnês literárias e ocasiões similares, ou quando reviso traduções, percebo que não fico constrangido. Na verdade, tenho muito prazer nisso.

ENTREVISTADOR

Estou curioso acerca do protagonista que dá o título a seu romance mais recente, *Schmidt libertado*. O senhor tem um jeito simpático de escrever sobre personagens que não são simpáticos — e fazer seus leitores se importarem com eles — que me intriga. Indiscutivelmente, Schmidt é um mau caráter, que trai a esposa, envolve-se com uma garçonete local décadas mais nova, tem problemas com sua única filha — e no entanto é capaz de despertar sentimentos calorosos no leitor. Isso é verdade em muitos dos seus personagens, que passam pela vida com uma frágil e defensiva couraça de emoções — estou pensando em Ben, em *O homem que se atrasava*, em Mistler, em Schmidt. Como o senhor consegue essa proeza?

BEGLEY

Discordo da sua caracterização dos meus personagens como indignos de simpatia, e certamente não acho que Schmidt seja um mau caráter. Sim, ele foi infiel à esposa. O mesmo ocorre com a maioria dos homens que conheço. Eu poderia acrescentar que não creio conhecer muitas esposas que ocasionalmente — senão sistematicamente — não sejam infiéis ao marido. Por que o adultério ocasional de Schmidt, em relação ao qual ele tem tentado arduamente manter-se discreto, faria dele um mau caráter? Isso o torna igual às outras pessoas. E o que há de errado em se envolver, após a morte da esposa, com uma garçonete local décadas mais nova? Ele não está seduzindo uma menor. É a moça que vai atrás dele.

Schmidt, na verdade, é claramente um cavalheiro. Um cavalheiro que, como a maioria, se comportou mal algumas vezes. Eu traio a confiança dele o suficiente para revelar três exemplos de tal comportamento em *Schmidt libertado*. O juízo que Schmidt faz dessas situações e de si mesmo é severo. Não existe autopiedade, nem ocultar-se atrás de desculpas fáceis.

Quanto aos problemas de Schmidt com sua filha Charlotte, são todos por causa dele? Eu não pensaria isso. Ele pode não ser especialmente hábil como pai, mas ela não é uma filha provocadora e ingrata?

É claro que eu tenho simpatia por meus personagens principais. Eles são pessoas complexas, imperfeitas e inteligentes. Eu me reconheço neles, e o mesmo se passa com meus leitores. Induzir a esse tipo de reconhecimento não é o meio clássico e recomendado de despertar simpatia, os sentimentos calorosos que você mencionou?

Aliás, eu penso nos leitores e críticos profissionais que ficam incomodados com o fato de o protagonista de um romance ser "desagradável". Vamos deixar de lado a questão de Ben, Max, Charlie Swan, Mistler ou Schmidt serem ou não desagradáveis. A questão mais importante é: por que não haveriam de ser desagradáveis? Nunca pensei que bacana ou agradável fossem adjetivos que eu devesse me preocupar em encaixar em personagens literários e depois usar essa qualificação como teste da qualidade do romance. Vamos ver se você discorda: tomemos o narrador, Barão de Charlus, ou qualquer outro personagem principal — com exceção da mãe e da avó — em *Em busca do tempo perdido*; Kate Croy em *As asas da pomba*; Joseph K. em *O processo*; Vautrin em *Esplendores e misérias das cortesãs* e outros romances de Balzac em que ele aparece; Ahab em *Moby Dick*; o narrador anônimo em *Memórias do subsolo* — seguramente a fonte da qual flui toda ficção moderna séria; ou, sob esse aspecto, Vronsky e

Anna Kariênina, de Tolstói. Eles estão bem perto de serem "desagradáveis".

Os personagens principais nos romances ingleses vitorianos estão numa categoria diferente. Eles são o produto de certo tipo de sociedade e de suas expectativas especiais.

ENTREVISTADOR

O senhor não me disse muito sobre Ben ou Mistler. Agora, certamente cobriu Schmidt!

BEGLEY

É porque você me provocou, obrigando-me a um discurso longo. Na verdade, eu gostaria de falar dos meus outros personagens.

Vou começar por Ben. Francamente, acho difícil compreender por que alguém haveria de considerá-lo "desagradável" ou difícil de simpatizar. Como é que ele é de verdade? Para começar, é um refugiado do Leste Europeu da Segunda Guerra, bastante jovem para a faculdade, mas que no entanto se encontra em Harvard no começo dos anos 50, numa situação difícil. Seu preparo acadêmico é inadequado. Seu preparo social é próximo de zero. Não descobrimos o que se passou com ele durante a guerra, mas não pode ter sido algo bom. Ele sabe que não teve a infância que devia ter tido para se sentir à vontade no mundo de seus colegas de classe. Férias, barcos a vela, ausência de preocupações, pais felizes sempre prontos a dar apoio, tias e tios, amizade com outras crianças que também acabariam indo para Harvard, um senso de pertencer ao lugar onde está, como que de direito — tudo isso lhe falta. É tarde demais para recuperar o tempo perdido. Em vez de memórias felizes, ele tem memórias que o aterrorizam, que ele gostaria de trancar para sempre, por trás de um portão de bronze, como ele diz. Bem no início de sua carreira universitária, porém, ele é iniciado nos mistérios de um mundo que ele observava com inveja, o nariz pressionando a vidraça. Por sorte ou infelicidade, ele tem um caso com uma mulher mais velha — uma mulher rica e boa de Boston — que ficara viúva, com duas filhas. Ela o prefere aos homens que ele inveja. Ele se casa com ela.

É claro que Ben supera as expectativas e consegue começar uma carreira apropriada para a situação de vida dela, se não dele. E, maravilha das maravilhas — lembre-se de que estamos na segunda metade da década de 50, antes de essas coisas se tornarem corriqueiras —, esse judeuzinho da Europa Oriental muito inteligente vai trabalhar para um banco de investimentos de alta classe e consegue se encaixar. Isso faz com que Ben e Rachel, sua esposa, vivam felizes para sempre? Certamente não. Executando uma daquelas operações quase rituais nos anos 60 — uma mulher que se respeita precisa se divorciar para mostrar que está com tudo —, ela o dispensa, partindo seu coração. Mas é tarde demais para brecar Ben. Ele se torna sócio do banco de investimentos, muda-se de Central Park West para Paris, onde vai dirigir o escritório da empresa, circula pelo mundo, ao mesmo tempo que começa a ter uma espécie de colapso nervoso. O problema existencial — sua sensação de que é tarde demais, que seus sucessos, sua compreensão de si mesmo, chegaram tarde demais para ter algum proveito para ele, para seus pais, ou mesmo para a mulher com quem se casou — é muito agudo. Aí ele conhece Véronique e se apaixona por ela. Há algo muito louco nessa jovem mulher. Ela o apavora. Ele tem medo do compromisso e da imperfeição, nela e nele. A história dos dois termina mal.

Por que alguém haveria de não gostar de Ben? Realmente não sei, mas uma ou duas resenhas mais ou menos negativas na imprensa americana e algumas críticas mal-intencionadas nos jornais ingleses podem fornecer uma resposta parcial. Esses resenhistas se prenderam ao fato de Ben frequentar restaurantes finos, escolher vinhos caros, ficar em hotéis de primeira classe e vestir roupas feitas sob medida. Em outras palavras, no seu estilo — ou, se preferir, no seu alto padrão de vida. E também sua maneira fria e desagradável de encarar o sexo — e minhas descrições de sexo. Quanto ao "alto padrão de vida", o que esses críticos não enxergam é que Ben não se vangloria de prazeres e confortos materiais. Eles são como uma caveira que um eremita mantém diante dos olhos, para recordá-lo de toda a vaidade e do pó, de sua mortalidade. Isso porque, por mais bem-sucedido que seja, Ben não conseguiu a única coisa que deseja: ser capaz de amar e de ser amado em troca, de romper sua assustadora solidão. Portanto, todos os enfeites materiais de seu sucesso servem como lembrete amargo de seu fracasso, e essa é a intenção. E as minhas descrições de sexo? Para mim o impulso sexual é importantíssimo. Por várias razões. Entre elas, a possibilidade de romper a solidão e obter uma forma de comunicação especial com outro ser humano.

Devo acrescentar que, de modo geral, a resposta da crítica a *O homem que se atrasava* nos Estados Unidos, na França e na Alemanha, e até mesmo na Inglaterra, foi positiva.

ENTREVISTADOR

Isso significa que o senhor se curvaria à desaprovação da crítica e faria um futuro Ben frequentar restaurantes menos sofisticados?

BEGLEY

Não, eu não escrevo olhando por cima do ombro para ver o que o crítico X ou Y diz.

Vamos voltar ao personagem principal de *O olhar de Max*. Há o narrador, Max: um professor da escola de direito de Harvard, bem-intencionado, academicamente brilhante, porém um pouco atrapalhado. Eu o descrevo de maneira acurada e faço dele uma pessoa real. Aos tropeços, ele vai abrindo caminho através do romance e cresce ao ver o que se passa no mundo à sua volta, principalmente o trágico caso amoroso entre seu demiúrgico colega de classe Charlie Swan e um lindo rapaz chamado Toby. Charlie Swan, de longe mais impressionante que Max, é uma torrente de homem: violento e gentil, sarcástico e humilde, tortuoso e brutalmente honesto. Charlie é "bacana"? Não, não é. É uma pessoa por quem você não teria simpatia? Não, a menos que haja algo de fundamentalmente errado com você. Se você for como eu, será amigo dele.

Isso nos leva ao senhor Thomas Mistler, o protagonista de *Despedida em Veneza*. Ele fica sabendo que vai morrer em breve de câncer no fígado e decide que, antes de entrar na "zona de guerra", vai tirar uma semana ou dez dias de folga — em Veneza, a cidade onde nada o irrita — sem sua esposa e seu único filho. Uma vez na cidade, divide seu tempo entre cuidar de uma questão de negócios pendente e examinar sua consciência. O problema comercial envolve uma negociação por parte de Mistler. Será que isso faz dele um patife desprezível? Ele é o primeiro a olhar para si mesmo e, na verdade, se estivesse se conduzindo com seu habitual pudor, creio que teria se comportado melhor. Ele também tem um caso de quatro ou cinco noites com uma mulher que foi atrás dele de Nova York até Veneza, e um encontro com uma antiga paixão. Ambas as situações têm alta carga sexual, mas refletem o tipo de repulsa pela vida e por si mesmo que seria de esperar que um homem como Mistler, na situação dele, sentisse. Mas o mais importante para Mistler e para mim é que ele tenta desesperadamente se entender com seu filho único. De modo geral, será que Mistler é desagradável, indigno de simpatia? Não creio que o julgaria assim se tivesse a feliz oportunidade de conhecê-lo. É verdade que ele não é politicamente correto. Pensando nisso, nenhum dos meus personagens principais chega perto de atender a esse elevado padrão.

ENTREVISTADOR

E quanto a *Schmidt libertado*? Basta dizer que o título se justifica no final. Não vamos dizer de quem ou do quê...

BEGLEY

Precisamente.

ENTREVISTADOR

Quais são as qualidades a se procurar num escritor?

BEGLEY

Em primeiro lugar, deve haver amor pelas palavras, um senso do que é uma boa sentença, de como construir uma boa sentença. Aí, suponho, vem algo que chamarei de inteligência literária, o que não significa que você seja a pessoa mais brilhante do mundo. Significa saber contar uma história. Como ela começa e como termina. Que tipo de coisa pode ser feita ao longo dela.

ENTREVISTADOR

Disciplina?

BEGLEY

Claro. Não existe isso de criação literária sem trabalho árduo.

ENTREVISTADOR

Atuar na área de direito ajuda, não ajuda?

BEGLEY

Acho que sim.

ENTREVISTADOR

Imagino que o senhor não se arrependa de ter se tornado advogado.

BEGLEY

Nunca me arrependi da minha vida de advogado, na verdade sempre adorei. O único problema em ser advogado é que seu trabalho parece nunca acabar. O resultado é que minha vida como advogado e — uma vez que também comecei a escrever, em meados de 1989 — romancista tem sido bastante difícil.

ENTREVISTADOR

O senhor gostaria de ser escritor em tempo integral?

BEGLEY

Suponho que sim, e que, num futuro não muito distante, vou acabar sendo. Todos os colegas de advocacia da minha época parecem ter se aposentado, além de muitos advogados mais jovens que costumava ver ao meu redor, alguns deles na verdade meus sócios. A hora de seguir o exemplo deles pode estar chegando.

ENTREVISTADOR

Um presente para a literatura!

BEGLEY

Isso depende inteiramente de ainda haver água no poço. Nunca se sabe.

ENTREVISTADOR

Quanta água há no poço agora?

BEGLEY

Neste momento? Não sei. Estou terminando um romance — seria mais exato dizer que estou terminando a primeira versão de algo que espero que me pareça um romance quando tiver acabado de escrever a última página e o tiver relido do começo ao fim. Tanto o presente como o futuro ficarão mais claros depois de eu ter feito esse julgamento.

Salman Rushdie

Salman Rushdie nasceu em Bombaim em 1947, às vésperas da independência da Índia. Foi educado ali e na Inglaterra, onde passou as primeiras décadas de sua vida de escritor. Atualmente, Rushdie vive em Nova York, onde esta entrevista foi realizada em várias sessões ao longo do ano passado. Por coincidência, a segunda conversa ocorreu no Dia dos Namorados* de 2005, no 16º aniversário da *fatwa* do aiatolá Khomeini contra Rushdie, proclamando-o apóstata por escrever *Os versos satânicos* e sentenciando-o à morte pela lei islâmica. Em 1998, o presidente do Irã, Mohammed Khatami, revogou a *fatwa*, e agora Rushdie insiste que o perigo passou. Porém os adeptos da linha dura no islã consideram as *fatwas* irrevogáveis, e o endereço de Rushdie permanece desconhecido.

Para um homem que provocou tanto furor, que tem sido louvado e acusado, ameaçado e festejado, queimado em efígie e

---

* Nos Estados Unidos, 14 de fevereiro. (N. T.)

considerado ícone da livre expressão, Rushdie é surpreendentemente cândido e sereno — nem uma vítima caçada, nem um flagelo. Bem barbeado, trajando jeans e malha, ele na verdade parece uma versão mais jovem do homem condenado que encarava seus acusadores no famoso retrato de Richard Avedon, feito em 1995. "Minha família não suporta esse retrato", ele disse, dando risada. Então, indagado sobre onde o retrato está guardado, deu um sorriso sem graça e respondeu: "Na parede".

Quando está trabalhando, disse Rushdie, "é bastante incomum eu sair durante o dia". Mas no final do ano passado ele entregou os originais de *Shalimar, o equilibrista*, seu nono romance, e ainda não começou um projeto novo. Embora alegasse ter esgotado seus recursos para terminar o livro, pareceu ganhar energia à medida que ia falando sobre seu passado, suas obras, sua política. Ao conversar, Rushdie executa as mesmas acrobacias mentais que são encontradas na sua ficção — sinuosas digressões que podem tocar diversos continentes e épocas históricas antes de retornar ao ponto de origem.

A *fatwa* assegurou que o nome Salman Rushdie se tornasse conhecido ao redor do mundo mais do que o de qualquer outro romancista vivo. Porém, sua reputação como escritor não chegou a ser eclipsada pelas investidas políticas. Em 1993, ele recebeu o "Booker dos Bookers" — uma medalha homenageando seu romance *Os filhos da meia-noite* como o melhor livro a ganhar o Man Booker Prize desde que fora instituído, vinte e cinco anos antes —, e ele é hoje o presidente do PEN-American Center. Além de seus romances, é autor de cinco volumes de não ficção, e de uma coletânea de contos curtos. No Dia dos Namorados, enquanto ele se arrumava numa cadeira estofada, caía uma neve fina, e a chaminé de um incinerador de um prédio a algumas quadras a leste lançava uma coluna de fumaça preta no céu. Rushdie bebeu um pouco de água e falou sobre achar o presente certo para sua esposa antes de as perguntas começarem.

— *Jack Livings, 2005*

ENTREVISTADOR

Quando o senhor escreve, pensa em quem vai ler o livro?

SALMAN RUSHDIE

Na verdade, não sei. Quando era jovem, eu costumava dizer: "Não, eu sou apenas servo do trabalho".

ENTREVISTADOR

Isso é nobre.

RUSHDIE

Nobre demais. Tenho me interessado mais pela clareza como virtude, estou menos interessado nas virtudes da dificuldade. Suponho que isso signifique que tenho, sim, um senso mais claro de como as pessoas leem, o que, imagino, foi criado em parte pelo meu conhecimento de como as pessoas leram o que escrevi até agora. Não gosto de livros que buscam simplesmente agradar as pessoas, mas tenho ficado cada vez mais compenetrado em contar uma história da forma mais clara e envolvente possível. Então, foi isso que pensei no começo, quando escrevi *Os filhos da meia--noite*. Achei estranho que a narração de histórias e a literatura tivessem seguido caminhos separados. Parecia desnecessário essa separação ter ocorrido. Uma história não precisa ser simples, não precisa ser unidimensional, mas, especialmente se for multidimensional, é preciso encontrar a forma mais clara, mais envolvente, de contá-la.

Uma das coisas que, para mim, se tornou meu tema mais evidente é a maneira como as histórias de qualquer lugar são também as histórias de todo lugar. Até certo ponto, eu já sabia disso, porque Bombaim, onde cresci, era uma cidade em que o Ocidente estava totalmente misturado com o Oriente. Os acidentes da minha vida deram-me a capacidade de fazer histórias em que diferentes partes do mundo são reunidas, às vezes harmonicamente, às vezes de forma conflitante, e às vezes as duas coisas — em geral as duas coisas. A dificuldade nessas histórias é que se você escreve sobre todo lugar pode acabar escrevendo sobre lugar nenhum. É um problema que o autor que escreve sobre um único lugar não precisa enfrentar. Esses autores têm outros problemas, mas isso que um Faulkner ou um Welty tem — um pedaço de terra que conhecem tão profundamente e ao qual pertencem tão completamente que podem escavá-lo a vida inteira e jamais esgotá-lo —, eu admiro isso, mas não é o que eu quero fazer.

ENTREVISTADOR
Como o senhor descreveria o que faz?

RUSHDIE
Minha vida me deu esse outro tema: mundos em colisão. Como você faz as pessoas ver que a história de cada um é hoje uma parte da história de todas as outras pessoas? Uma coisa é dizer isso, mas como pode-se fazer um leitor sentir que essa é sua experiência de vida? Os três últimos romances foram tentativas de encontrar respostas a essas perguntas: *O chão que ela pisa*, *Fúria* e o novo *Shalimar, o equilibrista*, que começa e termina em Los Angeles, mas cuja parte do meio é na Caxemira, e um pouco na Estrasburgo ocupada pelos nazistas, e um pouco na Inglaterra dos anos 60. Em *Shalimar*, o personagem Max Ophüls é um herói da resistência durante a Segunda Guerra Mundial. A resistência, que nós pensamos como heroica, foi o que agora chamaríamos de insurgência em tempo de ocupação. Vivemos numa época em

que há outras insurgências que não chamamos de heroicas — que chamamos de terroristas. Eu não quis fazer julgamentos morais. Quis dizer: "Aquilo aconteceu naquela época, isto está acontecendo agora, esta história inclui ambas as coisas, veja como elas ficam quando estão juntas". Não acho que seja papel do romancista afirmar: "Eu quis dizer isso".

ENTREVISTADOR

O senhor precisa se conter para não dizer "Eu quis dizer isso"?

RUSHDIE

Não. Sou contra isso num romance. Se estou escrevendo um artigo opinativo, é diferente. Mas eu acredito que você prejudica o romance instruindo o leitor. O personagem Shalimar, por exemplo, é um assassino nefasto. Você tem medo dele, mas em certos pontos — como a cena em que ele se solta do muro em San Quentin — você torce por ele. Eu queria que isso acontecesse, queria que as pessoas vissem como ele vê, sentissem como ele sente, em vez de presumirem que sabem que tipo de homem ele é. De todos os meus livros, esse foi aquele escrito mais completamente pelos personagens. Uma boa parte da concepção original precisou ser descartada, porque os personagens queriam ir em outra direção.

ENTREVISTADOR

A que está se referindo?

RUSHDIE

Ao escrever, de momento em momento as coisas aconteciam de um jeito que eu não havia previsto. Algo de estranho aconteceu no livro. Eu me senti totalmente possuído por essa gente, a ponto de me descobrir chorando por meus próprios personagens. Há um momento no livro em que o pai de Boonyi, o pandita Pyarelal, morre no pomar. Eu não aguentei. De repente me vi sentado à escrivaninha chorando. Pensei: "O que estou fazendo? É alguém que eu inventei". Então houve um momento quando estava escrevendo sobre a destruição da aldeia na Caxemira. Eu absolutamente não consegui suportar a ideia de escrever isso. Ficava sentado pensando: "Não posso escrever essas sentenças". Muitos escritores que tiveram de lidar com a questão da atrocidade não conseguem enfrentá-la abertamente. Nunca pensei que não suportaria a ideia de contar uma história — ela é tão terrível, não quero contá-la, será que pode acontecer outra coisa? E aí você pensa: "Ah, não pode acontecer outra coisa, o que acontece é *isso*.

ENTREVISTADOR
A Caxemira é território familiar para o senhor.

RUSHDIE
Minha família é originalmente da Caxemira, e até agora nunca assumi isso de verdade. O início de *Os filhos da meia-noite* se passa na Caxemira, e *Haroun e o mar de histórias* é um conto de fadas na Caxemira, mas na minha ficção eu nunca incluí a Caxemira propriamente dita. O ano da explosão real na Caxemira, 1989, foi também o ano em que houve uma explosão na minha vida. Então eu me dispersei e.... Aliás, hoje é o aniversário da *fatwa*. O Dia dos Namorados não é minha data do ano favorita, o que deixa minha esposa muito aborrecida. Em todo caso, *Shalimar* foi uma espécie de tentativa de escrever um *Paraíso perdido* da Caxemira. Só que *Paraíso perdido* trata da queda do homem — o paraíso ainda está lá, só que fomos expulsos dele. *Shalimar* é sobre a destruição do paraíso. É como se Adão voltasse com bombas e mandasse o lugar pelos ares.

Nunca vi nenhum lugar do mundo tão lindo quanto a Caxemira. Tem algo a ver com o fato de que o vale é muito pequeno e as montanhas são muito grandes, então a gente tem esse campo em miniatura cercado pelo Himalaia, e é espetacular. E, é verdade, as pessoas são lindas, também. A Caxemira é bastante próspera. O solo é muito rico, as colheitas são abundantes. É uma exuberância, diferente da maior parte da Índia, onde há grande escassez. Mas é claro que agora tudo se foi e há muitos problemas. A principal atividade da Caxemira era o turismo. Não o turismo de estrangeiros, mas o turismo indiano. Se você observar os filmes indianos, toda vez que queriam um local exótico, havia um número de dança na Caxemira. Era a terra encantada da Índia. Os indianos iam lá porque num país quente você vai para lugares frios. As pessoas ficavam em transe pela visão da neve. Você via gente no aeroporto, onde há uma neve suja, lamacenta, acumulada dos dois lados das ruas, parada ali como se tivessem descoberto uma mina de diamantes. Havia a sensação de um lugar encantado. Agora tudo se foi, e mesmo que amanhã haja um tratado de paz, isso não vai voltar, porque a coisa foi destruída, e é sobre isso que eu tentei escrever, a cultura misturada, tolerante, da Caxemira. Depois que os hindus foram expulsos do jeito que foram e da forma como os muçulmanos foram radicalizados e atormentados, não é mais possível juntar isso de novo. Eu quis dizer: não é só uma história sobre um povo da montanha a cinco ou seis milhas de distância. É a nossa história, também.

ENTREVISTADOR

Estamos todos implicados nisso?

RUSHDIE

Eu quis assegurar nesse livro que a história fosse pessoal, não política. Quis que as pessoas lessem e criassem ligações íntimas, romanescas, com os personagens, e se fiz isso direito o livro não vai parecer didático, e as pessoas vão se preocupar com todos os personagens. Quis escrever um livro sem personagens secundários.

ENTREVISTADOR

O senhor tinha uma consciência aguda da política na Caxemira ao crescer?

RUSHDIE

Quando eu tinha no máximo doze anos, minha família fez uma viagem para a Caxemira. Havia belos passeios que podiam ser feitos de pônei subindo as montanhas, até as geleiras. Fomos todos — minhas irmãs, meus pais e eu —, e havia aldeias onde se podia passar a noite num albergue do governo, lugares muito simples. Quando chegamos ao nosso albergue minha mãe descobriu que o pônei que devia estar carregando toda a nossa comida não estava carregando nada. Ela tinha três crianças rebeldes consigo, de modo que mandou o sujeito dos pôneis até a aldeia para ver o que podia conseguir, e ele voltou dizendo: "Não há comida, não há nada para conseguir. Eles não têm nada". E ela disse: "O que você está querendo dizer? Não é possível que não haja nada. Deve haver alguns ovos — o que você está dizendo, *nada*?". Ele disse: "Não, não há nada". Então ela disse: "Bom, não podemos jantar, ninguém vai comer".

Meia hora depois, vimos uma procissão de meia dúzia de pessoas, subindo da aldeia, trazendo comida. O chefe da aldeia veio até nós e disse: "Quero me desculpar com vocês, porque, quando dissemos ao sujeito que não havia comida, pensamos que vocês eram uma família hindu. Mas", ele disse, "quando soubemos que era uma família muçulmana, tínhamos de trazer comida. Não vamos aceitar pagamento e pedimos desculpas por termos sido tão descorteses".

Eu pensei: "Uau, esta é a Caxemira, que supostamente tem a tradição de tolerância". Eu ia lá o tempo todo, e no momento em que eles ouviam o nome Salman, que é muçulmano, falavam comigo de uma maneira que não falariam se eu me chamasse, sabe, Raghubir. Eu tinha longas conversas sobre a vida deles e seus ressentimentos. Mas, quando voltava a Delhi ou a Bombaim e relatava essa informação, havia um desejo, até mesmo entre a intelligentsia indiana, de não reconhecer quão profundos esses ressentimentos haviam se tornado. As pessoas diziam: "Você não deveria falar desse jeito, porque está soando comunalista". Eu, o comunalista muçulmano!

ENTREVISTADOR

O senhor conseguiria escrever um livro apolítico?

RUSHDIE

Sim, tenho grande interesse nisso e sempre me aborreço por ainda não o ter feito. Acho que o espaço entre a vida privada e a vida pública desapareceu na nossa época. Costumava haver uma distância muito maior. É como Jane Austen se esquecendo de mencionar as guerras napoleônicas. A função do Exército britânico nos romances dela é parecer atraente nas festas. Não é que ela esteja ocultando algo, mas ela pode explicar a vida de seus personagens com profundidade e plenitude sem uma referência à esfera pública. Isso não é mais possível, e não é só porque existe a TV no canto de cada sala. É porque os fatos do mundo possuem grande peso nas nossas vidas diárias. Temos um emprego ou não? Quanto vale nosso dinheiro? Tudo isso é determinado por coisas fora do nosso controle. Isso desafia a ideia de Heráclito de que caráter é destino. Às vezes, seu caráter não é seu destino. Às vezes, um avião voando de encontro a um prédio é seu destino. O mundo mais amplo entra na história não porque eu quero escrever sobre política, mas porque eu quero escrever sobre gente.

ENTREVISTADOR

Mas na literatura norte-americana parece haver uma divisão — política ali, ficção aqui —, porque aquilo que um romancista norte-americano escreve não vai influenciar a política em Washington.

RUSHDIE

Sim, mas quem se importa com isso?

ENTREVISTADOR

O senhor pensa que na Índia, por exemplo, a ficção tem relevância política?

RUSHDIE

Não. Quem dera fosse. Mas o que acontece é que os escritores conhecidos ainda são considerados — de uma maneira que os autores americanos não são — parte da conversa. Buscam-se as opiniões deles. Isso ocorre também na Inglaterra. Ocorre na Europa. Nos Estados Unidos era verdade pouco tempo atrás. Era verdade na geração de Mailer, Sontag, Arthur Miller...

ENTREVISTADOR

O que aconteceu?

RUSHDIE

Não sei. No auge do Império Britânico foram escritos poucos romances que tratam do poder britânico. É extraordinário que no momento em que a Inglaterra era a superpotência global o assunto do poder britânico parecia não interessar a maioria dos escritores. Talvez haja um eco disso agora, quando os Estados Unidos são a superpotência global. Fora deste país, Estados Unidos significa poder. Isso não é verdade dentro dos Estados Unidos em si. Ainda há escritores aqui que abordam a política — Don DeLillo, Robert Stone, Joan Didion, e assim por diante. Mas eu acho que muitos escritores norte-americanos estão relativamente desinteressados em como os Estados Unidos são percebidos no exterior. Como resultado, há relativamente pouca coisa escrita sobre o poder dos Estados Unidos.

ENTREVISTADOR

Juntamente com seu interesse na política e no poder, há um bocado de criação fantástica no seu trabalho. Na verdade, o senhor disse que *O mágico de Oz* fez do senhor um escritor.

RUSHDIE

Depois que vi o filme, fui para casa e escrevi um conto chamado "Over the rainbow". Eu tinha uns nove ou dez anos. A história era sobre um garoto andando numa calçada em Bombaim, que vê o começo de um arco-íris, em vez do fim — aquela coisa reluzente afastando-se dele. E tinha degraus — degraus coloridos subindo até o alto. Ele sobe o arco-íris e tem aventuras de contos de fadas. Em certo momento, encontra uma pianola falante. A história não sobreviveu. Não era para ser.

ENTREVISTADOR

Pensei que seu pai tivesse guardado.

RUSHDIE

Eu disse que tinha, mas, quando procuramos na papelada dele depois que ele morreu, nunca encontramos. Então, ou era conversa fiada ou ele a perdeu. Ele morreu em 1987, de modo que já fazia muito tempo, e certamente nada vai surgir agora. Não há baús no sótão. Acho que a história se foi, junto com algo muito mais recente, o primeiro texto inteiro que escrevi. Quando estava com dezoito anos e tinha acabado de deixar a escola — Rugby, na Inglaterra —, tive um intervalo de cinco meses antes de me apresentar em Cambridge. Nesse período escrevi um texto à máquina chamado "Terminal report" sobre meus últimos períodos letivos, um tanto ficcionalizado. Fui para Cambridge e me esqueci dele, e então, cerca de vinte anos depois, minha mãe disse que haviam achado o original. Foi como uma mensagem do meu eu de dezoito anos. Mas eu não gostava muito daquele eu, que era politicamente conservador e sob outros aspectos um produto bastante padronizado da educação inglesa dos colégios internos. A exceção era o material sobre racismo, que era incrivelmente sofisticado. Aquele rapaz de dezoito anos sabia tudo o que sei agora, só que sabia de forma mais aguçada, porque tinha acabado de acontecer com ele. Ainda assim, tive uma reação tão negativa ao texto que, quando a minha mãe me perguntou se eu o queria, eu disse a ela para guardá-lo. E aí ela o perdeu. Quando morreu, não o encontramos mais.

ENTREVISTADOR

Um ato de gentileza?

RUSHDIE

Talvez. Era absolutamente terrível. Mas eu lamento a perda, porque era como um diário. Se algum dia eu quisesse escrever sobre esse período teria me dado matéria-prima que não conseguiria de outra maneira. Agora me sinto um idiota de tê-lo deixado em casa.

ENTREVISTADOR

O senhor teve um período ruim na Rugby?

RUSHDIE

Não apanhava, mas era muito sozinho e havia pouca gente que eu considerava amigos. Grande parte disso tinha a ver com preconceito. Não do corpo docente — o ensino foi realmente muito bom. Lembro-me de dois ou três professores que serviram de inspiração, como num filme do Robin Williams. Havia um senhor mais idoso, doce, chamado senhor J. B. Hope-Simpson, que além de ser um bom professor de história também foi a pessoa que me apresentou *O senhor dos anéis* quando eu tinha quinze anos. Eu me apaixonei completamente pelo livro, a ponto de prejudicar um pouco meus estudos. Ainda me lembro de um detalhe esquisito. Eu me envolvi mesmo com o projeto da linguagem, todas as línguas imaginárias. A certa altura eu era ótimo na língua dos elfos.

ENTREVISTADOR

Havia alguém com quem conversar em élfico?

RUSHDIE

Havia mais um ou dois maníacos por *O senhor dos anéis.*

ENTREVISTADOR

O que mais o senhor lia?

RUSHDIE

Antes de ir para a Inglaterra, meus autores prediletos eram P. G. Wodehouse e Agatha Christie. Eu costumava devorar os dois. Meus avós moravam em Aligarth, perto de Nova Delhi, onde meu avô estava envolvido com o Tibbiya College na Universidade Muçulmana de Aligarth. Ele era um médico de formação ocidental, treinado na Europa, mas interessou-se muito pela medicina indiana tradicional. Costumava me levar na garupa da bicicleta para a biblioteca da universidade e me soltar ali. Eu me lembro dela como um lugar com estantes gigantescas desaparecendo no escuro, com aquelas escadas deslizando de um lado a outro onde a gente podia subir e voltar com pilhas enormes de P. G. Wodehouse e Agatha Christie, que meu avô examinava solenemente para mim. Eu os levava e os lia em uma semana, e voltava para pegar mais. Wodehouse era muito popular na Índia, e acho que ainda é.

ENTREVISTADOR

Por que isso?

RUSHDIE

É engraçado. Wodehouse tem algo em comum com o senso de humor indiano. Pode ser simplesmente a tolice.

ENTREVISTADOR

Então, entre os dez anos e a idade que foi para Rugby, treze anos e meio, o senhor escrevia histórias?

RUSHDIE

Não tenho lembrança de muita coisa além do "Over the rainbow", mas eu era bom em inglês. Lembro-me de uma aula específica em que nos pediram para escrever um verso humorístico sobre alguma coisa. Se conseguíssemos escrever um, deveríamos escrever dois. E no decorrer dessa aula, com todo mundo se debatendo para conseguir criar um ou dois que nem sequer rimavam direito, acho que escrevi trinta e sete. O professor me acusou de ter trapaceado. Eu sinto até hoje a sensação de injustiça. Trapacear como? Eu não tinha comigo um exemplar de Edward Lear, nem tinha passado os últimos cinco anos memorizando versos antecipando essa possível lição. Eu achava que devia ser elogiado, e em vez disso fui acusado.

ENTREVISTADOR

Bombaim tem muitas línguas. Qual é sua língua materna?

RUSHDIE

Urdu. Urdu é literalmente a língua da minha mãe. É também a língua do meu pai. Mas no norte da Índia falava-se também hindi. Na verdade, o que falávamos não era nenhuma das duas, ou melhor, as duas. Quer dizer, o que as pessoas no norte da Índia de fato falam não é uma língua real. É uma mistura coloquial de hindi e urdu chamada hindustani. Ela não é escrita. É a língua dos filmes de Bollywood. E em casa falávamos uma mistura de hindustani e inglês. Quando fui estudar na Inglaterra, aos treze anos e meio, eu era mais ou menos bilíngue — igualmente bom nas duas línguas. E até hoje me sinto confortável coloquialmente em hindi e urdu, mas não consideraria escrever em nenhuma delas.

ENTREVISTADOR

O senhor era bom aluno?

RUSHDIE

Eu não era tão esperto quanto pensei que fosse. De forma geral, era uma boa escola, a Cathedral School em Bombaim. Quando fui para a Inglaterra não me senti defasado, mas se você olhar os boletins escolares, não me saía tão bem assim. Antes de Rugby o meu pai, como muitos pais indianos, me dava tarefas a mais. Eu me lembro de ter de escrever ensaios e coisas em casa, e me ressentia disso enormemente. Ele me mandava fazer resumos de Shakespeare. Não é incomum num lar indiano que as crianças, especialmente filhos mais velhos e filhos únicos, sejam conduzidos dessa maneira. Em Rugby, em parte por causa da infelicidade social, eu mergulhei no trabalho. No entanto, não havia tanto de escrita criativa; naquela época, eu tinha mais atração por história. Ganhei

416

prêmios por longas teses e ensaios. Não sei por que, dado o meu gosto por leitura, nunca me ocorreu, fosse na escola fosse na universidade, estudar literatura. Ler romances não parecia trabalho. Na verdade, meu pai achava que história tampouco era trabalho. Ele queria que em Cambridge eu fizesse algo sensato — economia.

ENTREVISTADOR

E o senhor resistiu?

RUSHDIE

Minha vida foi salva pelo diretor de estudos, doutor John Broadbent. Fui falar com ele e disse: "Olhe, meu pai diz que história não é uma coisa útil e que eu deveria fazer economia, senão ele não paga as anuidades". Broadbent disse: "Deixe comigo". E escreveu a meu pai uma carta feroz: "Caro senhor Rushdie, seu filho nos disse isso. Infelizmente, não acreditamos que ele tenha as qualificações para estudar economia em Cambridge, portanto, se o senhor insistir em fazê-lo desistir de estudar história, vou ter de lhe pedir para retirá-lo da universidade para abrir espaço a alguém adequadamente qualificado". Foi um momento estranho, porque eu havia deixado o subcontinente para ir a Cambridge em meio a uma guerra — entre Índia e Paquistão, em setembro de 1965. Eu não podia ser alcançado por telefone porque todas as linhas haviam sido tomadas pelos militares. As cartas estavam todas sendo censuradas e levavam duas semanas para chegar, e eu ouvia falar o tempo todo dos bombardeios e ataques aéreos. Mas depois da carta de Broadbent meu pai nunca mais disse uma única palavra sobre economia. Quando me graduei e lhe disse que queria escrever romances, ele ficou chocado. Um choro explodiu de dentro dele: "O que é que eu vou dizer aos meus amigos?". O que ele de fato quis dizer é que todos os filhos menos inteligentes dos amigos dele estavam fazendo rios de dinheiro em empregos sérios, e o quê? Eu seria um romancista sem vintém? Ele não saberia onde enfiar a cara porque julgava que escrever era um hobby, na melhor das hipóteses. Felizmente, viveu o suficiente para ver que não havia sido uma escolha tão boba.

ENTREVISTADOR

Ele disse isso?

RUSHDIE

De certa maneira, ele não conseguia elogiar os livros. Estava estrangulado emocionalmente. Eu era seu único filho homem, e por isso tínhamos uma relação difícil. Ele morreu em 1987, de modo que *Os filhos da meia-noite* e *Vergonha* já haviam sido lançados, mas *Os versos satânicos* ainda não, e ele nunca disse uma palavra gentil em relação ao que eu escrevi até uma ou duas semanas antes de morrer. Mas lia meus livros uma centena de vezes. Provavelmente os conhecia melhor que eu. Na verdade, ficou incomodado com *Os filhos da meia-noite* porque sentiu que o personagem do pai era uma sátira dele. Do meu jeito jovem, chateado, eu respondi que tinha deixado de fora toda a parte desagradável. Meu pai havia estudado literatura em Cambridge, então eu esperava que ele tivesse uma reação sofisticada ao livro, mas quem teve foi minha mãe. Eu pensava que, se fosse para alguém ficar preocupado com o fato de a família do livro ser um eco da minha família, seria ela. Mas ela imediatamente entendeu o livro como ficção. Meu pai levou algum tempo para, nas palavras dele, me perdoar. É claro que fiquei mais aborrecido em ser perdoado do que pelo fato de ele ter ficado chateado.

ENTREVISTADOR

Mas, como o senhor disse, ele não viveu para ler *Os versos satânicos.*

RUSHDIE

Tenho absoluta certeza de que meu pai teria ficado cem por cento do meu lado. Ele era um estudioso do islã, muito conhecedor da vida do Profeta e das origens primeiras do islã e da forma como de fato o Corão foi revelado, e assim por diante, mas completamente carente de crença religiosa. Íamos à mesquita uma vez por ano. Nem mesmo quando estava morrendo houve um único instante em que ele tenha se refugiado na religião ou invocado Deus, nada. Ele nunca teve a ilusão de que a morte fosse algo diferente de um fim. Foi muito impressionante. Assim, o fato de eu ter resolvido estudar as origens do islã na universidade não foi por acaso. Deve-se em parte por eu ter tido esse tipo de exemplo em casa. E ele teria visto que o que eu estava fazendo naquele livro era a investigação de uma pessoa não religiosa sobre a natureza da revelação, valendo-se do exemplo do islã, porque era o que eu conhecia melhor.

ENTREVISTADOR

Para onde o senhor foi depois de Cambridge?

RUSHDIE

Primeiro, tentei ser ator. Eu tinha feito alguns papéis na faculdade e achei que poderia continuar trabalhando como ator, especialmente enquanto tentava me tornar escritor. Não foi nada fácil começar. Eu morava num quarto no sótão de uma casa em Londres que dividia com quatro amigos, sem me dedicar a nada sério. Não sabia o que estava fazendo. Eu fingia escrever. Sentia uma espécie de pânico dentro de mim, o que me fez virar uma pessoa bem nervosa na época. Tinha alguns colegas de faculdade que estavam em Londres, envolvidos em grupos de teatro marginais. Havia uma porção de escritores interessantes trabalhando lá — David Hare, Howard Brenton, Trevor Griffiths — e também alguns atores muito bons. Trabalhando com bons atores, descobri que eu não era tão bom quanto eles. Um bom ator pode fazer você parecer melhor no palco, mas você sabe que são eles que estão fazendo isso, e não você.

Em parte por causa disso, e em parte porque eu simplesmente não tinha nenhum dinheiro, depois de um tempo decidi que precisava fazer outra coisa. Um dos meus amigos do teatro, com quem eu tinha estudado em Cambridge, um escritor chamado Dusty Hughes, conseguiu um emprego na agência de publicidade J. Walter Thompson, em Londres. De repente, lá estava ele com aquele escritório com vista para a Berkeley Square, tirando fotos de xampu com supermodelos. E tinha dinheiro. E tinha um carro. E disse: "Você deveria fazer isso, Salman, é realmente fácil". Ele me conseguiu um teste na J. Walter Thompson, e eu não passei.

A pergunta que eu lembro é: "Imagine que você encontra um marciano que fala inglês, mas não sabe o que é pão. Você tem cem palavras para explicar a ele com fazer uma torrada". No filme *Company Limited*, de Satyajit Ray, um milhão de pessoas se candidatam ao mesmo emprego. O protagonista é um nesse milhão, e os entrevistadores, sem saber como escolher entre um milhão de pessoas, começam a fazer perguntas cada vez mais malucas. A pergunta que finalmente destrói suas chances de emprego é: "Qual é o peso da Lua?". A pergunta do marciano era desse tipo.

Acabei conseguindo um emprego numa agência bem menor chamada Sharp McManus, na Albemarle Street. Foi meu primeiro emprego, e eu realmente não tinha ideia de como fazer o trabalho. Deram-me um projeto de um charuto barato fabricado pela Player's. Era uma oferta de Natal. Eles iam fazer uma caixinha com brinquedos de Natal — aqueles clássicos brindes de festa britânicos que fazem um barulhinho de estourar quando são abertos — e em cada um haveria um tubinho com um charuto dentro. Mandaram-me escrever alguma coisa para isso, e me deu um branco. Acabei indo procurar o diretor de criação, Oliver Knox — ele mesmo escreveu uns três ou quatro romances mais tarde — e disse: "Não sei o que fazer". E ele imediatamente respondeu: "Ah... Seis pequenas ideias explosivas da Player's para tornar seu Natal um estouro". Essa foi a minha formação em propaganda.

ENTREVISTADOR

O senhor escrevia ficção naquela época?

RUSHDIE

Estava começando. Eu não conseguia. Não tinha de fato achado um rumo como escritor. Escrevia coisas que não mostrava a ninguém, pedacinhos que acabaram se juntando num texto do tamanho de um romance que todo mundo detestou. Isso foi antes de *Grimus*, meu primeiro romance publicado. Tentei escrever o livro num fluxo de consciência joyceano, quando na verdade precisava ser escrito numa narrativa direta, capaz de empolgar. O nome era *The book of the peer*. Um *peer* em Urdu é um homem santo. Era uma história sobre um país oriental sem nome onde um popular homem santo é apoiado por um ricaço e um general que resolvem que vão colocá-lo no poder para manipulá-lo; quando fazem isso, descobrem que na verdade ele é muito mais poderoso do que os dois. Foi, de certa forma, presciente em relação ao que aconteceu depois com Khomeini, sobre as maneiras como o radicalismo islâmico surgiu como resultado de as pessoas pensarem que poderiam usá-lo como fachada. Infelizmente, o livro é quase insuportável de se ler por causa da forma como foi escrito. Ninguém — nem as pessoas que tinham boa vontade comigo — queria nada com o livro. Eu o deixei de lado e continuei trabalhando em propaganda.

ENTREVISTADOR

Todos os escritores parecem ter um romance na gaveta que é simplesmente lixo.

RUSHDIE

Tenho três. Até começar a escrever *Os filhos da meia-noite*, o que provavelmente foi no final de 75, começo de 76, houve esse período em que fiquei me debatendo. Era mais do que um problema técnico. Até você saber quem é, não consegue escrever. Pelo fato de minha vida ter se embaralhado entre Índia, Inglaterra e Paquistão, eu realmente não sabia lidar direito comigo mesmo. Como resultado, o que eu escrevia *era* um lixo — às vezes lixo inteligente, mas mesmo assim lixo. Acho que isso também vale para *Grimus*. Não me dá a sensação de ser algo que eu escrevi. Ou só esporadicamente. Faz com que eu sinta vontade de me esconder atrás dos móveis. Mas aí estamos nós. Está impresso, nunca o retirei de catálogo. Se você comete o erro de publicar algo, precisa deixar que fique por aí. Ele tem achado leitores consistentemente, e há até mesmo gente que disse coisas boas sobre o livro, para meu assombro.

Mas um dos romances que eu abandonei — *The antagonist*, um apavorante texto na linha sub-Pynchon que se passa em Londres — continha o germe do que viria a ser *Os filhos da meia-noite*, um personagem marginal chamado Salim Sinai que nasceu no momento da independência da Índia. Essa foi a única coisa que sobreviveu. Joguei fora um ano de trabalho e mantive o núcleo.

Após as pauladas críticas que *Grimus* levou, repensei tudo por completo. Pensei: "Tudo bem, tenho que escrever sobre alguma coisa à qual eu dê muito mais importância". Eu morria de medo o tempo todo. Veja, eu achava que minha carreira de escritor não tinha levado a lugar nenhum. Entrementes, muitas pessoas daquela geração talentosa da qual eu fazia parte descobriram seu caminho como escritores numa idade muito mais jovem. Era como se estivessem passando a jato por mim. Martin Amis, Ian McEwan, Julian Barnes, William Boyd, Kazuo Ishiguro, Timothy Mo, Angela Carter, Bruce Chatwin — para citar apenas alguns. Foi um momento extraordinário na literatura inglesa, e eu tinha ficado na linha de largada, sem saber para que lado correr. Isso não tornava as coisas mais fáceis.

ENTREVISTADOR

O que em Salim Sinai o libertou?

RUSHDIE

Sempre quis escrever algo que viesse da minha experiência de criança em Bombaim. Eu tinha estado fora da Índia por algum tempo e comecei a recear que a ligação estivesse se erodindo. Infância — esse era o impulso muito antes de eu saber qual era a história e de que tamanho ficaria. Mas, se você dá à luz um filho no mesmo dia que o país nasce, então de certa forma ambos são gêmeos, e você precisa contar a história dos dois. Então fui forçado a estudar história. Um dos motivos que levei cinco anos para escrever é que eu não sabia como escrever. Numa das primeiras versões, eu começava com a frase: "A maior parte do que importa em nossas vidas acontece na nossa ausência". Eu queria dizer que as crianças não vêm nuas ao mundo, elas vêm carregadas do fardo da história acumulada da sua família e do seu mundo. Mas era tolstoico demais. Pensei: "Uma coisa com toda certeza este livro não é: *Anna Kariênina*". A frase ainda está lá em algum lugar do livro, mas eu a enterrei.

A narrativa na terceira pessoa não estava funcionando, então decidi tentar a primeira pessoa, e esse foi o dia em que eu me sentei e escrevi mais ou menos exatamente o que é agora a primeira página de *Os filhos da meia-noite*. A voz de Salim simplesmente veio: bastante sensata, cheia de todos os tipos de mistérios, engraçada mas meio ridícula. Fiquei elétrico com o que estava saindo da minha máquina de escrever. Foi um daqueles momentos em que você acredita que o escrever flui por você, e não de você. Vi como colocar na história tudo, desde as tradições ancestrais da Índia até a narrativa oral, de modo a criar, acima de tudo, o barulho e a música da cidade indiana. O primeiro parágrafo me mostrou o livro. Eu me agarrei às roupas de Salim, e o deixei correr. À medida que o livro evoluía, à medida que Salim ia crescendo, havia momentos em que eu ficava frustrado com ele. Ao envelhecer, foi se tornando mais e mais passivo. Eu ficava tentando forçá-lo a ser mais ativo, a assumir responsabilidade pelos acontecimentos e simplesmente não dava certo. Mais tarde, as pessoas presumiram que o livro era autobiográfico, mas Salim sempre me pareceu muito diferente de mim, porque tive uma espécie de luta livre com ele, e acabei perdendo.

ENTREVISTADOR

O senhor escreveu outro livro em que a voz simplesmente veio?

RUSHDIE

Cada livro tem de ensinar a você como escrevê-lo, mas com frequência ocorre um importante momento de descoberta. A única coisa comparável foi quando eu estava escrevendo *Haroun e o mar de histórias*, onde o grande problema era o tom de voz, como elaborar a fala de modo a permitir que tanto crianças como adultos tivessem prazer com a história. Houve um dia específico em que, após algumas largadas em falso, escrevi o que é agora o começo do livro. E mais uma vez pensei: "Ah, entendi, você está gostando de 'Era uma vez, no país de Alefbey'". Tive de achar essa fórmula do "era uma vez". Porque o que acontece com a fábula é que as palavras usadas são muito simples, mas a história não é. Você vê essas fábulas indianas como os contos do Panchatantra, ou Esopo, e mesmo as fábulas modernas, como os livros de Calvino. Você diz alguma coisa como: "Era uma vez um gato que calçava botas que iam até os joelhos e tinha uma espada". Palavras fáceis, mas a criação é muito estranha. Joseph Heller disse que de vez em quando achava uma frase que continha uma centena de frases. Foi o que aconteceu com ele quando começou *Ardil 22*, no momento em que escreveu a frase sobre Yossarian se apaixonando pelo capelão. Essa frase disse a ele para onde o romance estava se encaminhando. Isso aconteceu comigo quando escrevi o início de *Os filhos da meia-noite* e *Haroun*. Tive esse momento da luz acendendo. Mas, quando escrevi *Os versos satânicos*, já tinha umas cem páginas quando escrevi o que é agora o começo do romance, as pessoas caindo do céu. Quando escrevi essa cena, pensei: "O que isto está fazendo aqui? Seu lugar não é aqui".

ENTREVISTADOR
E aí estava o início do livro.

RUSHDIE
Essa cena é uma coisa engraçada. Quando o livro saiu, um monte de gente detestou. Foi quando surgiu a piada do "clube página 15" dos leitores de Rushdie, sabe, pessoas que não conseguiam passar da página 15. Eu achava que era uma boa abertura, e ainda acho. Você quase sempre descobre que o livro que está escrevendo não é o livro que se propôs a escrever. Quando descobre isso, soluciona o problema do livro. Quando estava escrevendo *Fúria* o título mudava todo dia, durante um bom tempo não tive muita certeza do que se tratava o livro. Era sobre bonecos, Nova York, violência ou divórcio? Todo dia eu acordava e via o

livro de maneira um pouco diferente. Foi só quando criei o título que entendi a ideia central por trás dele. A mesma coisa ocorreu com *Os filhos da meia-noite*. No início, eu não sabia qual seria o nome. Quando comecei a escrever, simplesmente coloquei "Sinai" na capa. Então houve um momento em que pensei: "Se não sei qual é o título, não sei do que o livro trata". Parei de escrever o texto e comecei a escrever títulos. Após alguns dias divagando, terminei com dois: "Children of midnight" e "Midnight's children". Datilografei os dois compulsivamente, um depois do outro, vezes e vezes seguidas. Então, depois de um dia datilografando os dois títulos, de repente pensei: "Children of midnight", aí está um título chato; e "Midnight's children" é um título ótimo. E me mostrou o núcleo do romance. É sobre aquelas crianças. No caso de *Os versos satânicos*, eu não sabia se era um livro ou três. Levei um bom tempo para criar coragem e decidir que era uma única obra. Mesmo que tivesse de ser um romance de descontinuidade, resolvi que era o livro que eu queria escrever. Eu devia estar me sentido muito confiante. Tinha tido aqueles dois livros de sucesso, e estava com o tanque cheio, pensando que podia fazer qualquer coisa.

ENTREVISTADOR

Com a fama, e com a *fatwa*, passou a haver quase um culto a Rushdie. Isso o acompanha quando se senta à escrivaninha?

RUSHDIE

Não. Os escritores são realmente bons em criar um espaço tranquilo. Quando estou na minha sala de porta fechada, nada é significativo exceto aquilo com que estou brigando. Escrever é tão difícil, exige tanto de você, que na maior parte do tempo você se sente amortecido. Sempre penso que a gente começa pelo lado tolo do livro e, se tiver sorte, termina pelo lado inteligente. Quando dá início ao processo, você se sente inadequado para a tarefa. Você nem mesmo entende a tarefa. É tão difícil, você não tem tempo para se preocupar com o fato de ser famoso. Isso só parece merda que acontece lá fora. O mais difícil é lidar com a hostilidade da imprensa. Foi uma sensação estranha ser caracterizado por alguns como uma pessoa difícil de se gostar. Não tenho bem certeza do que fiz para merecer isso. Compreendo que na vida literária existem ciclos quando é sua vez de ser elogiado e sua vez de ser malhado. Estava claro que quando *Fúria* saiu era minha vez de ser malhado. Senti que uma boa parte da reação crítica não era absolutamente em relação ao livro — era em relação a mim. Foi estranho que tantas resenhas sobre *Fúria* fossem encabeçadas por um retrato de mim com minha namorada, hoje minha esposa. Eu pensei: "O que isso tem a ver com o livro?". Você põe a esposa do John Updike do lado dele no alto de uma resenha? Ou a esposa do Saul Bellow?

ENTREVISTADOR

Em *Fúria*, Solanka nasce em Bombaim, é educado em Cambridge e mora em Manhattan. Vai ver que é por isso que os resenhistas presumiram que se tratava da sua própria vida em Nova York.

RUSHDIE

Sim, é como se eu dissesse: "Agora estou por aqui". Fiquei com muito medo de escrever sobre algo tão próximo do presente e da minha própria experiência, mas ambas foram escolhas deliberadas. Eu queria escrever sobre chegar. Não queria fingir que era Don DeLillo, Philip Roth ou qualquer um que tenha crescido nessas ruas. Eu queria escrever sobre a Nova York de pessoas que chegam aqui e começam vida nova, sobre a facilidade com que histórias do mundo todo viram histórias de Nova York. Pela simples virtude de se revelar, sua história torna-se uma das muitas histórias da cidade. Londres não é assim. Sim, há uma cultura imigrante em Londres que enriquece e contribui para a cidade, mas Londres tem uma narrativa dominante. Não há uma narrativa dominante comparável em Nova York; apenas a coletânea de narrativas de todo mundo que aparece. Esta é uma das razões por eu me sentir atraído por essa cidade.

Quanto a Solanka, ele é um filho da puta rabugento. Coloquei a rabugice dos Estados Unidos nele e o cerquei com uma espécie de bagunça. Já que eu adoro estar em Nova York, estou interessado tanto na bagunça quanto na rabugice. E até mesmo Solanka — você sabe que ele pode ser uma pessoa que reclama um bocado dos Estados Unidos, mas foi para cá que ele veio para se salvar. Achei uma tolice o livro ser lido como se fosse sobre mim. Não é o meu diário. Você pode começar perto da sua vida, mas é só um ponto de partida. A questão é: qual é a viagem? A viagem é a obra artística. Onde é que você vai acabar?

ENTREVISTADOR

O senhor viveu em — e entre — muitas partes diferentes do mundo. De onde o senhor diria que vem?

RUSHDIE

Sempre tive mais afinidade com lugares do que com nações. Suponho que se você estivesse me perguntando formalmente, eu ainda pensaria em mim como cidadão britânico de origem indiana. Mas eu penso em mim como nova-iorquino e londrino. Provavelmente acho que essas são definições mais exatas do que o passaporte ou o lugar de nascimento.

ENTREVISTADOR

Algum dia o senhor escreverá suas memórias?

RUSHDIE

Até acontecer toda a história da *fatwa* jamais me ocorreu que minha vida fosse interessante o suficiente. Eu simplesmente ia ficar escrevendo meus romances, com a esperança de que fossem interessantes, mas quem se importa com a vida do autor? Então esse negócio muito incomum aconteceu comigo, e eu me vi mantendo um registro ocasional para me lembrar do que estava havendo. Quando as coisas voltaram ao normal, ocorreu-me que escrever memórias seria um jeito de dar um fim ao episódio. Ninguém nunca mais me perguntaria nada sobre ele. Mas então me dei conta de que teria de passar um ano pesquisando o fato, ao menos um ano escrevendo sobre ele, e ao menos um ano falando sobre ele. Então eu estaria me condenando a mais três ou quatro anos daquilo de que acabei de me safar. Não achei que pudesse aguentar.

ENTREVISTADOR

A *fatwa* chegou a abalar sua confiança como escritor?

RUSHDIE

Me fez vacilar bastante. Então, me fez respirar profundamente, e de certo modo voltar a me dedicar à arte, pensar: "Bom, ao inferno com isso". Mas de início o que eu senti foi: "Levei mais de cinco anos para escrever esse livro. Cinco anos da minha vida dando o melhor de mim para fazer as coisas da melhor forma possível". Eu acredito, sim, que os escritores, no ato de escrever, são altruístas. Não estão pensando em dinheiro ou fama. Estão simplesmente pensando em ser o melhor escritor que se pode ser, deixar a página o melhor possível, fazer de uma sentença a melhor que se pode escrever, tornar a pessoa interessante e desenvolver o tema. Você pensa é no jeito de deixar a coisa em ordem. Escrever é tão difícil e exige tanto de você que a reação — vendas e coisas assim — nada significa. Passei cinco anos desse jeito, e o que consegui foi ser difamado mundialmente e ter minha vida ameaçada. Não teve nem tanto a ver com o perigo físico quanto com a agressão intelectual, ver a seriedade do livro denegrida, a ideia de que eu era um indivíduo imprestável que tinha feito uma coisa imprestável, e com isso, infelizmente, houve certo número de colegas de viagem ocidentais que concordaram. Aí você pensa: "Por que porra eu estou fazendo isso? Não vale a pena". Passar cinco anos da sua vida sendo o mais sério possível, para então ser acusado de ser frívolo e oportunista, de procurar se promover: ele fez de propósito. É claro que fiz de propósito! Como é que você passa cinco anos da sua vida fazendo algo por acaso?

ENTREVISTADOR

Quando as pessoas diziam que o senhor fez de propósito, queriam dizer que se dispôs a provocar, que pediu por isso. O senhor tinha consciência, ao escrever o livro, de que sua abordagem secular ao islã podia ser provocativa?

RUSHDIE

Eu sabia que meu trabalho não era atraente para os mulás radicais e seus semelhantes.

ENTREVISTADOR

Mesmo assim, é um grande salto disso para uma *fatwa*.

RUSHDIE

Bem, isso foi, claro, algo que ninguém podia ter previsto. Ninguém. Nunca aconteceu antes. Jamais me ocorreu. E, sabe, algum tempo depois eu descobri que tinha havido uma tradução não autorizada para o farsi do meu romance anterior, *Vergonha*, feita pelos iranianos, que recebeu um prêmio importante como romance mais bem traduzido do ano. Isso significa que, quando *Os versos satânicos* foi publicado, até mesmo os livreiros iranianos me consideravam bacana, porque os mulás tinham dado ao meu livro anterior seu selo de aprovação. Então, as pessoas no Irã ficaram tão surpresas quanto nos outros lugares.

ENTREVISTADOR

Mas a ideia de que o senhor deveria ter previsto isso foi intensamente endossada na época.

RUSHDIE

Depois que o livro foi terminado, houve um ou dois leitores de primeira mão, inclusive Edward Said, que assinalaram que eu havia mexido com aqueles sujeitos e perguntaram se eu estava preocupado com isso. Naqueles dias de inocência, eu disse não. Quer dizer, por que eles haveriam de se incomodar? É um romance literário de quinhentas e cinquenta páginas em inglês. A ideia de que chegaria aos olhos deles parecia improvável, então eu realmente não me importava.

Por que a literatura não deveria ser provocativa? Ela sempre foi. E essa noção de que a pessoa sob ataque é de alguma forma responsável pelo ataque é uma transferência de culpa — que parecia fácil de se fazer em 1989. Recentemente, na Inglaterra, na esteira dos ataques à bomba da Al-Qaeda, têm aparecido montes de comentários jornalísticos dizendo que tudo começou com *Os versos satânicos*, e agora há total solidariedade pelo que me aconteceu naquela época. Hoje, ninguém mais diz que foi culpa minha e que eu fiz de propósito, porque as pessoas entendem melhor a natureza do islã radical.

ENTREVISTADOR

Então somos todos Salman Rushdie agora?

RUSHDIE

É. Agora todo mundo usa frases desse tipo na imprensa britânica, ao passo que em 1989 havia uma difundida crença nos tabloides de que eu era um criador de casos que foi salvo dos seus próprios patrícios por um governo ao qual ele se opunha — o governo Thatcher. E aí, quando resolvi cuidar da minha própria vida em Nova York, isso serviu para provar minha ingratidão. Como se, para ser grato, eu precisasse morar em Londres pelo resto da vida.

ENTREVISTADOR

Mas em 1989 o senhor disse, logo no início, que a *fatwa* o fez questionar se a literatura realmente valia o esforço.

RUSHDIE

Durante um período de muitos meses, ela me fez pensar que talvez eu não quisesse mais ser escritor. Não tinha a ver com o fato de ser perigoso. Era que eu sentia uma aversão ao que tinha acontecido comigo e estava desorientado em relação a como prosseguir se era assim que meu trabalho ia ser tratado. Eu pensei, sabe, que podia ser motorista de ônibus. Qualquer coisa era melhor que aquilo. Muitas vezes eu disse — e é verdade — que o que me salvou como escritor foi ter prometido um livro para meu filho. A vida dele também ficou substancialmente descarrilhada. Não foi só a minha. Havia todo tipo de coisa que eu não podia fazer com ele e coisas que eram muito difíceis de fazer, então foi uma promessa que eu sabia que teria de cumprir. Ela me fez voltar a ser escritor. Quando descobri a voz para *Haroun e o mar de histórias*, senti-me feliz de novo. Foi a primeira vez que me senti feliz desde fevereiro de 1989. Aquilo me devolveu a certeza do que eu realmente gostava no meu trabalho. Então pensei: "Não posso continuar, tenho de continuar".

Na verdade me lembro de ter lido a trilogia de Beckett naquela época. *O inominável* é quase tão difícil quanto *Finnegans wake*, mas aquele estoicismo, a grande linha final, é precioso. Eu me descobri lendo autores do Iluminismo — Voltaire — e me dei conta de que não fui o único escritor que teve momentos difíceis. Pode parecer ridiculamente romântico, mas a história da literatura me fortaleceu. Ovídio no exílio, Dostoiévski diante do pelotão de fuzilamento, Genet na cadeia — e veja o que eles fizeram: *Metamorfoses, Crime e castigo*, tudo o que Genet escreveu é literatura da prisão. Eu pensei: "Bom, se eles conseguiram, eu bem que posso tentar". Ficou mais fácil saber minha posição no mundo, e isso foi bom. Simplesmente me livrou de algumas confusões.

Mas eu nunca sei como as pessoas vão reagir a um livro. Não tenho ideia. Pensei que *Os versos satânicos* seria meu último romance político. Talvez agora isso esteja começando a ser verdade. Depois de toda essa bagunça, finalmente esse livro está começando a ter uma vida literária — em especial na Academia. Está sendo lido não só em cursos de religião comparada ou em cursos de política do Oriente Médio. Recebo cartas que nem sequer mencionam a coisa islâmica. Recebo cartas de pessoas que reagem à comédia no romance, que é uma das coisas das quais ninguém nunca falou — como podia ser engraçado se o que aconteceu com o livro foi tão pouco engraçado? —, e eu penso: "Finalmente!". De certa forma, faz valer a pena ter encarado aquela batalha, que esse livro tenha de algum modo conseguido sobreviver, e agora pode finalmente ser um livro em vez de uma batata quente, um escândalo cheio de chavões. Finalmente é um romance.

ENTREVISTADOR

Tanto em *Os versos satânicos* quanto em *Os filhos da meia-noite*, bem como em alguns ensaios, há uma noção de que o senhor atribui a si mesmo e aos seus personagens uma mesma característica: o vazio em forma de deus. Essa expressão ainda significa algo para o senhor?

RUSHDIE

Nos seres humanos existe uma necessidade de algo que não é material, algo que passa a ser chamado de espiritual. Todos nós temos a necessidade da ideia de que existe algo além do nosso ser físico no mundo. Necessitamos de exaltação. Se você não acredita em Deus, ainda assim tem necessidade de se sentir, de tempos em tempos, exaltado e consolado, e precisa de uma explicação. E necessita da outra coisa que a religião lhe dá, que é a comunidade, o senso de algo compartilhado, uma linguagem comum, uma estrutura metafórica comum, um modo de se explicar para as pessoas. Um atalho. A religião fornece tudo isso para as pessoas que conseguem tê-la. Agora, se você não consegue ter religião, então essas são grandes ausências que precisa tentar preencher de outra maneira. Esse é o vazio. As duas grandes questões da religião são de onde viemos e como vamos viver. Como escritor de ficção, estou interessado nas ficções que criamos como raça para explicar nossas origens, mas não estou interessado nelas como explicações. Não vou atrás de sacerdotes em busca de respostas para essas questões. Quando fazemos isso, veja o que acontece. Acontece Khomeini. Acontece o Talibã. Acontece a Inquisição.

ENTREVISTADOR

Então o senhor vai aonde?

RUSHDIE

A praticamente qualquer outro lugar. A questão de como devemos viver é uma questão jamais respondida. É uma discussão perene. Numa sociedade livre, discutimos sobre como vamos viver, e é assim que vivemos. A discussão é a resposta, e eu quero participar dela. É a democracia: o sistema menos ruim que temos ao nosso alcance. O poder explanatório é a coisa mais fácil de se abdicar. O restante — o consolo, a exaltação, a comunidade —, isso é mais difícil. O lugar para onde fui na minha vida buscando preencher isso é a literatura, e não só literatura, mas filmes, música, pintura, as artes em geral. E aí há o amor. O amor da sua esposa, o amor dos seus filhos, o amor dos seus pais, o amor dos seus amigos. Invisto um bocado na ideia de amizade. Sempre investi. Particularmente porque a minha vida foi arrancada do seu local de origem e lançada ao redor do mundo. Minhas relações familiares não foram rompidas, mas foram prejudicadas sob muitos aspectos. Os amigos são a família que você constrói. Vivo muito apaixonadamente entre as pessoas com as quais escolho viver. Isso me dá o senso de comunidade e de ser mais do que uma simples máquina.

Cresci num país onde quase todo mundo tem crenças religiosas profundas — inclusive a intelectualidade urbana — e onde as pessoas não pensam simplesmente na religião como algo abstrato, mas acreditam que fazer oferendas aos deuses tem um impacto direto sobre sua felicidade e seu progresso no mundo. É um país onde centenas de milhões de pessoas acreditam que os deuses intervêm diretamente nas suas vidas diárias, de modo que sua relação com os deuses é um assunto cotidiano, pragmático. Esse é o meu mundo; eu tenho de levá-lo a sério. É importante penetrar na cabeça das pessoas que pensam de maneira diferente de você, e deixar essa maneira de pensar determinar o resultado das suas histórias.

ENTREVISTADOR

O senhor pode falar dos seus procedimentos quando se senta à escrivaninha para escrever?

RUSHDIE

Se você lê o que sai na imprensa, tem a impressão de que tudo o que faço é ir a festas. Na verdade, o que faço durante horas, cada dia da minha vida, é ficar sentado numa sala sozinho. Quando dou o dia por terminado sempre procuro ter uma noção de onde quero retomar no dia seguinte. Se faço isso, é um pouco mais fácil recomeçar, porque sei a primeira sentença ou frase. Pelo menos, sei onde ir procurar dentro da minha cabeça. No início, tudo é muito lento e há uma série de largadas em falso. Escrevo um parágrafo, e então no dia seguinte penso: "Não, não gosto disso nada, nada". Ou então: "Não sei onde isto se encaixa, mas não é aqui". Com bastante frequência eu levo alguns meses para engrenar. Quando era mais jovem, escrevia com muito mais facilidade do que agora, mas o que eu escrevia precisava muito mais ser reescrito. Agora, escrevo mais devagar e vou revisando bastante à medida que avanço. Descubro que, se tenho um pedacinho pronto, ele parece exigir muito menos revisão do que antigamente. Isso mudou. Só procuro algo que me dê um pequeno impulso e, se consigo isso, posso escrever algumas centenas de palavras, e assim meu dia rende.

ENTREVISTADOR

O senhor se levanta de manhã e começa imediatamente a escrever?

RUSHDIE

Sim, com certeza. Não tenho nenhuma prática estranha, oculta. Simplesmente me levanto, desço e escrevo. Aprendi que preciso dedicar a primeira energia do dia a escrever, então, antes de ler o jornal, antes de abrir a correspondência, antes de telefonar para alguém, muitas vezes antes de tomar um banho, eu me sento à mesa de pijama. Não me permito levantar antes de ter feito alguma coisa que eu classifique como trabalhar. Se saio para jantar com amigos, ao voltar para casa vou para a escrivaninha antes de ir para a cama e releio o que fiz nesse dia. Quando acordo de manhã, a primeira coisa que faço é reler o que fiz no dia anterior. Não importa o quanto você acha que foi bom o que fez num determinado dia, sempre haverá algo que é subestimado, pequenas coisas que você precisa adicionar ou subtrair — e, devo dizer, agradeço a Deus pelo laptop, porque torna as coisas bem mais fáceis. Esse processo de reler criticamente o que fiz na véspera é um meio de penetrar na pele do livro. Mas às vezes sei exatamente o que quero e me sento e começo por aí. De modo que não há regras.

ENTREVISTADOR

Existe alguma coisa em particular que o senhor leia que o ajude ao longo do trabalho?

RUSHDIE

Leio poesia. Quando você escreve um romance, é tão fácil deixar escorregar para dentro do texto estranhas porçõezinhas de preguiça. Poesia é um meio de lembrar a mim mesmo de prestar atenção à linguagem. Tenho lido um bocado de Czesław Miłosz recentemente. E então, do outro lado da cerca, tenho lido as *Crônicas* de Bob Dylan, que é maravilhoso. São tão bem escritas, com momentos de redação realmente desleixada misturados, palavras mal empregadas — sabe, *evidencialmente* em vez de *evidentemente*. Ou *incredulamente* em vez de *incrivelmente*. O editor — alguém — claramente achou que tudo faz parte do jeitão de Bob.

ENTREVISTADOR

Evidencialmente.

RUSHDIE

Gosto da frase de Randall Jarrell: "Um romance é uma narrativa em prosa de alguma extensão que tem algo de errado". Eu acho que é verdade. Se você vai escrever cem, cento e cinquenta mil, duzentas mil palavras, perfeição é uma fantasia. Se você é Shakespeare e escreve dezesseis linhas, pode criar uma coisa perfeita. No entanto, desconfio que, se Shakespeare tivesse escrito um romance, haveria imperfeições. Há imperfeições nas peças dele — há partes enfadonhas, se é que a gente tem permissão de dizer uma coisa dessas. Se você estiver lendo pelo prazer de ler, você busca aquilo que o texto lhe dá, e não aquilo que não dá. Se há o suficiente, um passinho em falso é facilmente perdoável. Isso também ocorre na crítica literária. Há críticos que abordam a obra com base naquilo que podem tirar dela e outros que a abordam em termos do que podem achar de errado na obra. Francamente, pode-se achar algo de errado em qualquer livro que se pegue. Não importa quão grandioso seja. Há um bordão maravilhoso em *O papagaio de Flaubert*, de Julian Barnes, no capítulo chamado "Os olhos de Emma Bovary", em que ele ressalta que os olhos dela mudam de cor quatro ou cinco vezes no livro.

ENTREVISTADOR

Em *Shalimar, o equilibrista*, por que o senhor chamou o personagem principal de Max Ophüls? Foi pensando no diretor de cinema?

RUSHDIE

Simplesmente gostei do nome. O interessante em relação à fronteira franco-germânica perto de Estrasburgo é a forma como a história foi continuamente se imiscuindo, de modo que a cidade às vezes foi alemã, às vezes francesa, e eu queria que Max

438

tivesse um nome tanto francês como alemão, porque queria que a história de Estrasburgo estivesse no nome dele.

ENTREVISTADOR

Mas por que não inventar um nome?

RUSHDIE

Não sei. Os nomes grudam. Eu simplesmente fiquei pensando nele desse jeito, e no final esqueci o diretor de cinema.

ENTREVISTADOR

O senhor consegue ler ficção enquanto está trabalhando num romance?

RUSHDIE

Não muito. Pelo menos, não ficção contemporânea. Leio menos ficção contemporânea do que costumava ler e mais clássicos. Parece que eles estão aí por algum motivo. Quando escrevi *Fúria*, por exemplo, li Balzac, especialmente *Eugénie Grandet*. Se você olha a abertura de *Eugénie Grandet*, ele usa uma técnica semelhante a zoom em câmera lenta. Começa com um foco bem aberto — aí está a cidade, esses estão seus edifícios, esta é sua situação econômica — e gradualmente vai fechando o foco nesse determinado bairro, e dentro dessa casa há um quarto, e dentro desse quarto há uma mulher sentada numa cadeira. Na hora que você descobre o nome dela, ela já está aprisionada em sua classe e situação social e em sua comunidade e cidade. Quando a própria história dela começa a se desenrolar, você percebe que ela vai colidir com todas essas coisas. É como um pássaro numa gaiola. Eu pensei: "Isso é bom. É uma maneira tão clara de fazer".

ENTREVISTADOR

O senhor vai muito ao cinema?

RUSHDIE

Vou, sim. Grande parte do meu pensamento sobre escrever foi moldado por uma juventude passada na extraordinária explosão do cinema mundial nos anos 60 e 70. Acho que aprendi tanto de Buñuel, Bergman, Godard e Fellini quanto dos livros. Hoje é difícil explicar a sensação que se tem quando o filme novo da semana é Fellini 8½, e na semana seguinte é o novo filme de Godard, e na outra é o novo de Bergman, depois o novo de Satayajit Ray, depois Kurosawa. Esses cineastas estavam construindo conscienciosamente obras que tinham uma consistência, e nas quais os temas eram explorados até a exaustão. Havia um sério projeto artístico em andamento. Agora, seja em filmes ou livros, nós nos tornamos uma cultura muito mais preguiçosa. Os cineastas são comprados sem mais nem menos. Você faz um filme interessante e aí começa a pensar só em dinheiro. A ideia de construir um corpo de trabalho que tenha coerência intelectual e artística sumiu. Ninguém está interessado nisso.

ENTREVISTADOR

O que o senhor aprendeu assistindo a esses filmes?

RUSHDIE

Algumas coisas técnicas — por exemplo, da liberdade técnica da *nouvelle vague*, aprendi uma libertação da linguagem. A forma clássica da montagem cinematográfica é plano aberto, plano médio, close, plano médio, plano aberto, plano médio, close, plano médio, plano aberto — como uma espécie de dança. Dois pra lá, dois pra cá, dois pra lá, dois pra cá. Pode ser incrivelmente chato. Se você olha os filmes dos anos 50 montados dessa maneira, é mais ou menos como editar por números. Então, o uso intensivo do salto por Godard, faz você saltar. Passar do plano aberto — bang — diretamente para o rosto de Belmondo ou Anna Karina. Um dos motivos que faz, nos filmes de Godard, um personagem às vezes dirigir-se diretamente para a câmera...

ENTREVISTADOR

... é porque não tinham dinheiro para filmar a cena toda.

RUSHDIE

Isso mesmo. Mas eu gostava da ideia, da quebra do quadro, do fato de muitos desses filmes serem engraçados e sérios ao mesmo tempo. Em *Alphaville*, que é um filme bastante sombrio, há uma cena maravilhosa em que Lemmy Caution, o mesquinho detetive particular, chega ao cortiço onde descobre que todos os super-heróis estão mortos. "E Batman?" "Está morto." "E o Super-homem?" "Morto." "Flash Gordon?" "Morto." É muito engraçado. E eu gosto de como Buñuel usa o surrealismo, o que não impede os filmes de darem a sensação de reais. Em *O discreto charme da burguesia*, as pessoas ficam sentadas em privadas em volta de uma mesa, mas vão discretamente a um quartinho para comer. E eu gosto dos dois Bergman — o Bergman místico de *O sétimo selo* e o Bergman psicológico dos *close-ups*. E Kurosawa nos leva a uma cultura completamente fechada, o mundo do samurai. Não penso como os samurais pensavam, no entanto sou obrigado a adorar Toshiro Mifune se coçando — você fica imediatamente do lado dele. Essa é uma das coisas que você quer que uma obra de arte faça, conduzir você a um mundo onde nunca esteve e torná-lo parte de seu mundo. O grande período do cinema tem muito a ensinar aos romancistas. Sempre achei que fui educado no cinema.

ENTREVISTADOR

O senhor aprendia e aplicava isso conscientemente?

RUSHDIE

Não, eu simplesmente adorava ir ao cinema. Aproveitava mais no cinema do que na biblioteca. Hoje noto que as pessoas que gostam dos meus livros tendem a dizer que eles são muito visuais. Se você é escritor, gostam de você exatamente pelas mesmas coisas que fazem outros não gostar. Suas forças são suas fraquezas. Às vezes as mesmas frases são citadas como exemplos de como escrevo mal e de como escrevo bem. As pessoas que gostam do meu jeito de escrever dizem que gostam dos personagens femininos. As pessoas que não gostam dos meus livros dizem: "Bom, é óbvio, ele não sabe escrever sobre mulheres".

ENTREVISTADOR

O senhor falava de como sua geração de escritores britânicos estava carregada de talento. O que o senhor acha de Nova York?

RUSHDIE

Nos Estados Unidos há uma geração mais jovem com ambição real. Mas houve um momento em que a literatura americana ficou um tanto sem ousadia. Raymond Carver era um autor muito ambicioso, e seus livros são incrivelmente originais porque empurram as fronteiras de como dizer as coisas, como sugeri-las, mas acho que boa parte da escola de Carver virou uma desculpa para dizer coisas banais de forma banal. Como se bastasse fazer isso — duas pessoas sentadas numa mesa com uma garrafa de uísque conversando em clichês. Acho que agora, novamente, há tentativas de fazer coisas que surpreendam. Algumas delas funcionam, outras não. Mas eu gosto de ver esse espírito outra vez. Estranhamente, nas décadas de 70 e 80 resistíamos ser chamados de geração. A maioria de nós não se conhecia mutuamente. Não nos víamos como tendo um projeto. Não era como os surrealistas, que tiveram um manifesto. Não discutíamos as coisas que escrevíamos entre nós mesmos. Já tinha dificuldade suficiente tentando achar o meu caminho; não queria dez outras opiniões. Eu achava que precisava achar meu próprio caminho.

ENTREVISTADOR

O senhor escreve cartas?

RUSHDIE

Sou conhecido por ser péssimo em escrever cartas. É a maior queixa que minha mulher tem de mim. Será que eu poderia, por favor, escrever algumas cartas para ela. "De que adianta ser casada com um escritor se você não recebe cartas de amor?" Então, preciso fazer isso. Mas, não, não tenho uma grande correspondência literária. Tenho, porém, algumas coisas. Em 1984, na primeira vez que fui à Austrália, comecei a ler Patrick White. Viajei um pouco com Bruce Chatwin em algumas das viagens que levaram a *O rastro dos cantos*, e fiquei impressionado, comovido, com o deserto australiano. Então li o livro de White, *Voss*, e fiquei realmente tomado por ele. Foi uma das poucas vezes na minha vida que eu escrevi uma carta como fã. White respondeu dizendo: "Caro senhor Rushdie, *Voss* é um romance que eu agora detesto". Ele disse: "Eu poderia lhe mandar alguns dos meus livros pelos quais ainda tenho algum sentimento, mas ninguém quer impor aos outros livros que eles não desejam ler". E eu pensei: "Foda-se também". Sabe, eu escrevi aquela carta realmente calorosa e recebo como resposta uma porcaria dessas. Quando voltei para a Austrália, nunca mais fiz nenhuma tentativa de entrar em contato com ele. Aí ele morreu, e seu biógrafo, David Marr, me escreveu. White jogava tudo fora, mas na gaveta de cima da sua escrivaninha havia uma minúscula pilha de cartas, a maioria delas do gerente do banco, e três ou quatro não comerciais, uma das quais era a minha. E eu pensei: "Como você é burro!". Eu tinha interpretado a carta dele de forma completamente errada. Tinha tomado sua autodepreciação por grosseria.

ENTREVISTADOR

Quando o senhor decide que está na hora de despachar o romance?

RUSHDIE

O constrangimento é um bom teste. Quando você sente que não ficaria constrangido se outras pessoas lessem o que está escrito, então pode deixar os outros ler. Mas com *Shalimar* eu fiz uma coisa que nunca tinha feito antes: mostrei para algumas pessoas — meu agente, minha esposa e uma amiga, a escritora Pauline Melville. Também mostrei aos meus editores, Dan Franklin na Cape e Dan Menaker aqui na Random House. Mostrei-lhes as primeiras cento e cinquenta páginas, depois mostrei novamente mais ou menos trezentas e cinquenta, quatrocentas páginas. Não sei por que fiz isso. Só pensei: "Nunca faço isso, então vou fazer". Estou chegando num ponto em que penso: "Não tenho de fazer as coisas só por que sempre fiz". Gostei de ter sido capaz de mostrar para as pessoas ao longo do caminho e obter o entusiasmo delas. Se isso significa que eu necessitava de alguma reafirmação, ou se significava que eu estava mais confiante, realmente não sei. Acho que as duas coisas ao mesmo tempo.

ENTREVISTADOR

Qual tem sido a participação dos editores no seu trabalho?

RUSHDIE

Do que mais me lembro são dois trechos realmente valiosos de trabalho de edição que Liz Calder fez em *Os filhos da meia-noite*. Um foi no final do que é agora a parte dois e o começo da parte três, quando há um salto no tempo de cerca de seis anos, do fim da guerra indo-paquistanesa de 1965 até o momento da guerra de Bangladesh em 1971. O que eu tinha feito originalmente foi dar um salto ainda maior — até o final da guerra de Bangladesh — e depois voltar ao começo da guerra. Então, tinham sido sete anos para a frente, um ano para trás, e depois para a frente outra vez, e essa confusão na linha do tempo foi o único momento do livro em que Liz disse que a atenção dela se dispersou. Isso foi muito valioso. Ainda há o salto de seis anos, mas eu voltei e restaurei a sequência cronológica, o que clareou enormemente aquelas quarenta ou cinquenta páginas.

A outra coisa foi que costumava haver um segundo interlocutor no romance. No livro, conforme você o conhece, Salim conta a história para Padma, a mulher das conservas. Na primeira versão ele também redigia a história e mandava para uma jornalista que permanecia oculta. Assim, a narrativa oral era para a mulher na fábrica de conservas, e a versão escrita era enviada a essa outra figura. Liz e um ou dois dos primeiros leitores estavam todos de acordo de que era um elemento totalmente redundante no livro. Eles disseram: "Você tem um bom personagem sentado com ele na sala, com quem ele tem uma relação de verdade, e não precisa dessa segunda figura abstrata da jornalista para quem ele quer enviar o que escreve". No começo achei que estavam errados, então fui persuadido a fazer uma tentativa de remover o personagem. Ele caiu fora do livro com tanta facilidade — eu me lembro de que levei cerca de dois dias — que me fez ver claramente que um personagem que podia ser removido de forma

445

tão simples não estava integrado na história. Eles me salvaram de um péssimo erro. Agora, quando olho para o material removido, ele parece horrível.

O outro livro em que penso que houve um trabalho de edição realmente construtivo foi meu livro sobre a Nicarágua, *O sorriso do jaguar*. Era uma reportagem. Voltei da Nicarágua em 1986 e o escrevi em alguns meses. É um livro bem curto, mas a versão original era mais curta ainda. Por causa da rapidez, Sonny Metha — que era o editor da Picador na Inglaterra na época — disse que tinha algumas preocupações em relação ao texto, e ele de certa forma editou o livro linha a linha. Em quase todos os casos ele pedia mais informação. Não é que estivesse tirando coisas, ele sempre queria mais. Ele disse: "Você está pressupondo conhecimento demais — eu preciso saber quem são essas pessoas, o que foi esse momento, qual é o histórico disso etc.". Ele simplesmente me fez engordar o livro, e isso foi valioso.

ENTREVISTADOR

Além de *O sorriso do jaguar*, o senhor escreveu *Imaginary homelands, Cruze esta linha* e outras obras de não ficção. Há outro livro de não ficção sendo elaborado?

RUSHDIE

Ainda não. Neste momento eu sinto — como posso dizer? — que a minha vida se tornou dramaticamente não ficcional. De certa maneira, há material factual demais ao meu redor, e eu sinto a necessidade de sair de baixo desse entulho de fatos e voltar ao negócio de imaginar escrevendo. Eu me sinto cheio de histórias, e até senti que sacudi toda a poeira e de fato restaurei — bem, restaurei não, explorei — as histórias que tenho para contar, que são histórias inventadas, na verdade não quero retornar aos fatos. Quero fazer isso cada vez menos.

Uma das coisas que escrever *Shalimar, o equilibrista* me ensinou foi que não importa o quanto de pesquisa você faz. Fiz muito mais pesquisa para esse livro do que jamais tinha feito antes para um romance, mas aprendi que a pesquisa só leva você até certo ponto. No final, para fazer a coisa funcionar, precisa haver um sério salto imaginativo. Você precisa ser capaz de entrar na pele das pessoas, senti-las, compreender seus processos de pensamento e descobrir o que elas querem fazer com a história. Então, até mesmo escrever esse livro com uma pesquisa tão pesada fortaleceu minha crença em que aquilo no que estou efetivamente interessado é o salto criativo. Atualmente escrevo uma coluna no *New York Times* uma vez por mês, e tenho contrato para este ano, mas tenho a forte sensação de que vou deixá-la por um tempo — porque prefiro escrever contos. Então, neste momento, estou com um impulso muito forte para a ficção.

ENTREVISTADOR

Isso é fato?

RUSHDIE

Exatamente. Mas posso estar mentindo. Nunca confie num escritor quando ele fala do seu futuro em termos de escrever.

ENTREVISTADOR

Certo. Então qual vai ser o seu próximo livro?

RUSHDIE

O próximo livro que eu acho que vou escrever é um romance que imagina uma ligação antiga entre a Itália da Renascença e o império mongol. Inicialmente pensei em chamá-lo *A feiticeira de Florença*. Entrementes, meu garotinho — meu segundo filho — está exigindo um livro infantil. Ele adora *Haroun e o mar de histórias*, mas sabe que foi escrito para o irmão dele. Tenho um período realmente longo de pesquisa séria para fazer, seria gostoso escrever um livro para crianças enquanto faço isso. Quem sabe eu possa ler um pouco e durante algumas horas por dia escrever um conto de fadas. E também há *Parallelville*, uma ideia futurista, ficção científica combinada com filme *noir*, uma espécie de *Blade Runner* misturado com *A marca da maldade*. Também estou considerando escrever um livro que arrisquei por enquanto chamar de *Careless masters*. Eu o imagino como um enorme romance inglês que começa com uma história de internato de meninas e aí retoma os personagens na idade adulta, criando um romance sobre a situação da Inglaterra. A coisa mais comprida que eu já escrevi sobre a Inglaterra foi *Os versos satânicos*, que ninguém encara como um romance sobre a Inglaterra, mas na verdade é, em grande parte, um romance sobre Londres. É sobre a vida dos imigrantes na Londres da era Thatcher.

ENTREVISTADOR

O senhor fica irritado quando não escreve todo dia?

RUSHDIE

Eu me sinto muito melhor quando sei para onde estou indo. Por outro lado, alguns dos meus momentos mais criativos são momentos entre livros, quando não sei para onde estou indo, e minha cabeça vaga livremente. As coisas vêm a mim de forma inesperada, e podem se tornar um personagem, um parágrafo ou apenas uma percepção, e tudo isso pode se transformar em histórias ou num romance. Trabalho tão duro quando não estou escrevendo um livro quanto ao escrever. Fico lá sentado deixando as coisas acontecerem, e no dia seguinte jogo fora grande parte do que escrevi na véspera. Mas a criatividade pura é simplesmente ver o que surge. Uma vez que algo tenha surgido, aí fica mais focado, e mais agradável. Mas esse período intermediário é quando as coisas inesperadas acontecem. Ocorrem coisas que eu anteriormente pensava estarem fora da minha capacidade de imaginar. Elas se tornam imagináveis. E vêm para dentro. É aí que estou neste momento.

Créditos das entrevistas

Arthur Miller, "The art of theater no. 2"
Vladimir Nabokov, "The art of fiction no. 40"
John Cheever, "The art of fiction no. 62"
Elizabeth Bishop, "The art of poetry no. 27"
Tennessee Williams, "The art of theater no. 5"
Joseph Brodsky, "The art of poetry no. 28"
Julio Cortázar, "The art of fiction no. 83"
Milan Kundera, "The art of fiction no. 81"
Marguerite Yourcenar, "The art of fiction no. 103"
Martin Amis, "The art of fiction no. 151"
Hunter S. Thompson, "The art of journalism no. 1"
Louis Begley, "The art of fiction no. 172"
Salman Rushdie, "The art of fiction no. 186"

ESTA OBRA FOI COMPOSTA POR ACOMTE EM MINION E
IMPRESSA PELA RR DONNELEY EM OFSETE SOBRE PAPEL PÓLEN
SOFT DA SUZANO PAPEL E CELULOSE PARA A
EDITORA SCHWARCZ EM MAIO DE 2012